Representações compartilhadas sobre emprego e deficiência

Rinaldo Correr

1ª edição

Rinaldo Correr

REPRESENTAÇÕES COMPARTILHADAS SOBRE EMPREGO E DEFICIÊNCIA

EDITORA CRV
Curitiba / Brasil
2010

Copyright © da Editora CRV Ltda.
Editor-chefe: Railson Moura
Coordenação Editorial: Simone Santos
Diagramação: Dan Vitor Chemin
Capa: Roseli Pampuch
Fotos: iStockphoto Brasileiro
Revisão: O Autor

Dados Internacionais de Catalogação na Publicação (CIP)
(Câmara Brasileira do Livro, SP, Brasil)

Correr, Rinaldo
Representações compatilhadas sobre emprego e deficiência / Rinaldo Correr.
-- 1. ed. -- Curitiba : Editora CRV, 2010.
265p

Bibliografia.
ISBN 978-85-62480-50-8

1. Deficientes 2. Inclusão social 3. Mercado de trabalho 4. Psicologia social 5. Relações humanas 6. Representações sociais 7. Trabalho - Aspectos psicológicos I. Título.

10-00192   CDD-302

Índices para catálogo sistemático:
1. Pessoas com deficiências : Inclusão no mercado de trabalho :
   Psicologia social 302

2010
Todos os direitos desta edição reservados pela:
Editora CRV
Tel.: (41) 3039-6418
www.editoracrv.com.br
E-mail: sac@editoracrv.com.br

DEDICATÓRIA

No percurso da trajetória,
Os percalços do trajeto...

O ano de 2006 foi o palco temporal da construção de duas edificações: Por um lado a Casa, a morada sólida, concreta. Por outro lado a Tese, a hospedagem obrigatória, fugaz.... "Ergueu no patamar quatro paredes sólidas,Tijolo por tijolo num desenho lógico..."

Com os alicerces fundados no ano de 2004, essas duas edificações lançam as paredes de uma terceira: eu mesmo renascido. Na segunda metade desse mesmo ano, nascimento e paternidade têm nome: Luísa. No final, às vésperas do Natal, a morte derruba dos "andaimes pingentes" um grande amigo Antônio Luís Olino. Se fixa um contraste entre o lógico e a perspectiva que descortina as faces do desconhecido,
"o início, o meio e o fim".

Nesse momento, o livro é a oportunidade de abrir os horizontes da temporalidade e da espacialidade, com um sem número de interlocutores, numa redenção de toda a sensação de finitude que nos abate e nos fere.

Dedico este meu esforço para construir uma tese, presa nas malhas da minha própria vida, aos personagens que se ligam a esse novelo emaranhado, cuja trama aparece e some, dando sentido aos sonhos e as saudades...

DEDICATÓRIA ESPECIAL

Para Silvia, a companheira na difícil trajetória e a cura nos muitos percalços. Sem ela, não quero pensar o que seria do percurso.

Para Luísa, filha: a poesia empresta um corpo para as minhas palavras...

Ser pai é...

Regressar... Até a origem do verdadeiro amor
Unir os pontos incertos do tempo, no tempo...
No intervalo das vidas
No itinerário da existência
Por entre paradas e perdas
Há uma estação que nos descansa;
E torna pleno o percurso.
Ela é a calma necessária
O frescor da sombra
E o barulho do riacho.
Ela é a luz branda da manhã.
A chuva mansa que orvalha o campo
E a estrela que principia uma linda noite.
No arremesso do há de vir,
Brilha a esperança, para além de todo desespero;
Pelo dia de amanhã que se aproxima.

AGRADECIMENTO ESPECIAL

A Maria Inês Assumpção Fernandes, que me acolheu: Primeiro como amigo das várias lutas, travadas em ambientes diversos pelo país afora. Nos Conselhos de Psicologia, na ABEP, nas questões referentes à Formação em Psicologia; Depois como orientadora. No caminho difícil até este momento, caminhou ao meu lado. Ensinou-me, com sua vida e com seu trabalho, que, seriedade, responsabilidade e competência não são incompatíveis com amizade, delicadeza e tolerância.

AGRADECIMENTOS

O ato do sincero agradecimento nos liberta de nós mesmos. Agradecer é reconhecer que não caminhamos sozinhos.

Quero agradecer...

Aos participantes do estudo, que foi a base para escrever esse livro, pela presença e pela preocupação com a causa das pessoas com deficiência, que se refletiu no esforço mobilizado para participar dos encontros. Ao Rodrigo Clemente Balallai, que comigo caminhou, trilhando os vários momentos do processo grupal. Aos meus pais, pela simplicidade da sabedoria, pelo colo que me segura e ampara e pela confiança depositada em mim. Aos meus pais por extensão, Antonio e Cidinha, pela força que me garantiu, principalmente nos momentos de dor e incerteza. Aos meus parentes e amigos, pela intensa vivência de uma grupalidade psíquica, vinculada por laços de verdadeira amizade. Dizer os nomes faz todo o sentido: Reginaldo, Andréa, Ingrid e Isadora; Ronaldo e Monique; Ricardo; Renato, Drielli e Mateus; Luís Carlos, Odete, Bruna e Fernanda; Ana, Raul, Marcela e Isabela, Cláudio e Andrêa, Gabriela e Victor (meus afilhados), Ari e Ana Claudia, Alberto e Fabiana, Mário e Poliana. Ao amigo José Eduardo, pelos laços invisíveis, misteriosos e permanentes que nos mantém unidos numa amizade duradoura. À minha amiga especial, Joana, pelo cuidado e pelo carinho em todos esses anos. À Professora Silvana Nunes Garcia Bormio, porque sempre estava presente, nas lágrimas derramadas e nos aplausos por um trabalho bem feito. À Maria de Fátima Belancieri, simplesmente pela companhia amiga. Ao grande amigo Emílio, pela inspiração e pelos conselhos. A outros amigos, que compartilharam comigo a busca, o encontro e os desencontros, os atropelos da vida de professor, me ajudando de várias formas: me aconselhando, me animando, ouvindo minhas lamentações, me socorrendo nos momentos mais delicados, com um verdadeiro espírito de amizade e solidariedade. Ao companheiro Bruno (Fisioterapia) pela vigília na solidão de um quarto de hospital e pela amizade que ultrapassa os muros do mundo do trabalho. À professora Dra. Leny Sato, pelas valiosas contribuições e pela sua densa produção nas questões referentes ao trabalho. À professora Dra. Adriana Marcondes Machado, pela amizade, pela interlocução inteligente e bem humorada. Ao professor Dr. Luís Carlos Câneo, pelo caminho compartilhado e pela presença nos momentos importantes. À professora Dra. Maria Salete Fabio Aranha, meu reconhecimento sincero pelo seu trabalho, que influenciou profundamente a minha carreira de psicólogo, professor e pesquisador. À Elza Guedes, porque percorreu comigo os caminhos sinuosos dos encontros e desencontros comigo mesmo. Por fim, agradeço a Deus pela conclusão de mais uma etapa na minha vida.

Minha vida não é essa hora abrupta
Em que me vês precipitado
Sou a pausa entre duas notas
Que a muito custo, só se conciliam:
Pois a da morte quer soar mais alto
– Mas no escuro intervalo se harmonizam,
Ambas vibrantes.
E é bela a canção

Rainer Maria Rilke *Das stundem Buch*
(tradução de José Rivera)

SUMÁRIO

PREFÁCIO 17

INTRODUÇÃO 19

CAPÍTULO 1
A relação deficiência/trabalho em uma sociedade sem empregos ... 25

CAPÍTULO 2
A teoria psicanalítica dos grupos: subsídios para uma
análise das organizações na relação Trabalho/deficiência 57

CAPÍTULO 3
Fundamentos metodológicos 73

CAPÍTULO 4
Análise de resultados 85

CAPÍTULO 5
Considerações finais 129

CONCLUSÃO 139

REFERÊNCIAS 143

SESSÕES DE GRUPO 147

ANEXOS 259

SOBRE O AUTOR 265

PREFÁCIO

Dra. Maria Ines Assumpção Fernandes
Professora do Instituto de Psicologia USP

Na trama complexa das relações sociais, Rinaldo enfrenta, neste livro, o desafio de pensá-la na densidade dos processos psíquicos envolvidos nas instituições. Ao investigar o vínculo entre o emprego, o trabalho e a deficiência explora, de um lado, as novas dimensões pelas quais se apresenta, na atualidade, o contexto produtivo contemporâneo nas sociedades capitalistas. De outro lado, examina a dimensão subjetiva do trabalhador nas novas configurações vinculares evidenciadas pelos processos organizativos de empresas públicas e privadas.

Para a análise de tais questões, pode-se afirmar que a modernidade expressa a crise da vida política e a globalização da economia, efeito da formação de conglomerados políticos e de poder, expressa um fenômeno assimétrico, pois nem todos os países estão em condições de igualdade econômica, tecnológica ou científica. Nessas condições as noções de direito e cidadania, solicitadas na construção de políticas públicas de inclusão, tornam-se apoios extremamente frágeis para sustentar os vínculos institucionais de trabalho. Este é um ponto fundamental da discussão deste livro.

Na pluralidade de situações que se apresentaram nessa pesquisa e que deram condições para tal reflexão, mostram-se os momentos de crise, rupturas e transformações que expressam, no registro das relações de trabalho, as modalidades de vinculação e de subjetivação que evidenciam a realidade social brasileira nos limites do estigma e do preconceito.

A deficiência, no percurso que se faz ao longo deste livro, é figura emblemática da dinâmica de exclusão social que denuncia a situação de violência no mundo do trabalho. "O vínculo no trabalho se sustenta sobre o sofrimento ocultado", afirma Rinaldo e as noções de direito e cidadania são facilmente apagadas neste contexto.

Ao refletir sobre o tecido obscuro das relações entre o discurso social e as práticas cotidianas abre-se uma brecha pela qual se percebe o pacto social (perverso) que atua no limiar da construção das representações sobre emprego e deficiência.

Por essa brecha pode-se enxergar o corpo. E, dessa visão intimista aparece o corpo sofrido, machucado, humilhado em que não se sabe mais o que é ferida e o que é cicatriz. E, será esse corpo que se apresentará como intermediário na relação entre a pessoa e a instituição. Será esse corpo que enfrentará a luta com o tempo, no ritmo alucinante entre o desejo e a necessidade.

Apoiado em autores e teorias, que discutem a constituição do sujeito nas tramas dos tecidos intrapsíquico e intersubjetivo, Bleger, Pichon-Rivière e Kaës, dentre outros permitem a Rinaldo fazer um percurso de extremo interesse através do qual identifica-se a exigência de uma perpétua mobilidade do sujeito, homens e mulheres, viajantes e prisioneiros de um tempo e de um corpo: ...a deficiência amplia as características ligadas ao gênero.

Marcado por uma ideologia onde as representações sobre competência, desempenho e eficácia estão continuamente inscritas nas relações sociais, o trabalho no mundo contemporâneo toma a forma de emprego e, dessa mutação, exige-se a busca de outros e novos sentidos.

Nesse novo formato, em instituições publicas ou privadas, a deficiência, afirma Rinaldo, ameaça e denuncia o que está ocultado. O que não pode ou não deve aparecer, pois colocaria em risco esse projeto político econômico, modelo contemporâneo da exclusão, expressa-se pela deficiência. "A deficiência no trabalho é ameaça e denúncia do negado."

O leitor deste livro é convidado a refazer o percurso de Rinaldo. Aventurar-se pelos caminhos trilhados pelos indivíduos e grupos na busca de saídas para os impasses que se apresentam. Saídas, contudo. Não são soluções, pois, como dizia o poeta, "a solução não é suficiente para debelar o problema".

INTRODUÇÃO

REDESCOBRIR

Como se fora brincadeira de roda, memória
Jogo do trabalho na dança das mãos, macias
O suor dos corpos na canção da vida, história
O suor da vida no calor de irmãos, magia
Como um animal que sabe da floresta, perigosa
Redescobrir o sal que está na própria pele, macia
Redescobrir o doce no lamber das línguas, macias
Redescobrir o gosto e o sabor da festa, magia memória
Vai o bicho homem fruto da semente, memória
Renascer da própria força, própria luz e fé, história
Entender que tudo é nosso, sempre esteve em nós, magia
Somos a semente, ato, mente e voz, memória
Não tenha medo, meu menino bobo, beleza
Tudo principia na própria pessoa, mistério
Vai como a criança que não teme o tempo, magia
Amor se fazer é tão prazer que é como se fosse dor...

Gonzaguinha

O que é o Trabalho? É uma brincadeira? Um jogo? Uma dança? O que é Trabalhar? É sacrifício? É necessário? Para quem... A letra da música de Gonzaguinha, que serve de ponto de partida e de inspiração para esta nossa introdução, abre os caminhos para o jogo das ideias: para uma busca de respostas que, não se contenta, que sempre se volta para uma redescoberta, que une novamente as respostas, como se fossem mãos que se dão, e que se abrem para novas e outras perguntas, como se fora uma brincadeira de roda....

No Brasil, no momento em que chegamos ao final da primeira década, no terceiro milênio, a sociedade está apoiada de maneira frágil, sobre a égide do fenômeno da globalização. Nesse cenário, figuram um emaranhado de problemas, que são dimensionados, principalmente por uma política que se sustenta no sonho neoliberal, no qual o Estado (mínimo) se desfigura e o livre mercado regula as relações humanas.

Nessa realidade social e política, que se mostra com uma tendência para se tornar planificada. Por um lado, percebemos uma intensa reivindicação pela regulação tutelada, ou seja, por um "Estado Previdência" que garantiria a equalização dos direitos fundamentais de todos os cidadãos. Por outro lado, no campo das relações humanas, o cidadão está exposto a uma dinâmica cruel, de um mercado injusto. O individualismo e a competição são os valores que retroalimentam uma ideologia que justifica a organização sócio-política montada na produtividade, no consumo e no crescimento econômico.

Esse é o espaço psíquico propício para o surgimento de novas utopias. As antigas, que foram engendradas no seio da sociedade moderna, foram pulverizadas pelos fracassos no campo socioeconômico e pelo desencantamento dos avanços científicos e tecnológicos, especialmente ao longo do século XX.

No centro da discussão social, percebemos um crescente aumento da preocupação com a real capacidade de manejarmos os problemas relacionados com: o fim dos empregos em escala mundial, o aumento da pobreza, a intensificação dos conflitos urbanos, a insustentável violência, a degradação ambiental, os problemas de circulação humana, a pauperização das moradias, a piora das condições de saúde das populações pobres. Esses problemas se agravam com a decadência da atenção pública às necessidades essenciais das pessoas mais pobres (saúde, educação, saneamento básico, lazer, etc). A atual situação da propagação do Vírus H1n1, popularmente conhecida como "Gripe Suína"é o reflexo dos problemas que se avizinham e ameaçam toda a humanidade.

Diante desse quadro, cresce o debate em torno de um conceito que possa responder, de maneira abrangente, como poderemos pensar na sociedade como um espaço, no qual habitamos, e como encontrar um caminho para enfrentar esse entrelaçamento de problemas. A voz que se levanta neste século nos convoca para pensar uma sociedade em que seres humanos possam experimentar o conforto e os benefícios resultantes da sociedade tecnológica, que, nos últimos 200 anos, inventou um novo mundo. Esse discurso se aglutina, se liga, e é posto em conflito com o conceito de inclusão.

Na sua dimensão mais ampla, falamos em inclusão social. Alguns pensadores sociais tentam dispor o mundo, de forma a enquadrar a humanidade em duas categorias: os cidadãos que gozam de seus direitos de participação social e usufruto dos bens materiais e culturais de sua sociedade e aqueles que se encontram excluídos dessa descrição. É certo que, ao aproximarmos nossa escuta, descobrimos uma polifonia de vozes, que vão caracterizando a inclusão social, de acordo com o lugar e com o tempo social em que ela foi (ou está sendo) forjada. É mais fácil discutir criticamente a inclusão, considerando o seu aspecto *strito senso*, pensando que esta pode assumir: a) uma dimensão metodológica – na qual a inclusão estaria ocupada em definir ações deliberadas para construir espaços inclusivos, por meio de políticas compensatórias ou ações paliativas: mudança nas ações; b) uma dimensão filosófica – na qual, a inclusão social seria possibilitada via resultado do debate consciente entre os diversos segmentos sociais. As transformações ocorreriam a partir da construção de uma nova maneira de organizar o mundo, de regular as ações individuais e coletivas – mudanças nos valores e nas atitudes; c) uma dimensão política – na qual, as duas anteriores encontrarão estrutura para de fato se tornarem realidade; a dimensão política seria a base de sustentação para as fissuras existentes entre a análise da realidade, as decisões teórico-práticas e as eventuais divergências e conflitos na condução do processo de inclusão social de pessoas com deficiências.

Quando analisamos no âmbito *lato senso*, verificamos que toda a discussão pressupõe uma fundamentação que se orienta, se justifica e se legitima pela anuência conferida ao vasto campo do Direito Civil. Os pressupostos se escoram nos direitos humanos, nos tratados internacionais, nos direitos constitucionais e nos direitos adquiridos. Voltado para uma análise focal, as pessoas com deficiências têm sido alvo central (diria emblemático) das discussões sobre inclusão social. A sociedade absorve e digere esse movimento de variadas maneiras. No mercado de trabalho, uma saída possível aponta para o conceito de "reciprocidade". Transitam nesse conceito, noções de exploração da imagem da pessoa com deficiência, de sua adesão fiel às oportunidades oferecidas, a oferta de produtos e serviços especiais, geralmente com preços diferenciados. Essa exploração compensaria o ônus causado pela deficiência, num primeiro momento, para num momento posterior se transformar no próprio fim, inculcando na relação recíproca, uma exploração envolta pelo discurso da inclusão.

Os direitos adquiridos normalizam, via força de lei, o que as pessoas com deficiência têm direito, especialmente nos campos: laboral (leis de cotas, no Brasil, por exemplo), educacional (acesso ao ensino regular), transporte, locomoção (eliminação das barreiras arquitetônicas e subsídios para a aquisição de equipamentos adaptados) entre outros.

Como o movimento amplo pela inclusão surge na sociedade mais ampla, e não em setores isolados, constatamos uma intensa discussão sobre a participação social das pessoas com deficiências, com uma saudável pluralidade de dimensões. Nesse multifacetado debate, a problemática que parece concentrar as atenções gira em torno de como a sociedade pode romper com uma prática social marcada por uma história de preconceito e de exclusão. Partimos da ideia de que a participação de pessoas com deficiência na atual estrutura social vem sendo ampliada, principalmente sob o escudo de políticas e ações fundamentadas nessa inclusão social. Estas ações encontram o seu reverso paradoxal, no discurso que explora a noção de exclusão social. Consideramos representar "as duas faces de uma mesma moeda", na medida em que: a Inclusão é definida como uma "Ação Afirmativa" povoada de iniciativas que serão oportunamente discutidas ao longo dos capítulos subsequentes; ao passo que a Exclusão se fundamenta na denúncia e na constatação de um grande número de pessoas expulsas das diversas formas de participação social e de usufruto do saldo dos bens culturais e materiais conquistados pela humanidade. Dentre as ações definidas pelas políticas públicas e pela própria movimentação da sociedade civil, a "Inclusão no Mercado de Trabalho" de pessoas com deficiências é uma das que apresentam maior repercussão, por ser apresentada, juntamente com a "Inclusão Educacional", como uma das chaves de acesso para a tão propagada "Igualdade de Oportunidades". Tendo em vista que essa questão, da "Inclusão no Mercado de Trabalho" e do combate a "Exclusão" e toda a gama de consequências gerada, que se faz ouvir, tanto pelo discurso da responsabilidade social das organizações, quanto pelo discurso dos órgãos fiscalizadores, que tentam garantir o cumprimento dos direitos conquistados legalmente.

Definimos como foco de análise as representações que as pessoas sem deficiência, especificamente aqueles indivíduos que assumem a decisão de quem será ou não contratado para as vagas existentes na sua organização - têm sobre a relação deficiência/trabalho.

O estudo científico, por suas características metódicas e exaustivas, é uma oportunidade para um olhar atento e crítico naquilo "que se esconde por trás das camadas mais superficiais do real (BOSI, 1992)". Não se pode, em detrimento da compreensão das reais causas das desigualdades e injustiças, explicitar os caminhos de remediação dos problemas específicos e atuais, como as únicas maneiras de pensar a realidade. A pesquisa científica em Psicologia Social deve dedicar os esforços para uma contínua busca de caminhos para a solução dos problemas que se atualizam e se transformam juntamente com a sociedade. Amaral (1995, p. XIX-XX) esclarece que:

> *A Psicologia tem, sim, como colaborar nas discussões que envolvem a temática da integração/segregação do deficiente, não só porque esta última "implica em sofrimento de um lado e insensibilidade do outro", mas porque – e especialmente a Psicologia Social – possui instrumental importante para discutir questões de cunho psicossocial, como atitudes, preconceitos, estereótipos, representações sociais, etc. Isso não implica (muito pelo contrário) que não se deva reconhecer e valorizar a dimensão política da questão.*

Neste livro, as reflexões são originárias de um estudo realizado entre os anos de 2003 e 2004 em um município da região Oeste do Estado de São Paulo. As questões, erigidas a partir da imersão nos dados empíricos, redirecionam o foco das discussões atuais para além das práticas denominadas "inclusivistas"[1]. Essas práticas se orientam pela necessidade de se atuar na realidade imediata, reduzindo o impacto da desigualdade social, geradora de sofrimento e impossibilidade de apropriação dos bens culturais, disponíveis a uma ínfima parcela da sociedade. Considerando os atravessamentos históricos, sociais, familiares, culturais, a relação constituída entre a sociedade e a deficiência, torna crônico um imaginário social duplamente equivocado sobre pessoas com deficiências. Em decorrência disso, é possível constatar, tanto na esfera particular como na esfera institucional, por um lado, ações de tratamento compensatório e atitudes marcadas por variados graus de filantropia e assistencialismo; por outro lado, um discurso ocultado, de difícil acesso, coloca a deficiência em um patamar protegido, em especial no seio das relações do mundo do trabalho. Esta hipótese, que é essencialmente analítica, traz para o centro do debate um contraponto do discurso corrente: as ações inclusivas encontram resistências ocultas que transformam a figura da pessoa com deficiência no depositário dos medos e das incertezas não significáveis que rondam o universo das relações de trabalho.

Justificamos a realização desta investida à medida que é constatada uma imensa lacuna entre as necessidades inerentes ao cumprimento da legislação trabalhista (dimensão jurídico-política) e as dificuldades encontradas neste processo (dimensão econômico-social). A complexidade observada no mundo do trabalho e as dificuldades atuais, enfrentadas pelas organizações brasileiras, separam de maneira drástica o universo da pesquisa e suas contribuições, da realidade do mundo do trabalho. É possível identificar um grande número de informações, pouco fundamentadas em estudos sistematizados, sobre os limites e as possibilidades das pessoas com deficiências. Contudo, em relação ao tema específico da inserção da pessoa com deficiência no mercado de trabalho, as informações são ainda mais escassas. Diante do direcionamento proposto neste estudo e do lugar de onde ele é proposto, da Psicologia Social e do Trabalho, vale a pena insistir juntamente com Amaral (1995:117):

> *À Psicologia Social cabe estudar os fenômenos que acompanham essas ocorrências de cunho emocional, relacionadas à deficiência. Qual tecido de sofisticada trama, os fenômenos psicossociais apresentam-se entrelaçados, superpostos, emaranhados: atitudes, preconceitos, estereótipos, estigma. Ora bem, como se passa isso tudo? Onde começa o nó a desatar, o nó que enovela essas manifestações, aqui chamadas de psicossociais?*

---

1   Este conceito vem sendo discutido por vários autores. A palavra Inclusão implica um movimento ativo da sociedade, incentivada principalmente por documentos internacionais, como a Assembléia Geral das Nações Unidas, que incorpora nos textos valores como Plena integração, equiparação de oportunidades, rejeição zero e vida independente. No livro "Inclusão: construindo uma sociedade para todos" de Romeu Kazumi Sassaki, o tema é apresentado a partir da tradução dos documentos internacionais.

Estimamos que, ao analisar a colocação de pessoas com deficiências no mercado de trabalho sob a perspectiva dos empregadores, os resultados possam auxiliar o planejamento e a implementação de programas adequados às necessidades identificadas. A utilização dos pressupostos de uma teoria psicanalítica das relações grupais demarca um território teórico-metodológico, que vem sendo construído como alternativa para a construção dos conhecimentos em Psicologia Social. Nossa preocupação, ao publicar esse livro, é pensar nas ações impelidas ou determinadas pela ideias postas pela Inclusão Social (ou combate à Exclusão) e de como encontrar caminhos para ressignificar os reais problemas nas relações que ocorrem no mundo do trabalho. Nesse sentido, pretendemos contribuir para a compreensão das relações existentes entre as representações identificadas e as possíveis explicações resultantes da análise proposta.

CAPÍTULO 1

Com extrema facilidade nos inclinamos a crer, sem investigação alguma, que a perfeita posse de todas as faculdades constitui a condição para o melhor rendimento em qualquer classe de trabalho. Com o intuito de fazer um real juízo disto, mandei classificar todas as diversas operações da fábrica, segundo a espécie de máquina e do trabalho:

A estatística demonstrou que se contavam na fábrica 7.882 espécies distintas de operações... Comprovou-se, então, que 670 trabalhos podiam ser confiados a homens sem ambas as pernas; 237 requeriam o uso de uma só perna; em dois casos podia-se prescindir dos dois braços. Em 715 casos de um braço, em dez casos a operação podia ser feita por um cego. Das 1.882 espécies de trabalho havia, portanto 1.634 que não exigiam o uso completo das faculdades físicas. Por conseguinte, uma indústria, sabiamente desenvolvida, é capaz de proporcionar ocupações a um avultado número de pessoas, devidamente pagas, que habitualmente pesam sobre a comunidade.

O regulamento foi publicado a 12 de janeiro de 1924. Nele vinham as declarações de que ninguém seria rejeitado em vista de suas condições físicas: Uma vez colocados no posto conveniente, conseguem fazer o mesmo trabalho que os outros, quando não os excedem em atividade. Assim, por exemplo, um cego foi colocado no armazém com a obrigação de contar parafusos e porcas para remessa às sucursais. Na mesma ocasião se confiou o mesmíssimo trabalho a outros operários fisicamente perfeitos. Dois dias depois o mestre das obras enviava uma nota à seção das transferências, pedindo que se desse outro serviço aos demais, porque o cego era capaz de fazer o trabalho dos companheiros além do seu próprio.

Um cego ou um mutilado é capaz de efetuar o mesmo trabalho e ganhar o mesmo salário de um homem completamente são. Seria inteiramente oposto aos nossos fins que procurássemos dar colocação aos operários em vista dos seus defeitos físicos, com salário reduzido, contentando-nos com um tipo baixo de produção. É um desperdício empregar um homem perfeito num trabalho que pode ser executado por um deficiente. É desperdício horrível meter cegos a trançar cestos.

Nas sessões da indústria há postos para todos e, se a indústria estiver devidamente organizada, haverá nela mais lugares para cegos do que cegos para lugares. O mesmo pode dizer-se em relação aos outros deficientes. Em todos esses ofícios, o homem, que hoje é objeto de compaixão da caridade pública, pode ganhar a sua vida com o mesmo direito do operário mais hábil e robusto.

Se o trabalho fosse convenientemente dividido até ao mais insignificante ponto da economia, não faltaria lugar onde homens fisicamente incapacitados pudessem desempenhar perfeitamente um serviço e receber, por conseguinte, um salário completo. Economicamente, fazer dos fisicamente incapacitados um peso para a humanidade é o maior despautério, como também lhes ensinar a fazer cestos ou qualquer outro mister pouco rendoso, com o fim de preveni-los contra o desânimo.

Trechos do livro: *Minha Vida e Minha Obra.* Henry Ford (1863-1947).

A RELAÇÃO DEFICIÊNCIA/TRABALHO EM UMA SOCIEDADE SEM EMPREGOS

A deficiência na atualidade: elementos para guiar o itinerário das reflexões

A gênese das impressões sociais em relação às capacidades das pessoas com deficiência para desempenhar funções nas cadeias produtivas, remonta a história da relação da sociedade com a deficiência, que sofreu modificações importantes nos últimos tempos, mas que convive, nos dias atuais, com diversas maneiras de encarar a questão.

Parece-nos importante considerar que, na mística do sentido atribuído histórica e socialmente, impera a ideia de que as deficiências definem os padrões de comportamentos ou ainda, determinam o perfil da personalidade. As respostas científicas, por um lado, têm contribuído para um conhecimento mais genuíno das causas, dos limites e das possibilidades de intervenção. Por outro lado, a necessidade de classificação e enquadramento tem funcionado como reforçador dos estereótipos, antes aceitos sob a explicação sobrenatural. Algumas pessoas nascem com deficiência, outras adquirem ao longo do desenvolvimento. A experiência da deficiência é única e não é possível aceitar que, a partir da descrição física se possa afirmar com precisão qual será o impacto causado na subjetividade de quem a possui. O que se verifica é o grau de restrição causado pela deficiência e os suportes necessários para que, cada indivíduo com deficiência, possa alcançar o máximo do seu próprio desenvolvimento. Esta concepção, com certeza parece absurda em uma sociedade competitiva, individualista e alicerçada no lucro e na produtividade.

Dos tempos em que a deficiência era concebida como um fenômeno sobrenatural – castigo, possessão, entre outros – ao momento em que se descobriu possíveis causas naturais – sequelas de doenças, síndromes genéticas e hereditárias – a deficiência tem suscitado sentimentos de medo, compaixão, pena e rejeição, muitas vezes traduzidos em comportamentos de caridade, eliminação, segregação e exclusão. Estes comportamentos, por sua vez, se institucionalizam em formas socialmente aceitas e moralmente desejadas para dar vazão a este complexo circuito de relação entre pessoas com deficiência e pessoas sem deficiência. Desta maneira, a sociedade que se constrói no cotidiano de suas relações sociais e históricas, nem sempre traduz (ou expressa) com clareza os alicerces de seus comportamentos contraditórios.

Tratar a pessoa com deficiência sem enfatizar a prerrogativa deficiência aparece como uma alternativa a esta concepção. O enfoque conceitual apresentado por Cavalcante (2003) associa à visão da deficiência a pessoa integral, na qual predomina o todo sobre a parte, com a complexidade de problemas que enfrenta no dia-a-dia e a riqueza de expressão que pode vir a ter, desde que devidamente assistido, estimulado e ancorado por um núcleo familiar e um sistema social. A autora finaliza seu ponto de partida para a reflexão afirmando uma clara posição de que, a pessoa com deficiência, será por ela tratada, em sua positividade, ou seja, será vista como plena de significados de vida, cuja presença é marcada nem tanto por suas diferenças, mas principalmente por sua singularidade. Escreve que:

> *O imaginário social costuma apresentar uma visão parcial do deficiente (noção em que predomina a parte sobre o todo), quando ele é visto por sua diferença, pelo seu padrão de déficit, num tipo de imagem social ambígua, pois ora ele é percebido como debilitado e frágil, ora com força de vontade e coragem, processo que funciona pela lógica da desigualdade (CAVALCANTE, 2003:17).*

Com esta reflexão resgataremos alguns pontos sobre o discurso vigente em relação à Inclusão Social de pessoas com deficiência em uma sociedade que se organiza a partir de uma lógica de desigualdade, injustiça, crueldade e preconceito.

A escolha da terminologia envolve aspectos importantes da relação que estabelecemos com a deficiência:

> *A gênese e a relevância da eleição (de um termo) prendem-se a vários fatores (...) remetem-se ao que Sadao Omote (1987) chama de mudança necessária de tendência: de uma perspectiva direta para uma metaperspectiva (num movimento reativo), pois, como diz ele, usualmente os discursos acerca da deficiência não são retratos dela, mas retratos de como ela é interpretada através de parâmetros ideológicos (AMARAL, 1995:60, grifos da autora).*

Nos últimos anos vem sendo introduzido o uso de expressões que se prestam a orientar uma nova semântica, por se considerar que estas influenciam a manutenção (ou a mudança) de crenças e comportamentos frente à deficiência. "Em contraposição às 'etiquetas' de deficiente, incapacitado, etc. – o uso das expressões **pessoas portadoras de** e **pessoas com** (AMARAL, 1995)" tem orientado os discursos oficiais e acadêmicos. Escolhemos o termo "pessoa com deficiência" para nos dirigirmos a esta categoria de indivíduos, pois esclarece a dimensão exata que as caracteriza na sociedade mais ampla, sem, no entanto eliminar outras dimensões que compõe a pessoa na sua complexidade. Amaral (1995) pontua algumas "vantagens" de se utilizar esta expressão:

» a forma verbal acentua o aspecto dinâmico da situação;
» desloca o eixo do atributo do indivíduo para sua condição e, simultaneamente, recupera a pessoa como "sujeito da frase";
» coloca a deficiência não como sinônimo da pessoa (como ocorre ao tornar substantivo aquilo que é qualificativo);
» em consequência, tem um caráter mais descritivo que valorativo;
» sublinha a unicidade do indivíduo (p. 61).

No livro Cultura e Democracia (1981) Chauí nos conduz para uma maneira crítica de compreender como ocorre o processo de manutenção de uma dada visão de mundo como se essa forma de interpretar as coisas fosse natural e lógica. A reflexão nos conduz a uma questão contundente: Porque uma sociedade profundamente marcada pela injustiça e pela exploração não se rebela? Porque as populações exploradas não se mobilizam diante de tanta desigualdade na socialização dos bens materiais e culturais por elas produzidos? A resposta a essas questões está longe de ser simplista e precisa. Chauí apresenta, no entanto elementos que nos permitem avaliar de forma menos ingênua nossa sociedade. Existem várias instituições sociais que veiculam visões de mundo que ocultam parte da realidade. Nestas poderosas teorias a miséria é naturalizada, e se torna, por meio de um discurso científico (competente), inerente à própria condição de ser pobre. Desta forma, a tendência para a explicação sobre a desvalorização da pessoa com deficiência não pode se concentrar no discurso de naturalização dos sentimentos fóbicos, fazendo da deficiência *em si* um elemento disparador de instintos que rejeitam os organismos danificados. Em obra recentemente publicada (CORRER, 2003), mencionamos uma importante contribuição de Vash (1988) que identifica três tendências para a explicação sobre a desvalorização da pessoa com deficiência. A primeira seria aquela que considera o preconceito biologicamente determinado, defendendo que o ser humano instintivamente rejeita os organismos danificados. Na segunda, a desvalorização ocorreria no plano psicossocial, ou seja, instala-se, na dinâmica das relações sociais, um processo de aprendizagem no qual as diferenças marcantes são menos toleradas. A terceira tendência de explicação seria a político-econômica, na qual a deficiência é vista como um ônus para o sistema social, já que além de o indivíduo não ser produtivo no aspecto econômico, prejudica a dinâmica de funcionamento das famílias, da comunidade ou da sociedade mais ampla. Considerando tais tendências a autora tece alguns questionamentos:

> *A espécie humana instintivamente evita organismos danificados porque sua perpetuação poderia ameaçar a sobrevivência da espécie? É conhecida de muitos a observação antropológica de que numerosas tribos primitivas abandonam à morte seus membros idosos ou feridos porque os esforços para salvá-los colocariam em risco um número maior de indivíduos. É possível que mecanismos biológicos, que uma vez operaram para a proteção da espécie, não tenham acompanhado a civilização afluente e tecnologicamente avançada que os tornou anacrônicos? Ninguém sabe.(comenta ainda que) as pessoas tendem a evitar, a ter preconceito contra ou a desvalorizar as pessoas que são diferentes. Isso acontece mais quando a diferença ocorre no extremo inferior da distribuição, isto é, quando a pessoa não tem ao menos alguma coisa que a maioria das demais têm. (Questiona ainda) Podem as pessoas aprender a tolerar uma gama mais ampla de diferenças? (Continuando, comenta que) numa sociedade afluente, tecnologicamente avançada, salvar vida e melhorar a qualidade de vida para aqueles que foram salvos, mas ficaram danificados, não vai ameaçar a sobrevivência da espécie. Isso, entretanto, pode reduzir a quantia total de bens disponíveis para os demais. As pessoas com deficiências, especialmente as com deficiências severas, são vistas como um grupo de 'tomadores' que não devolvem muito ao sistema, à família, à comunidade ou à sociedade mais ampla (VASH, 1988: XXII).*

Heller (2000) nos permite refletir de maneira aprofundada sobre a relação das pessoas com deficiências e a natureza do preconceito. O capítulo intitulado "sobre os preconceitos" leva o leitor a uma complexa incursão sobre as possíveis bases para compreensão da gênese e estrutura do preconceito. Segundo a autora, o preconceito é forjado nas relações cotidianas, mantendo-se nas esferas do cotidiano, sem, no entanto, desprender-se da dimensão universal, seja imposta pelo meio, seja assumida nas relações concretas, empíricas, fixadas pela experiência. Deste postulado, é possível entendermos que os preconceitos sociais:

> *São em grande parte, de procedência histórica. A explicação, o predomínio e o esgotamento dos preconceitos e dos sistemas estereotipados não são, de modo algum, fenômenos paralelos; um mesmo preconceito pode, no decorrer dos tempos, basear-se em sistema estereotipados bastante diversos (basta recordar os preconceitos contra os protestantes), e um mesmo estereótipo pode estar subordinado a preconceitos muito diferentes. Mas quer ou não coincidam, preconceitos e estereótipos estão submetidos a uma permanente transformação. (HELLER, 2000:57)*

A concepção apresentada por Heller (2000) aponta para uma existência concreta e necessária do preconceito. Este pode determinar julgamentos provisórios, que podemos corrigir mediante a experiência, o pensamento, o conhecimento e a decisão moral individual e, pode implicar também em juízos permanentes, muito próximos a um dogma de fé. Esta última forma é caracterizada por ser imune aos fatos, substituindo com frequência a confrontação dos fatos pela crença nas características universais e naturalizadas.

Freud (1969) ao colocar em questão um conjunto de procedimentos universais, pressupondo "uma mente coletiva" que tornaria possível negligenciar as interrupções dos atos mentais, arrisca a hipótese de que:

> *os processos psíquicos sejam continuados de uma geração para a outra, ou seja, se cada geração fosse obrigada a adquirir novamente sua atitude para com a vida, não existiria progresso nesse campo e quase nenhuma evolução. Isso dá origem a outras questões: quanto podemos atribuir à continuidade psíquica na sequência das gerações? Quais são as maneiras e meios empregados por determinada geração para transmitir seus estados mentais à geração seguinte? (FREUD, 1996:159-160)*

Quando precisamos dar referência aos debates realizados nos últimos quarenta anos, necessariamente temos que nos debruçar sobre os documentos produzidos pela Organização Mundial de Saúde (OMS). Conforme Amaral (1995) relata, de 1972 a 1976 um documento foi produzido com a incumbência de desvincular a deficiência da Classificação Internacional das Doenças (CID). A resolução WHA29.35 aprova uma Classificação Adicional de Deficiências como suplemento e não como parte integrante do CID. Em 1980 é publicada a versão em inglês da "International Classification of Impairments, Disabilities and Handicaps: a manual of classification relating to the consequences of disease" que se tornou o ponto de partida para todos as pessoas envolvidas nesta temática (AMARAL, 1995).

Em 1989 esse documento foi traduzido para a língua portuguesa e tem sido utilizado como parâmetro conceitual para orientar a difícil tarefa de classificar a deficiência e de compreendê-la na sua complexa multiplicidade. O quadro 1 reproduz de forma esquemática as definições de cada um dos elementos nomeados e as suas respectivas características.

Parece pertinente mergulhar mais profundamente neste universo de debate. A terminologia posta a partir do referido documento tenta romper com o binômio normal/anormal e estabelecer uma gradação/encadeamento no processo de compreensão do fenômeno deficiência. Amaral (1995) aponta que este trabalho busca ultrapassar o "modelo médico" instaurando o único referencial de caráter internacional que denota preocupação em extrapolar os limites meramente biológicos, sejam eles anatômicos, fisiológicos ou patológicos (AMARAL, 1995). Na mesma reflexão a autora explicita uma dimensão crítica do encadeamento proposto, denunciando a linearidade simplista na qual, deficiência-incapacidade-desvantagem, transcorre sob um percurso meramente causal. Segundo Amaral (1995) a situação é bem mais complexa:

a) A desvantagem (*handicap*) pode resultar da deficiência (*Impairment*) sem passar pelo estado de incapacidade (*disability*) como, por exemplo, uma deficiência estética podendo interferir nos hábitos e interações sociais, constituindo-se, então, numa desvantagem;
b) É também possível haver deficiência sem que haja incapacidade, como a criança com diabetes ou hemofilia (*impairment*) que recebendo atendimento necessário não tenha restrições de atividades (*disability*);
c) Por outro lado, essa mesma criança pode entrar em desvantagem (*handicap*) numa ida da turma ao MacDonald.
d) É igualmente possível haver uma deficiência (*impairment*), com a consequente limitação (*disability*) sem que haja desvantagem (*handicap*) – já que esta se liga mais aos fatores extrínsecos: condições sócio-culturais, econômicas, afetivas, etc. Assim é que uma criança, por exemplo, com deficiência mental leve, numa comunidade rural, pode não entrar em situação de acentuada desvantagem em relação ao seu grupo de referência (p. 66).

Extraído na integra do Livro "Conhecendo a deficiência (em companhia de Hércules)" de Ligia Assumpção Amaral; Probel Editorial, 1995 (p. 63 e 64)

Com essas ponderações Amaral (1995) apresenta seu próprio ponto de vista apresentado no quadro 2. Segundo o nosso referencial, que se constrói a partir da obra exaustivamente referendada (AMARAL, 1995), não é possível uma conceituação objetiva e universal do que convencionamos chamar *deficiência secundária*, muito embora é reconhecidamente necessária fazê-lo em relação à *deficiência primária*.

Quadro 1 - Definições dos termos referenciados no Manual de Classificação Internacional de Deficiência, Incapacidade e desvantagem*.

Terminologia	Definição	Características
Deficiência (Impairment)	Alteração do corpo ou aparência física, de um órgão ou de uma função, qualquer que seja sua causa; em princípio significam perturbações em nível de órgãos.	Perdas ou alterações que podem ser temporárias ou permanentes e que incluem a existência ou ocorrência de uma anomalia, defeito ou perda de um membro, órgão, tecido ou outra estrutura do corpo, incluindo a função mental. A deficiência representa a exteriorização de um estado patológico e, em princípio, reflete perturbações em nível de órgão.
Incapacidade (Disability)	Refletem as consequências das deficiências em termos de desempenho e atividade funcional do indivíduo; as incapacidades representam perturbações ao nível da própria pessoa.	Excesso ou insuficiência no comportamento ou no desempenho de uma atividade que se tem por comum ou normal. Podem ser temporárias ou permanentes, reversíveis ou irreversíveis e progressivas e regressivas. Podem surgir como consequência direta da deficiência ou como resposta do indivíduo – sobretudo psicológica – a deficiências físicas, sensitivas ou outras. Representa a objetivação de uma deficiência e, como tal, reflete perturbações ao nível da pessoa. A incapacidade concerne às capacidades que, sob a forma de atividades e comportamentos compostos, são geralmente considerados como componentes essenciais da vida quotidiana. São Exemplos as perturbações no adequar do comportamento, no cuidado pessoal (como o controle dos esfíncteres e a capacidade de se lavar e alimentar), no desempenho de outras atividades da vida diária e nas atividades de locomoção (como a capacidade de andar).

Continua

Continuação		
Desvantagem (Handicap)	Prejuízos que o indivíduo experimento devido à sua deficiência e incapacidade: refletem, pois a adaptação do indivíduo e a interação dele com o meio.	Refere-se ao valor dado à situação ou à experiência do indivíduo, quando aquele se afasta da norma. Este valor caracteriza-se pela discrepância entre a atuação, o estatuto, ou as aspirações do indivíduo e as expectativas, que dele ou de um determinado grupo a que pertence, exis-tem. Assim, a desvantagem representa a expressão social de uma deficiência ou incapacidade, e como tal reflete as consequências – culturais, sociais, econômicas e ambientais – que, para o indivíduo, derivam da existência da deficiência ou da incapacidade. Provém da falha ou impossibilidade em satisfazer as expectativas ou normas do universo em que o indivíduo vive.

Quadro 2 - Conceitos apresentados por Ligia A. Amaral (1995) em relação às definições da OMS

Terminologia	Termo para compreensão	Implicações conceituais	Determinante
Deficiência	Dano/anormalidade	Fato intrínseco que afirma uma concretude, um fato inquestionável, uma realidade.	Fato "em si": um olho lesado, a medula seccionada, as células cerebrais destruídas, a atrofia dos membros, a degeneração de um sistema, a inexistência de partes do corpo....
Incapacidade	Restrição na execução	Fato extrínseco que: representa o dinamismo da concretude, da realidade.	Ação que objetiva a manifestação do fato em si: é o não ver, não ouvir, não falar, não andar, não manipular...
Desvantagem	Desvantagem no desempenho de uma função	Conceito relativo: se está em desvantagem em relação a alguma coisa, algum fato, alguma pessoa.	É um conceito passível de relativização, pois profundamente ligado a Valores. Normas e padrões do grupo a qual a pessoa com deficiência está inserida

Bosi (1992) realiza uma importante incursão sobre "o concreto exame da opinião e do estereótipo". Com sua inconfundível profundidade poética nos diz:

> *Reconquistar o que se perdeu é muito difícil: difícil é o caminho de volta às coisas, de volta ao mundo da vida pré-categorial e pré-reflexiva, para reencontrar o fenômeno face-a-face. Esse caminho pede um alto grau de tomada de consciência da vida em si que começa na recusa do estabelecido, na suspensão da vida mundana. (...) O estereótipo nos é transmitido com tal força e autoridade que pode parecer um fato biológico (BOSI, 1992:113).*

Ao colocar em primeiro plano de análise, os elementos que fundamentam as concepções imaginárias sobre as diferenças e as desigualdades existentes entre as pessoas, entendemos ser isto um importante elemento metodológico para a compreensão das concepções vigentes sobre a deficiência.

Podemos, a partir deste caminho reflexivo, identificar as possíveis relações entre as origens das representações contemporâneas sobre o sucesso ou sobre o fracasso das pessoas com deficiência no processo de inserção social e no desenvolvimento individual.

O estereótipo, o preconceito e a discriminação de pessoas com deficiências, são apresentados por alguns autores como originários de uma longa história[2], na qual o imaginário social foi sendo engendrado na complexa teia das relações entre os homens.

Amaral (1995) percorre este percurso, *Na companhia de Hércules*. O texto desta obra representa uma referência obrigatória para os estudiosos que se ocupam deste complexo fenômeno humano que é a deficiência. Acrescente-se à capacidade que a autora teve de reunir os aspectos mais relevantes da temática, um texto rico em poesia, clareza e profundidade, constituindo, dessa maneira, um antídoto para a maioria dos textos encontrados sobre a deficiência, relegados a classificações, reproduções de conceitos, traduções de documentos normativos, versões carregadas de romantismo estéril. Fazendo uma analogia entre o "Sétimo Trabalho de Hércules, a captura do touro de Creta" com os mecanismos psicológicos de defesa frente à deficiência, Amaral (1995) pontua como essas estratégias utilizadas pela pessoa para a manutenção do equilíbrio intrapsíquico, ganham formato de fenômenos psicossociais. É acrescentado aos fenômenos preconceito e estereótipo, as atitudes e o estigma. A atitude estaria para o comportamento, assim como o preconceito estaria para o estereótipo:

---

2 Pessotti (1984) descreve a trajetória pela qual percorreu as concepções de deficiência mental, desde a explicação sobrenatural até as concepções fundadas nas teorias científicas.

*Senão vejamos: o que é o **preconceito** senão uma atitude **favorável ou desfavorável**, positiva ou negativa, **anterior** a qualquer conhecimento? O que é o **estereótipo** senão um julgamento qualitativo, baseado no preconceito e, portanto, **anterior** a uma experiência pessoal? (p.120)*

Quanto ao estigma, a autora, em sua síntese pessoal enuncia que o estereótipo, quando "negativo", alia-se (ou constrói?) o estigma. Essa ideia nos remete necessariamente a obra de Goffman (1982) que vai explicitar exaustivamente como se configura o processo dialético de eleição social dos atributos que determinam o estigma, ou seja, os marcados para serem aqueles estigmatizados.

Estes pontos que foram explorados nos colocam diante da necessidade de apresentar uma concepção da deficiência que ultrapasse as dimensões conceituais, sócio-históricas, jurídicas e ideológicas. A deficiência é um acontecimento que é apreendido como um fenômeno em si, no plano da experiência empírica. Contudo, se desdobra em uma multiplicidade de facetas, que podem e devem ser consideradas, para que se possa inserir a deficiência como mais um dos fatores a ser compreendido no emaranhado e complexo cenário humano. Na teia das relações sociais, a humanidade vai edificando os fantasmas, as referências e os mitos para idealizar os tortuosos caminhos da busca do si mesmo. A deficiência vai ganhando uma gama de tonalidades à medida que se aproxima ou se afasta das identificações necessárias para tornar-se humano. O grande problema é que facilmente somos levados pelos fetichismos e a carregamos (a natureza humana) de tons "brancos" ou "negros" desconsiderando todas as matizes possíveis, do cinza às outras cores. A deficiência, então, pode ser vista sobre várias dimensões: sua gravidade, sua intensidade, sua temporalidade, a partir de suas implicações familiares, a partir do sentido que ela assume no desenvolvimento individual, as significações sociais que ela pode abarcar, e assim, podemos continuar numa espiral interminável. Pretendemos, partindo dessa abertura conceitual, mergulhar na hipótese de: como a deficiência pode ser analisada, na sua relação com trabalho, nos diferentes espaços: grupais, organizacionais e institucionais?

Deficiência e trabalho: dimensões sociais e psíquicas

Razão ensandecida a cultivar o "progresso econômico", produz um imaginário social de competitividade, de luta individual para acesso aos bens produzidos, em que o indivíduo "livre" jamais põe em discussão a lógica do desenvolvimento capitalista. (FERNANDES, 1998:42)

Cada sociedade, em cada momento histórico, produz de maneira singular as condições sob as quais se realiza o trabalho humano. Moura (1998:41) alerta que "o conceito de trabalho, ainda em uso, é relativamente ambíguo e parece não estar sintonizado com a nossa época". Partindo da evolução histórica do substantivo "trabalho" – em português, encontramos sua origem em *tripaliun* – em latim que dava nome a um objeto feito de três paus pontiagudos que passou a representar o castigo causado por desobediência. Este objeto servia também como ferramenta agrícola. O verbo originário do substantivo foi *tripaliare* que denotava o ato de torturar. Esta ideia reforça o mito bíblico narrado no livro do Gênesis (3:14-20) que descreve o início da vida em sociedade fora do paraíso, quando Adão e Eva, depois de terem desobedecido a Deus, foram por Ele castigados e condenados a viver/sobreviver a partir do próprio trabalho, não sendo, portanto, mais dignos de desfrutar dos benefícios do paraíso. A sociedade ocidental construiu seu pensamento com uma forte influência nas concepções judaico-cristãs. Desta forma, a ideia paradoxal acerca do sentido do trabalho influenciou profundamente as relações que se estabeleceram na sociedade contemporânea.

O trabalho é reconhecidamente uma das formas de garantir às pessoas com deficiências a possibilidade de se desenvolver com dignidade e de exorcizar de vez o isolamento. Seria a principal força motriz da visibilidade e da participação social. Freud (apud FERNANDES, 1998) afirma de maneira categórica:

> *Nenhuma outra técnica para a conduta da vida prende o indivíduo tão firmemente à realidade quanto à ênfase concedida ao trabalho, pois este, pelo menos fornece-lhe um lugar seguro numa parte da realidade, na comunidade humana. A possibilidade que essa técnica oferece de deslocar uma grande quantidade de componentes libidinais, sejam eles narcísicos, agressivos ou mesmo eróticos, para o trabalho profissional, e para os relacionamentos humanos a ele vinculados, empresta-lhe um valor que de maneira alguma está em segundo plano ao de que goza algo indispensável à preservação e justificação da existência em sociedade (p. 40)*

No entanto, precisamos inserir esta questão no cenário mais amplo, no qual a sociedade experimenta uma intensa crise social, globalizada e homogeneizada, que se espalha numa velocidade *on-line*. A pessoa com deficiência, sempre desconsiderada, quando se tratava de trabalhar, agora se transforma em um problema a ser resolvido. Quando pensamos na inserção da pessoa com deficiência, a ambiguidade toma conta dos atores envolvidos na trama das relações de trabalho.

Na complexa discussão que envolve esse tema, resolvemos estabelecer, neste livro, a concepção de que, "o trabalho ocupa um lugar especial na vida mental dos indivíduos". Independente de sermos, pessoas com deficiência ou não, estamos diante de uma ordem mundial, ou seja, novas exigências "de produtividade na qual o trabalho, como um direito do cidadão, é colocado como mediador de identidades". Nesse cenário impera um grande desafio, que se descortina para todo o universo científico, "o de reconhecer a parte das funções psíquicas cumpridas pelo trabalho, na qualidade de uma instituição estável e organizadora da economia psíquica" (FERNANDES, 1998:40). Dessa forma, é forçoso considerar a concepção de que o trabalho, na sua relação direta com a organização psíquica humana, se converte em uma instituição:

> *Pelo seu papel no conjunto das relações sociais, instala psiquicamente, um elemento organizador e estruturante do sujeito em sua relação com o mundo. É o trabalho, portanto, mais do que um regulador das relações entre indivíduos de uma sociedade, uma condição fundamental para a sua estruturação psíquica (FERNANDES, 1998:41).*

O trabalho, como o apresentamos, na concepção que tomamos por central, está sustentado por outros discursos, que seguem outras direções, igualmente importante para uma análise de conjuntura. Ao pensar o mundo dos homens mediado pelas coisas, que na sociedade capitalista adquire uma complexa gama de valores, Marx (1980) aponta o trabalho como um principal elemento que acabará determinando muitas esferas das relações dos homens entre si e com a natureza. Analisa a complexidade da existência humana e, num primeiro momento exalta o trabalho como pedra de toque das características tipicamente humanas. (MARX, 1980).

Ao analisarmos o complexo mundo do trabalho e as proporções que atinge no mundo moderno, podemos inferir que o trabalho assumiu um duplo papel: de obrigatoriedade, por conta do salário, que permite a sobrevivência do proletariado e, por outro lado, na contramão de uma visão, de que o "trabalho dignifica o homem", o trabalho assume um papel espoliante, que impede que o individuo possa, ao mesmo tempo trabalhar e se sentir feliz. Estamos assistindo o nascimento de uma nova lógica estrutural. Contudo, a nova estrutura não deverá seguir o processo histórico, mas sim, surgir de uma ruptura histórica (GORZ ,1980). Contudo, Fernandes (1998) aponta que:

> *Nas condições sociais atuais, o pólo de sustentação da relação trabalho x emprego se desfez. Temos o desemprego atingindo grande parte das pessoas, gerando desestabilidade emocional. Esta decorrer da perda das condições financeira (o que remete a uma alteração das relações de troca) mas decorre, também, da perda da possibilidade de manter o trabalho como eixo psíquico organizador que estabelece as relações entre o passado, o presente e o futuro, exigência do vínculo com a realidade. Perde-se a possibilidade de representar o futuro e a si mesmo no futuro, através das marcas da estabilidade institucional que até então vigoraram (p. 40).*

Offe (1985) coloca em questão a centralidade do trabalho para a análise sociológica da realidade humana. O autor apresenta algumas evidências e defende na sua tese as mudanças no enfoque do trabalho para um paradigma centrado no conflito entre os "subsistemas de ação racional intencional", mediado, de um lado, pelo dinheiro e pelo poder e, por outro lado, por um "mundo vivido", que "obstinadamente resiste a esses sistemas".

Antunes (1995), por sua vez, apresenta um ensaio no qual critica as concepções que desconsideram a dimensão essencial do trabalho concreto como fundamento da atividade humana. Sua reflexão nos leva a pensar sobre a importância da falência nas relações mediadas pelo trabalho. Isso implicaria uma nova compreensão da dilaceração da subjetividade da classe denominada subproletariado.

O trabalho na atualidade, convertido em emprego e vendido no "mercado de trabalho", revela-se como um dos grandes problemas enfrentado pela humanidade. Uma produção recente (FORRESTER, 1997) elucida de forma contundente os rumores que vêm sendo anunciados em meio às tentativas de teorização e explicação dos preocupantes índices de retração dos postos de trabalhos no mundo todo. A autora desfere suas constatações sobre o fim do emprego e vai pontuando todos os desdobramentos na sociedade humana. Essa realidade recai impiedosamente sobre as pessoas concretas, que impedidas de trabalhar ou ameaçadas pelo sempre presente espectro do desemprego, sofrem de uma profunda ausência de perspectiva. O reflexo se expressa sob a forma de pobreza material, marginalidade e, especialmente, na desconstrução das existências. Como descreve a autora:

> *A flexibilidade, o estremecimento do destino, seu peso de esperança e de temor, é isso que é recusado, que se recusa a tantos jovens, moças e rapazes, (que dirá das pessoas com deficiência?) impedidos de habitar a sociedade tal como ela se impõe a eles, como a única viável – também como a única respeitável, a única autorizada. A única que é proposta, mas proposta como uma miragem, já que, como a única lícita, ela lhes é proibida; como a única em vigor, ela os rejeita; a única a circundá-los, ela lhes permanece inacessível. Reconhecemos aí os paradoxos de uma sociedade baseada no "Trabalho", quer dizer, no emprego, enquanto o mercado do emprego está não só periclitando, mas perecendo (FORRESTER, 1997:57). (Complemento e grifo nosso)*

Um olhar global nos remete forçosamente a buscar as fendas que ainda se encontram entreabertas para um diálogo que transponha a lógica custo x benefício:

Na sociedade, na política e entre culturas é preciso haver encontro (...) Viver é mais do que sobreviver. Limitados à sobrevivência desfazem-se máximas morais. (...) O mercado, ao contrário, só reconhece os custos: quanto custa um idoso, um deficiente, uma criança. Tal redução do humano ao "quanto custa" só pode ocorrer no empobrecimento espiritual das democracias, cujo vazio passa a ser preenchido pelos valores da hierarquia competitiva da burocracia empresarial, de maneira que "o dirigente deseja ser reconhecido como um ganhador e cujo maior medo é ser etiquetado como perdedor". Não tem nenhuma lealdade para aqueles com quem trabalha. É competitivo, como o mercado e, como este, exclui aquele que não gere lucro a qualquer preço (MATOS, 1998:37).

(...)

Os efeitos da equação custo x benefício, portanto, podem ser aberrantes: ocultando-se a referência social e ética, um meio técnica e economicamente válido, pode ser moral e socialmente inaceitável (ENRIQUEZ, 1995 apud FERNANDES, 1998:42).

Diante da extensão, diversidade e complexidade que representa a questão do trabalho (entendido como emprego) não é possível (desejável) explicitar as contradições e os fatos, tendo em vista que caminhos ou soluções (supostamente) não existiriam. Desta maneira, desconversar, ignorar, dissimular tem sido a alternativa aceita e assumida pela maioria. Existe, no entanto, um discurso que se instala em meio a toda essa problemática: o conjunto de ações afirmativas para a equiparação das oportunidades, assumido de diversas maneiras pela sociedade civil e pelas diversas formas de poder instituído. Neste ponto, começam a tomar corpo as questões enunciadas no início deste livro, agora problematizadas e inseridas na complexa sociedade dos homens.

A dinâmica da exclusão

Quando pensamos no nascimento conceitual de uma categoria, *as pessoas com deficiência*, a história nos informa que elas sempre existiram, integradas em uma sociedade que ora as aniquilava, outras vezes as segregavam, em outras as tolerava, as escondia, entre outras ações, sempre com apoio dos mecanismos institucionais disponíveis para cada época. Nas últimas décadas, estamos assistindo uma transposição de papéis, partindo de uma existência nula enquanto categoria, para uma existência com *status* especial, necessitando de suportes para que suas potencialidades humanas se desenvolvam. Os direitos humanos se tornaram específicos para as pessoas com deficiências, gerando estatutos que obrigam a sociedade, por meios legais e morais, a abrir espaços protegidos para pessoas com deficiência (entre outros segmentos populacionais) nas diversas formas de participação social.

Atualmente, após assistirmos, no decorrer do século XX, várias mudanças no cenário mundial, estamos sendo forçados a empreender uma busca pela solução de problemas que foram elencados na *pauta do dia* de um mundo que se pretende, ininterrupta e irreversivelmente globalizado, mundializado. Saltam aos olhos dos entusiastas de uma sociedade liberal, erigida sob o livre mercado e meios democráticos de regulação social, o agravamento da exclusão social, a crise das instituições e o labirinto em que se encontram as relações entre trabalho e sociedade.

Santos (2001) nos exorta a refletir sobre a transição entre *paradigmas societais*, ou seja, sobre os diferentes modos de organizar e de viver a *vida em sociedade*. A visão sociológica:

> *tem oscilado entre a distância crítica em relação ao poder instituído e o comprometimento orgânico com ele, entre o guiar e o servir. Os desafios que nos são colocados exigem de nós que saiamos deste pêndulo. Nem guiar nem servir. Em vez de distância crítica, proximidade crítica. Em vez de compromisso orgânico, o envolvimento livre. Em vez de serenidade autocomplacente, a capacidade de espanto e de revolta (p.19)*

Neste início de análise conjuntural, pretendemos, inserir o desafio da deficiência como uma manifestação de uma *perplexidade produtiva*.

A deficiência entra na pauta de discussões de maneira importante, porém, perdida em meio a tantas outras dimensões, mais numerosas, mais prementes e mais perigosas para o projeto político da modernidade que se impõe de maneira homogênea e monolítica, como uma obsessão pelo crescimento.

A guerra pela preservação da democracia (ou pelo livre mercado?) nos países potencialmente desobedientes às regras do jogo internacional, esconde interesses muito menos nobres, como o monopólio de fontes energéticas e dos mercados consumidores, por exemplo. Digamos que esta seria a batalha mais genérica e que, o mundo está também sensível para situações domésticas, localizadas e não menos impactantes. A degradação da natureza tem seu charme e se configura como a estrutura da nova utopia humana, uma nova política divisora de águas, que coloca, por vezes, em lados opostos os homens práticos e imediatos aos homens sensíveis e revolucionários (seriam os novos lados conflitantes do paradoxo pós-moderno?).

Outro sintoma que não pode mais ser remediado sem senti-lo crescente e inflamado no seio da comunidade planetária é o aumento da pobreza. O diagnóstico que buscamos, enquanto sociedade, mescla discursos conflitantes: *sorrisos amarelos* e *saídas paliativas* (vamos melhorar as leis, fiscalizar seu cumprimento, realizar ações afirmativas, entre outras) com *olhares céticos* de uma *sociedade a beira do abismo* (ultimatos revolucionários, falta de caminhos e de soluções possíveis).

Uma entrada possível de análise da sociedade atual, com olhos voltados para o cenário maior das explicações pretendidas pela Psicologia Social, nos chega a partir da Sociologia. No esforço de garimpar respostas, é importante, de antemão, termos a clareza de que habitamos o território da ambiguidade quando falamos dos projetos para a sociedade. Estes projetos são "uma aventura cujo cenário somente a história escreve, o futuro é amplamente imprevisível. O amanhã comportará o desconhecido. Mas também será trabalhado a partir da herança do hoje" (CASTEL, 1998:560). Na perspectiva sociológica se entrelaçam, na questão social, várias dimensões do homem e da sociedade.

Castel (1998) conduz a reflexão desse impasse a partir da análise da estruturação do que ele chamou de uma *sociedade salarial*. Ao desfiar o processo que conduziu o Antigo Regime ao que hoje estamos vivendo, nos leva a compreender que a divisão entre senhor e escravo, senhor e servo, patrão e operário, foi sofrendo uma metamorfose. O que era identificável como classe social, previsível e estanque, se converte em uma fronteira entrelaçada. A propriedade era comunal por definição e, era confiada a gestores pré-definidos. A organização social cuidava para que as engrenagens estruturais do feudo estivessem sempre funcionando. Ao senhor cabia a gerência e a proteção e ao servo o sustento próprio e também do senhor. A base da segurança era a territoriarização e a imobilidade social. O perigo nessas bolhas sociais eram os errantes, aqueles que não estão "nem aqui e nem ali". Quando a propriedade, por uma revolução neste paradigma social, passa a ser privada, a artéria dessa trajetória é a propriedade que passa a existir como algo intercambiável e é aos poucos abstraída e diversificada, sob a forma de força de trabalho. O tema que perpassa a crônica do salário é a exclusão. Os "inúteis do mundo", os "inempregáveis", os "vagabundos", habitarão a preocupação social daqueles que pensam as políticas do Estado na sociedade moderna.

> *Não se trata, então de dar conta somente dos processos de "exclusão"; nem tampouco, de examinar a tragédia dos excluídos, que, diga-se de passagem, se constitui a partir de um conjunto de experiências diversas entre si (...) Não se trata de pensar apenas os fenômenos que relatam como e que foi posto à margem, mas também o que acontece com os que permanecem no interior das "zonas" de coesão social ou nas "zonas de integração" em seu frágil equilíbrio, constituído a partir do vínculo entre as relações de trabalho e as formas de sociabilidade. (RIZEK, in CASTEL:12)*

A novidade é que parcela dos "desfiliados" são assistidas por políticas compensatórias, garantidas por ações institucionalizadas. Neste processo, o discurso imperativo é o da responsabilidade social e direitos humanos invioláveis, no qual coexistem ações determinadas por estado de direitos e ações encobertas de intolerância e desconforto em relação ao discurso do "politicamente correto". Fazendo um salto no percurso trilhado por Castel, no universo de novos discursos, a inclusão de pessoas com deficiências ganha força. Conhecer os alicerces do preconceito que deixam pessoas com deficiências à margem da participação social (na escola, no trabalho, na vida comunitária, no lazer) parece tão importante quanto escancarar as brechas abertas pelos direitos adquiridos e mantidos abertos pelos meios acadêmicos e de comunicação.

> *O processo pelo qual essa sociedade expulsa alguns de seus membros obriga a que se interrogue sobre o que, em seus centro, impulsiona essa dinâmica. É esta relação encoberta do centro com a periferia que se deve agora tentar fazer aparecer. A lição poderá também valer para os dias de hoje: o cerne da problemática da exclusão não está onde estão os excluídos. (CASTEL, p.143)*

A deficiência pode constituir, neste cenário amplo, a situação exemplar no processo de compreensão da dinâmica imposta pelo sistema que regula as relações entre trabalho/indivíduo/organizações.

O que a relação deficiência/trabalho nos revela? Como podemos, a partir deste recorte, acessar elementos para a discussão geral sobre o trabalho? Qual é o aproveitamento político que um trabalho como este pode ter para reflexões sobre as possíveis saídas metodológicas para melhorar a relação do homem com o seu trabalho sem deixar de percorrer as indagações políticas dos meios que se apresentam como *salvadores da pátria*?

Essa busca, numa sociedade que se desfigura, ainda trilha pelos tortuosos caminhos do mundo do trabalho, negociado no agonizante mercado de empregos.

Uma vez colocada, sob a perspectiva da sociologia, os aspectos centrais que explicam o percurso da modernidade até os nossos dias, algumas ideias aproximam a explicação da realidade brasileira desse contexto mundializado, neste início de século.

Singer (2001) apresenta uma análise das consequências da globalização sobre o aumento da exclusão social e aponta que uma das evidências do colapso nas organizações sociais é a precarização do emprego que tem se forçado a grande massa de desempregados a assumir condições diversas de ocupação, tornando a clássica divisão entre os detentores dos meios de produção e os que vendem a força de trabalho bem mais complexa e multifacetada.

> *Um dos efeitos mais controversos da Terceira Revolução Industrial é que ela parece estar descentralizando o capital. Esta hipótese se justifica por dois motivos: pela maior flexibilização que o computador confere ao parque produtivo, eliminando certos ganhos de escala, tanto na produção quanto na distribuição; e pelo barateamento do próprio computador e de todo equipamento comandado*

> *por ele. O resultado parece ser que as grandes empresas verticalmente integradas estão sendo coagidas, pela pressão do mercado, a se desintegrar, a se separar das atividades complementares que exerciam para comprá-las no mercado concorrencial ao menor preço. É o que tem sido chamado de "terceirização". Outro resultado é que as grande empresas horizontais – que operam estabelecimentos semelhantes em dezenas de países e milhares de cidades – veem-se coagidas, pela pressão da concorrência, a dar autonomia às suas filiadas, tomando crescentemente o formato de rede, cujos componentes se ligam à matriz por meio de contratos de franqueamento (SINGER, 2001:18).*

A flexibilização, desregulamentação ou precarização do trabalho divide o montante de trabalho economicamente compensador de forma cada vez mais desigual: enquanto uma parte dos trabalhadores trabalha mais por uma remuneração horária declinante, outra parte crescente dos trabalhadores deixa de poder trabalhar (SINGER, 2001:30).

> *A multiplicação de todo o tipo de consultores, freelancers, operadores individuais etc., a exposição a longos períodos de desemprego de ex-executivos, ex-técnicos, com larga experiência e outros fenômenos análogos deixam perceber que isto está efetivamente ocorrendo. No bojo da crise, a renda se desconcentra porque os antigos privilegiados também estão perdendo. É o que já foi chamado de desconcentração perversa, pois a melhora relativa dos pobres na estrutura de repartição de renda não passa de menor piora, ou seja, numa situação de esvaziamento econômico, perdem mais os setores que mais têm a perder (SINGER, 2001:55).*

Martins (1997) observa que as designações utilizadas para batizar "os significados ocultos e ocultados, os mecanismos invisíveis da produção e reprodução da miséria, do sofrimento, das privações (p. xx)" genericamente colocadas em um conceito amplo, moderno - o problema da exclusão – guarda em si uma armadilha. Ao discutir meios de inclusão, e pensá-los de maneira isolada,

> *o rótulo (excluído) acaba se sobrepondo ao movimento que parece empurrar as pessoas para "fora" da sociedade, para fora de suas melhores e mais justas relações sociais, privando-as dos direitos que dão sentido à essas relações. Quando de fato, esse movimento às estão empurrando para "dentro", para a condição subalterna de reprodutores Mecânicos do sistema econômico. Reprodutores que não reivindicam nem protestam em face de privações, injustiças, carências (MARTINS, 1997:16-17).*

Pensando na atual crise em que nos encontramos, no que se refere às dimensões política, econômica e social, assistimos no Brasil e no processo avassalador de mundialização do chamado projeto neoliberal, um profundo desencantamento em relação à suposta potência autorreguladora do mercado.

> O capitalismo na verdade desenraiza e brutaliza a todos, exclui a todos. Na sociedade capitalista essa é uma regra estruturante: todos nós, em vários momentos de nossa vida, e de diferentes modos, dolorosos ou não, fomos desenraizados e excluídos. É próprio dessa lógica de exclusão e inclusão. A sociedade capitalista desenraiza, exclui, para incluir, incluir de outro modo, segundo sua própria lógica. O problema está justamente nessa inclusão (MARTINS, 1997:32).

A partir destas premissas, podemos pedir emprestado esse discurso, da exclusão, para a nossa preocupação específica, da pessoa com deficiência e da realidade por ela enfrentada. Numa prática equivocada, a exclusão deixaria de representar a contradição inerente ao modo capitalista de organizar a sociedade para ser vista como um *estado*, uma coisa fixa. As estratégias alternativas montadas para dar respostas (não importa quais) ao que não pode ser respondido nos lançam na cilada de discutirmos a exclusão "sem discutir as formas pobres, insuficientes e, às vezes, até indecentes de inclusão (MARTINS, 1997:21)".

> Estas formas extremas e dramáticas de inclusão indicam que o modo de absorver a população excluída está mudando. A sociedade moderna está criando uma grande massa de população sobrante, que tem pouca chance de ser de fato reincluída nos padrões atuais do desenvolvimento econômico. Em outras palavras, o período de passagem do momento da exclusão para o momento da inclusão está se transformando num modo de vida, está se tornando mais do que um período transitório (MARTINS, 1997:33).

Concordamos, enquanto análise conceitual, com o que o autor denomina *inclusão precária e instável, marginal*. "A inclusão daqueles que estão alcançados pela nova desigualdade social produzida pelas grandes transformações econômicas e para os quais não há senão, na sociedade, lugares residuais (MARTINS, 1997:26)".

Podemos concluir nossa análise da dinâmica da exclusão com a constatação de que:

> Temos que nos livrar dos esterótipos porque nos enganam e enganam as pessoas que queremos ajudar. Esse é o nosso desafio primário. Quando pensamos no alternativo, podemos ver que a população mesma está construindo a alternativa, uma alternativa includente, não uma alternativa que aprofunde o abismo com o existente, não a recusa das contradições da sociedade atual. Uma alternativa includente provoca a necessidade de resolver, de criticar, de recusar a excludência desta nossa sociedade; a recusa sobretudo da dupla sociedade, uma sociedade daqueles que só têm obrigações de trabalho e não têm absolutamente mais nada, e uma sociedade daqueles que têm em princípio absolutamente tudo e nenhuma responsabilidade pelo destino dos demais. No fundo, as grandes lutas sociais,

provavelmente, daqui para frente, vão se desenvolver em torno daquilo que Henri Lefebvre, um sociólogo francês chamou de necessidades radicais, necessidades que derivam de contradições subjetivamente insuportáveis e que não podem ser atendidas se a sociedade não sofrer mudanças fundamentais e profundas de responsabilidade de todos; se a sociedade não se modernizar revolucionando suas relações arcaicas, ajustando-as de acordo com as necessidades do homem, e não de acordo com as conveniências do capital (MARTINS, 1997:38).

Este processo que nós chamamos de exclusão não cria mais os pobres que nós conhecíamos e reconhecemos até outro dia. Ele cria uma sociedade paralela que é includente do ponto de vista econômico e excludente do ponto de vista social, moral e até político (MARTINS, 1997:34)".

A lógica inclusiva: uma alternativa?

O discurso de que a exclusão das pessoas com deficiência das cadeias produtivas representa um dos maiores empecilhos para que se possa pensar na inclusão social, baseada na igualdade de oportunidades e no respeito aos direitos adquiridos é uma das principais bandeiras que se levantam nas diversas instâncias da sociedade atual, sejam elas, os meios de comunicação, os fóruns representativos de pessoas com deficiências, as produções em nível acadêmico e por fim, as bases que fundamentaram e fundamentam a legislação vigente. Tomando o discurso apresentado por Singer (2001).

Uma opção possível e que está sendo implantada em alguma medida por prefeituras e governos estaduais são as chamadas políticas compensatórias. Trata-se basicamente de desenvolver programas de combate à miséria extrema, como por exemplo, os programas de garantia de renda familiar mínima para famílias com crianças em idade escolar, com a finalidade de oferecer um incentivo material para que estas crianças frequentem a escola em vez de "ganhar a vida" prematuramente nas ruas (SINGER, 2001:55).

O panorama internacional nos revela uma tentativa de transpor o debate político e filosófico e avançar em direção à instituição de mecanismos legais de garantia dos direitos adquiridos. Em relação à questão da equiparação das oportunidades de inserção no mercado de trabalho, esbarramos nos problemas históricos de passar do discurso a sua efetiva implementação. Singer (2001) aponta que "na economia capitalista atual, a única forma de reduzir, com esperança de eliminar, a exclusão social seria a inclusão social até abarcar todo o mundo (p. 62)". Uma divisão geral apresentada pelo autor coloca em lados opostos o que denomina concepções individualistas e estruturalistas sobre a inclusão social:

Os individualistas concebem a inclusão social como resultado de ações individuais – como abrir novos negócios, competir pelos empregos, ir à escola para adquirir qualificação e assim por diante. Eles ignoram a barreira representada pela falta de capital e enfatizam a importância da dedicação, vontade e persistência. Os estruturalistas fazem o contrário: acentuam a incapacidade do capitalismo de engendrar um processo de inclusão social verdadeiramente para todos e enxergam os excluídos como vitimas da lógica do capitalismo ou do laissez-faire. Consideram como dever do Estado a promoção de um processo público de inclusão social, sustentando e treinando os desempregados, financiando e assistindo de diversas maneiras a pequenas empresas ou comunidades de trabalho, redistribuindo terras subutilizadas entre os camponeses, etc. A luta ativa contra a discriminação de raça e gênero seria outra importante forma de geração de um processo de inclusão social patrocinado publicamente (SINGER, 2001:62-63).

A Organização Internacional do Trabalho (OIT) na Convenção nº 111/1965 incentivou seus signatários a formular e aplicar uma política com o objetivo de promover a igualdade de oportunidade e de tratamento no que se refere à busca por emprego e profissionalização. Os documentos da OIT apontam que a *desvantagem* é um produto evitável do comportamento e da ação de outras pessoas e que a vulnerabilidade é, antes de tudo, o resultado de oportunidades negadas e de injustificável exclusão social.[3]

Esse viés político, denominado de ação afirmativa (providências que são tomadas para eliminar e compensar quaisquer desigualdades de fato) passa necessariamente pela via jurídico-legalista e assume diversas formas.

O decreto 3.298/99 estabelece uma cota de pessoas com deficiência a ser contratada por toda a empresa privada com mais de 100 funcionários. O percentual varia, segundo a lei, de 2% para as empresas com mais de 100 empregados, a 5% para aquelas com um quadro de funcionários superior a 1000. Pastore (2000) ao avaliar o sistema de cotas afirma que o sistema tem pouca eficiência quando a empresa não quer ou não pode admitir pessoas com deficiência. Este sociólogo indica que a analise da inserção da pessoa com deficiência no mercado de trabalho deve partir a) dos direitos constituídos internacional e nacionalmente; b) da política adotada no mundo; da política adotada no Brasil em relação ao emprego e; c) da situação das atuais relações de trabalho no Brasil e no mundo (PASTORE, 2000).

No município de Bauru, interior do Estado de São Paulo, foi realizada uma pesquisa junto aos empresários no ano de 1980. Essa pesquisa verificou a atitude do empregador, e segundo eles, as pessoas com deficiência: produzem

---

3   Documento editado por Jane Hodges-Aeberhard e Carl Raskin, traduzido pelo Ministério de Trabalho e do Emprego em 2000, analisa os resultados da ação afirmativa no emprego em diversos países do mundo.

menos; apresentam maior índice de absenteísmo; criam uma imagem negativa para a empresa; existe o risco de contágio ou maiores riscos de acidentes de trabalho, gerando custos; alto custo para adaptações do local de trabalho, etc. Como conclusão, a maioria assinalou que as pessoas não-deficientes devem ter prioridade para o emprego.[4]

No Brasil podemos constatar alguns problemas na implementação de cotas para pessoas com deficiência no mercado de trabalho. Os empresários alegam, segundo encontramos em Néri (2003), que:

» A contratação da porcentagem exigida na lei implicaria na demissão do mesmo contingente de funcionários sem deficiência;
» Não há condições de transportes ou acesso adaptados para receber os funcionários com deficiência;
» Em vez de exigirem a contratação, as empresas deveriam recolher o valor em um fundo, o que dispensaria as empresas de contratar pessoas com deficiência;
» A empresa que entra no sistema de cotas não pode mais sair dele. Se ela eventualmente mudar sua atividade principal e necessitar de um quadro de qualificação diferente do anterior, a empresa é obrigada a fazer nova admissão, mesmo que não possua vaga na nova situação.

É interessante observar que sempre o interesse econômico está à frente do respeito aos direitos da pessoa humana e do cidadão. O pressuposto é sempre que as pessoas com deficiência estão distante de serem "empregáveis", ao contrário, são onerosas e indesejadas.

A batalha que se estabelece pelo respeito aos direitos adquiridos e constituídos esbarra na prática de políticas compensatórias, na ineficiência em fazer cumprir a lei e nas ações filantrópicas.

De maneira geral o que se percebe é que ações específicas para grupos discriminados necessitam mais do que políticas compensatórias paliativas. São urgentes políticas que promovam a sustentabilidade das ações empreendidas, provendo meios para que o público-alvo consiga se inserir permanentemente na sociedade. As pessoas com deficiência são historicamente o grupo cuja política pública é do tipo mais assistencialista possível, vista por muitos quase como uma esmola. É preciso que, pelo menos, uma parcela expressiva da população composta por pessoas com deficiência, deixem ser objetos de mera filantropia institucional para se tornarem sujeitos protagonistas das melhoras alcançadas em suas vidas (NERI, 2003:179)

---

4   Estudo divulgado em artigo "A reabilitação profissional e a inserção da pessoa com deficiência no mercado de trabalho – Carmem Leite Ribeiro Bueno; captado no endereço eletrônico www.entreamigos.org.br em 10/07/2004.

Enfim, mesmo tendo diante de nós um universo complexo de sentidos cabe-nos decifrar, no tempo presente, os segredos para encontrarmos o caminho de um mundo melhor, mais justo, verdadeiramente acolhedor.

O mundo, segundo a ONU, abriga cerca de 500 milhões de pessoas com deficiências das quais 80% vivem em países em desenvolvimento. O Brasil possui, de acordo com os resultados do Censo 2000, divulgado pelo IBGE no mês de maio de 2001, 24,5 milhões de pessoas com deficiências, ou seja, 14,5% da população. Néri (2003) comenta este aumento em relação aos indicadores anteriores:

> *Número bastante superior aos levantamentos anteriores, menos de 2%. Isto não decorre do aumento da incidência de deficiências, mas da mudança dos instrumentos de coleta de informações, em obediência as últimas recomendações da Organização Mundial de Saúde (OMS). Esse expressivo contingente populacional vem aumentar a necessidade de promover um amplo diagnóstico deste segmento da população brasileira, a fim de contribuir para o desenho e implementação de ações de inclusão social (p.1).*

E mais adiante:

> *A principal diferença do Censo 2000 para os levantamentos anteriores é conceitual, atribui-se o título de pessoas com deficiência não somente aquelas que se consideram incapazes, mas também aquelas que reportaram possuir alguma ou grande dificuldade permanente de enxergar, ouvir e caminhar, fato não observado nos inquéritos domiciliares passados. Outra novidade é que indivíduos auto-avaliaram essas capacidades considerando o uso de aparelhos auditivos, óculos, lentes de contato, próteses e bengalas. Isto possibilita distinguir aquelas pessoas que detém recursos para gastos com aparelhos corretivos das deficiências, daquelas que possuem deficiência não só física ou mental, como econômica (p. 5)*[5]

Os números apresentados oficialmente revelam que num universo de 26 milhões de trabalhadores formais ativos, 537 são pessoas com deficiências, representando apenas cerca de 2,05% do total (NERI, 2003)

A inclusão da pessoa com deficiência no contexto do desenvolvimento econômico e social de seus respectivos paises têm sido objeto de diversos instrumentos internacionais que, no Brasil, vem sendo acolhidos e incorporados, na maioria dos casos, à própria legislação do país (CORDE, 1997).

---

[5] Néri (2003), em sua Obra em formato de relatório, apresenta em detalhes os formulários utilizados pelo Censo 2000.

Por meio da resolução 37/52, a Assembleia Geral das Nações Unidas aprovou o Programa de Ação Mundial para as Pessoas com Deficiências que teve como proposta básica medidas eficazes para a prevenção da deficiência e para a reabilitação. O objetivo fundamental desta resolução foi promover a igualdade de oportunidade e a participação plena das pessoas com deficiência na vida social e no desenvolvimento (UNITED NATIONS, 1983).

Na sociedade moderna, o trabalho é uma das principais formas de participação social dos homens. Porém, nas condições atuais, as novas exigências impostas ao sujeito provocam um efeito paradoxal: a relação trabalho x emprego se desfez e o desemprego atinge grande parte das pessoas, gerando desestabilidade emocional (FERNANDES, 1999). Sobre a importância atribuída ao trabalho Amaral (1996) comenta que:

Quando se fala de integração de pessoas com deficiência fala-se (em especial nas sociedades capitalistas, mas talvez não exclusivamente) de sua inserção no mundo do trabalho, uma vez que essa é uma privilegiada faceta da vida do cidadão. Mesmo porque esse cidadão só o é reconhecidamente se inserido no circuito de produção-consumo (p. 161).

O mundo do trabalho caracteriza-se como um universo que, estruturado pelas relações de produção, na qual envolve situações, condições e problemas sociais e humanos, presentes tanto dentro, quanto fora dos locais de trabalho. Sobre essa compreensão do mundo do trabalho, Sato (1998) comenta que:

Essa orientação amplia o espectro de temas e, consequentemente, dos objetos relacionados ao trabalho passíveis de serem construídos pela psicologia e pelas ciências sociais em geral, a partir dos quais se identificam problemas que motivam atividades de pesquisa e de intervenção.
Adotando-se essa orientação, qual seria a abordagem da psicologia que poderia trazer luz e, assim, concorrer para a compreensão e para o equacionamento dos problemas presentes no mundo do trabalho? Ao se considerar que as condições materiais apresentam situações e problemas para os homens, agrupamentos humanos e para os processos organizativos, é necessário recorrer a uma psicologia que incorpore questões relativas à constituição dos sujeitos sociais, a partir de uma compreensão que permita reconhecer o papel do contexto na conformação das relações, de visões de mundo, de criação de estratégias e táticas que fazem os "modos de andar a vida", como nos fala Canguilhem. Acreditamos que somente a psicologia social pautada na concepção dos sujeitos como seres de natureza social e intersubjetiva, com as várias noções e teorias que têm essa concepção como pressuposto, é que teria condições de suportar teórica e metodologicamente o caminhar para compreender esse universo (SATO, 1998: vii).

Para muitas pessoas pode parecer complicado analisar a situação do emprego para pessoas com deficiência sendo que a deficiência, por ela própria, tem sido entendida como uma desvantagem e a vulnerabilidade um atributo pessoal.

O parâmetro atual para analisar a capacidade de inclusão no competitivo mercado de trabalho é o controverso conceito de "empregabilidade", que coloca uma imensa sombra de dúvida sobre "a capacidade contributiva num contexto competitivo que hoje orienta grande parte das empresas" (NERI, 2003:152).

A Organização Internacional do Trabalho (OIT) considera que além de todas as diferenças, essa propensão de ser tratado de um modo diferente é o que faz as pessoas se tornarem parte de um grupo vulnerável e experimentarem desvantagens sociais e ocupacionais. (HODGES-AEBERHARD; RASKIN, 2000).

No Brasil o número reduzido de estudos sobre a inserção e a manutenção de pessoas com deficiência no mundo do trabalho associado a uma prática distanciada do discurso, tanto acadêmico como da sociedade em geral, impõe uma grande barreira para a ocupação das vagas enunciadas no referido decreto. Resolvemos abrir um diálogo com trabalhos de investigação acadêmica que se embrenharam na temática deficência/trabalho.

Os dados fornecidos pelo Ministério do Trabalho, subdelegacia do município de Bauru (SP), indicam que a legitimação do discurso de inclusão, traduzida em lei, como anteriormente citada, tem se refletido em uma incorporação acrítica dos procedimentos que visam a inclusão social da pessoa com deficiência por meio do trabalho, resultando tão somente em ações nas quais se cumprem os percentuais estabelecidos pelo decreto. As ações de fiscalização no município de Bauru (SP), com o objetivo de averiguar o cumprimento da lei, investigaram 71 das 120 empresas que possuem mais do que 100 funcionários. Dessas, 627 vagas deveriam estar sendo ocupadas por pessoas com alguma deficiência. Constatou-se que 422 estavam preenchidas, restando um total de 205 postos de trabalho, os quais precisariam ser ocupados por pessoas com deficiência.

Os obstáculos enfrentados por pessoas com deficiência, por familiares e por empregadores são acentuados pelas precárias condições econômicas, políticas e sociais, que tornam o sujeito (especialmente aquele com alguma deficiência) um resultado do completo afastamento dos elementos essenciais para a garantia da tão divulgada empregabilidade. "Procuramos criar imaginariamente uma figura de 'trabalhador-modelo'. O alcance desse ideal garantiria a manutenção da empregabilidade" (FERNANDES, 1999:41). As exigências que invariavelmente são colocadas para o ingresso no mercado de trabalho são a escolaridade e a experiência profissional. Os trabalhadores são valorizados pelo seu conhecimento especializado, mais do que por qualquer outra característica. Ghirardi (1999) nos coloca que:

> *Nesse contexto, pensar num sujeito empreendedor equivale pensar um sujeito apto, capaz de realizar trocas sociais tidas como bem sucedidas em seu ambiente cotidiano, sejam essas trocas de caráter afetivo ou produtivo. Essa concepção, que impões ao enfermo uma subjetivação vinculada ao pragmatismo do cotidiano, requer um sujeito ativo e empreendedor como consequência da proposta de reabilitação. Por outro lado, ela parece, paradoxalmente, a situação da deficiência como um fator do qual naturalmente decorre passividade e impotência individual, necessitando da reabilitação como elemento necessário à reversão desse quadro (p.12).*

O quadro de avanço de conquistas sociais, segundo as várias indicações sociais e políticas, corresponderia a um importante instrumento para concretizar o que vêm sendo amplamente discutido e denominado Inclusão Social da pessoa com deficiência. Porém, no trabalho as condições para a reprodução das desigualdades são extremamente propicias, fazendo-se necessário à criação de procedimentos e normas administrativas para a garantia dos direitos que estão preconizados na legislação trabalhista, garantindo assim a igualdade de oportunidade e tratamento no trabalho para as pessoas com deficiências (BENTO, 2000).

Compreender os preconceitos e a resistência dos empregadores, das próprias pessoas com deficiências e de seus familiares parece representar uma ação necessária e anterior a qualquer outra. As respostas para esses problemas não estão, por conseguinte, na caridade e na assistência, mas, antes de tudo, na mudança de comportamento das pessoas. Essas mudanças não se processam definitivamente e precisam ser continuamente revisitadas e ressignificadas para possamos vislumbrar caminhos que minimizem os efeitos da discriminação e do preconceito.

A sociedade moderna enfrenta um dilema: associado ao máximo progresso material está a exclusão social de um enorme contingente de pessoas, dispostas em vários segmentos populacionais (pobres, estrangeiros, mulheres, idosos, homossexuais, detentos, marginais, negros, desempregados, deficientes, analfabetos). A exclusão tornou-se brutalmente dominante em uma sociedade que mantém o discurso acerca da cidadania e dos direitos inalienáveis da pessoa humana. Nas sociedades fundamentadas sobre a igualdade de condições, a exclusão não pode ser vivida como uma condição imposta pelo destino, como foi durante muitos séculos: ela revela e consagra a incapacidade e falha pessoal do excluído. O trabalho, neste contexto, representa um instrumento contraditório que, por um lado, possibilita ao indivíduo apropriar-se das condições existentes para alcançar o status de cidadão e, por outro lado, exclui a pessoa a colocando à margem do processo de desenvolvimento social, sem refletir nem explicitar que este é um processo previsível, já que a igualdade de condições é um conceito abstrato e a oportunidade de colocação no mercado de trabalho passa pela competição, na qual, o número de oportunidades é infinitamente inferior ao número de candidatos. Sobre isso, Fernandes (1999) escreve:

> *Nas condições sociais atuais, o pólo de sustentação da relação trabalho x emprego se desfez. Temos o desemprego atingindo grande parte das pessoas, gerando desestabilidade emocional. Esta decorre da perda das condições financeiras (o que remete a uma alteração das relações de troca), mas decorre, também, da perda da possibilidade de manter o trabalho como eixo futuro, exigência do vínculo com a realidade. Perde-se a possibilidade de representar o futuro e a si mesmo no futuro, através das marcas da estabilidade institucional que até então vigoraram (FERNANDES, 1999:40).*

Desse modo, trabalho é fundamental na vida de qualquer pessoa. Não somente para suprir suas necessidades básicas, mas também para que possa desenvolver-se individualmente e contribuir coletivamente para "a proposta de um novo caminho que vai em direção à construção de uma sociedade mais justa e procura delinear as novas estratégias para a inserção social dos indivíduos" (FERNANDES, 1999:39).

O acesso de pessoas com deficiência ao mercado de trabalho, tem sido apontado amplamente tanto pela sociedade de maneira geral (política, economia, mídia) quanto pelas diversas áreas científicas (ciências da saúde e ciências humanas) como instrumento essencial para desenvolvimento global do homem na sua dimensão individual e na sua indissolúvel relação com a família, com a comunidade e com a sociedade.

Por um lado é possível identificar um movimento das empresas para se adequarem à legislação vigente. Por outro lado, o mercado apresenta um elevado padrão de exigências mínimas para a contratação. As empresas compreendem que devem ser realizadas adaptações que vão desde a mudança de espaço físico até a capacitação de recursos humanos, para que tanto o contexto sócio cultural da empresa quanto à rotina de cada setor ofereçam condições para a convivência não segregada de pessoas com necessidades especiais. Para citar alguns exemplos: a utilização da linguagem brasileira de sinais (LIBRAS); o emprego de versões simplificadas para capacitação de funcionários com deficiência mental; a adaptação de banheiros, escritórios, cartão ponto, bebedouros, corredores, refeitórios, rampas e outras dependências; a formação de equipes para avaliar continuamente os suportes necessários, tanto para as necessidades especiais permanentes quanto de caráter transitórios; verificação de quais suportes precisam ser modificados, quais suportes devem ser criados e quais podem ser extintos.

O percurso deste texto teve seu início com um conjunto de perguntas desafiadoras. Termino em duas etapas. Primeiro propondo pontos para uma não conclusão, na certeza de que o mundo, como disse Paulo Freire, "não é, está sendo". Nesta perspectiva, as certezas são provisórias e as ações dinâmicas e continuadas. E duas perguntas vão fechando essa minha reflexão:

» Afinal, as pessoas com deficiência têm capacidade de trabalhar? Não seriam elas: pouco preparadas, frustradas, incompetentes, afinal é preciso adequar-se às necessidades impostas pela atualidade – dinamismo, flexibilidade e escolaridade?
» Por que dar emprego às pessoas com deficiência, se não há emprego nem para as pessoas normais? E a produtividade e o lucro exigido pelos donos das empresas?

Essas perguntas nos remetem para outros sujeitos, igualmente marginalizados de nossa sociedade:

» Por que empregar velhos se não empregam nem os jovens? Por que empregar pessoas sem o ensino médio se há tantos universitários e pósgraduados sem emprego?

As respostas, dadas de maneira absoluta, correm o risco de paralisar a nossa crítica e petrificar os nossos comportamentos. No entanto a professora Ligia A. Amaral nos legou não importantes respostas nem conselhos, mas um recado aos profissionais de Recursos Humanos, ou como disse ela um "lembrete" deixado sobre suas mesas de trabalho. Terminamos este capítulo Ligia A. Amaral:

» Há sempre o perigo da questão da crise econômica (crônica) do país servir de anteparo para o rechaço dos candidatos com deficiência, em detrimento da análise da eficiência para execução de determinada tarefa ou função. *Esta questão parece encerrar precocemente qualquer tentativa de se pensar uma nova lógica para a relação do homem com o trabalho. Por trás desta premissa está o conformismo e o medo da mudança nas relações homem/trabalho.*
» Ninguém está imune ao desconforto, medo, insegurança, frente ao desconhecido e, até segunda ordem, a deficiência ainda é bastante desconhecida da população em geral e, portanto, dos profissionais

de RH. *É possível perceber um sofrimento real das pessoas que são responsabilizadas pelos resultados na produtividade ao mesmo tempo em que precisam responder aos apelos da sociedade civil e da legislação. Esse impasse alimenta sentimentos de raiva e ressentimento, atribuindo as pessoas com deficiências a culpa por uma situação mais ampla e mais complexa.*

» Não há uma pessoa igual à outra, assim como não há uma pessoa com deficiência igual à outra. *Esta constatação só é possível por meio da experiência concreta, caso contrário, prevalecem os preconceitos.*

» Se o indivíduo com deficiência não for visto como "vítima", sua contratação no mercado competitivo não precisará basear-se em postura assistencialista e/ou protecionista.

» Se esse indivíduo não for visto como "vilão", sua contratação não estará ameaçada pelo medo de ações delinquências ou pelo medo da mentalidade de levar "vantagem em tudo".

» Se esse indivíduo não for visto como "herói", sua contratação poderá estar sendo baseada em sua real capacidade para desempenho de determinada função, dentro dos mesmos parâmetros utilizados para os demais candidatos. *Interessante! O modo como vemos os deficientes rege nossas ações para com os mesmos. Se os vemos como vítimas, como tal os trataremos. Se os vemos como heróis, assim os trataremos. O problema está exatamente aí: os vemos como diferentes, por isso os excluímos.*

» Não há porque privilegiar a pessoa com deficiência há, isso sim, que dar igualdade de oportunidade de acesso ao mercado de trabalho, não fechando a porta antecipadamente pela presença da condição de deficiência. *Esse parece ser o caminho mais seguro para ser trilhado, para que possamos fugir dos discursos e práticas baseados na compensação e na caridade.*

» É importante que essa pessoa possa ter a chance de desempenhar funções o mais próximas possível de suas possibilidades reais – nem abaixo, nem acima delas. *Para tanto existem outras lutas e conquistas: por educação, por saúde, por participação na comunidade, por representação política, entre outras coisas.(Considerações nossas)* (AMARAL, 1994:134-15)

A experiência com a contratação de pessoas com deficiência pode nos conferir:

a oportunidade de acesso pode, eventualmente, significar para o profissional a necessidade de flexibilização no próprio processo de recrutamento e seleção (especialmente nas formas de divulgação de vagas e nos processos de testagem da inteligência e personalidade) a fim de que sejam garantidas oportunidades iguais de aferição de características e habilidades – além daquelas específicas para a função. Pode também significar, para o profissional, o desafio de ter que pensar, sugerir, implantar, algumas alterações no ambiente físico de trabalho. Pode ainda significar, para o profissional, um repensar de alguns procedimentos de análise de desempenho. Análise de desempenho essa que, aliás, pode vir a ser referencial interessante para detecção de "erros e acertos" em processos de recrutamento e seleção anteriores, subsidiando os subsequentes.

Pode significar operar de forma inovadora com relação a ideia do "homem certo no lugar certo", como uma das diretrizes preciosas na atual inserção da pessoa com deficiência no mercado competitivo. E ESSA NÃO É UMA TAREFA FÁCIL!" (AMARAL, 1994:134-15)

Nesta perspectiva, de que o sujeito deve ser o alvo do investimento e de que é possível criar condições para a compreensão das causas da marginalização e exclusão e para a contínua superação das contradições que nos paralisam na nossa usual visão das coisas. Como disse Bosi (1992:116) "O mundo é opaco para a consciência ingênua que se detém nas primeiras camadas do real. A opinião afasta a estranheza entre o sujeito e a realidade. A pessoa já não se espanta com nada, vive na opacidade das certezas".

CAPÍTULO 2

ROSA-DOS-VENTOS

E do amor gritou-se o escândalo
Do medo criou-se o trágico
No rosto pintou-se o pálido
E não rolou uma lágrima
Nem uma lástima para socorrer
E na gente deu o hábito
De caminhar pelas trevas
De murmurar entre as pregas
De tirar leite das pedras
De ver o tempo correr
Mas sob o sono dos séculos
Amanheceu o espetáculo
Como uma chuva de pétalas
Como se o céu vendo as penas
Morresse de pena
E chovesse o perdão
E a prudência dos sábios
Nem ousou conter nos lábios
O sorriso e a paixão
Pois transbordando de flores
A calma dos lagos zangou-se
A rosa-dos-ventos danou-se
O leito do rio fartou-se
E inundou de água doce
A amargura do mar
Numa enchente amazônica
Numa explosão atlântica
E a multidão vendo em pânico
E a multidão vendo atônita
Ainda que tarde
O seu despertar....

Chico Buarque

A TEORIA PSICANALÍTICA DOS GRUPOS:
Subsídios para uma análise das organizações na relação trabalho/deficiência

As ideias apresentadas no capítulo anterior deste livro nos conduzem a reflexões que colocam a relação sociedade/deficiência/trabalho diante das incertezas das Ciências Humanas, em especial, da Psicologia Social.

Para nos inserir no referencial que pretendemos utilizar como instrumento de enquadramento teórico e interpretação da deficiência enquanto um fenômeno humano, nos reportaremos, neste capítulo, aos pressupostos teóricos que subsidiaram a proposta metodológica que orientam este estudo.

Kaës (1997) nos apresenta alguns pontos essenciais para pensarmos sobre a questão do grupo na psicanálise. Segundo ele, é preciso compreender os fenômenos psíquicos que são produzidos nos pequenos grupos humanos para que, por meio da teoria psicanalítica, possamos avançar na elaboração de um esquema conceitual capaz de detectar as modalidades de sujeição dos seres humanos entre si e quais as consequências destes processos grupais. Nas palavras de Kaës (1997), "de suas relações com esses conjuntos (intersubjetivos), os sujeitos são, por um lado, constituídos como sujeitos do Inconsciente e, de outro, constituintes da realidade psíquica aí produzida (p. 17)". Um roteiro reflexivo, para guiar os pontos teóricos fundamentais de análise dos dados empíricos obtidos no trabalho de campo, pode ser definido pelas seguintes questões: Qual seria o lugar dos conjuntos intersubjetivos para que se possa pensar uma Psicologia Social a partir desta premissa? Como se debruçar sobre a realidade organizacional sob a perspectiva dos pilares psicanalíticos? Para Kaës (1997):

A questão do grupo intersubjetivo dá, portanto, a Freud a oportunidade de um relançamento heurístico fundamental. Propicia-lhe um eixo de pesquisa sobre o fundamento da realidade psíquica individual nos conjuntos intersubjetivos, mais precisamente sobre a realidade psíquica que se forma, circula, se transforma nos conjuntos e que constitui um dos suportes do sujeito do inconsciente. Está aí, do meu ponto de vista, o sentido e o valor teórico do interesse que Freud tem pelos grupos e pelas diversas formações dos conjuntos intersubjetivos (p. 36).

Atualmente, percebemos um movimento, especialmente em alguns setores da Psicologia Social, de construir um referencial teórico/metodológico que aponte para a transposição dos conjuntos teóricos que derivaram da ideia centrada na cura individual como um caminho unívoco. Partindo dos pressupostos da teoria freudiana, de investigação dos processos inconscientes, o esteio teórico que norteou a opção metodológica deste estudo estabelece, como hipótese fundamental, que o sujeito psíquico se constitui como sujeito do grupo e que toda a compreensão da sua formação se dá por meio da mútua determinação entre sujeitos, grupos, instituições e estrutura social.

As hipóteses freudianas: raízes epistemológicas para uma teoria psicanalista dos processos grupais

Kaës nos convida a pensar no conceito de grupo como um desafio a uma ressignificação da hipótese do inconsciente, como tendo sua origem na organização dos vínculos intersubjetivos. Esclarecer as premissas que sustentam os conceitos de grupo, tendo a hipótese do inconsciente como ponto de partida, nos ajuda na compreensão dos fundamentos teóricos que embasam nosso estudo.

O grupo, numa primeira dimensão de análise, se define como *forma* e *estrutura*, que explicam como se organizam os vínculos intersubjetivos. Seria possível identificar nos grupos, como se produz, no espaço grupal, formações e processos específicos. Por outro lado, o grupo designa também, pelos efeitos do agrupamento, a forma e a estrutura da organização intrapsiquica. Como nos aponta Kaës (1997):

> *De acordo com essa perspectiva, o grupo se especifica como grupo interno, cabendo à pesquisa descrever suas estruturas, funções e transformações. Esses grupos internos não são a simples projeção antropomórficas dos grupos intersubjetivos. Na concepção proposta por mim, a grupalidade psíquica é uma organização da matéria psíquica (p. 11)*.

Uma terceira possibilidade apresentada por Kaës e reforçada por Fernandes (1994a, 1994b) é de que o grupo representa o *lócus* privilegiado para a análise dos conjuntos intersubjetivos. Essa confluência Psicanálise/ grupos/ Psicologia Social determina um paradigma metodológico e um dispositivo de análise e de intervenção, que precisa ser construído "para se encontrar na psicanálise a matéria e o fundamento de uma teoria geral dogrupo" (19).

Arnaud (2004) reforça uma linha introdutória dos autores que discutem a questão dos grupos na psicanálise, reconstruindo o caminho trilhado por Freud e buscando os fundamentos, na herança freudiana, das tentativas atuais de se construir uma psicanálise dos grupos. A psicanálise surge a partir das observações clínicas de Freud e suas primeiras descobertas estão fundadas basicamente no entendimento do psiquismo individual. Conforme foi sendo construído um corpo teórico, a leitura de trabalhos etnológicos (relatos antropológicos sobre o totemismo e sobre os tabus) e sociológicos (hipóteses sobre os comportamentos das massas) levou Freud a atribuir às influências das situações de grupos como fenômenos marcantes para a compreensão do universo psíquico inconsciente (ARNOUD, 2004). Kaës (1997) afirma que a leitura da obra de Freud aponta para uma matriz teórica que propõe um modelo grupal da psique:

> *A afinidade conflitual do grupo e da Psicanálise insere-se no coração da psique que Freud inventa junto com a Psicanálise: para ele **psique é grupo;** ela é grupalidade porque ela é associação/dissociação, combinação/desorganização, ligação/desligamento, delegação metafórica/metonímica, condensação/difração, etc. Mas Freud afirma também que o grupo é o lugar de uma realidade psíquica, e o modelo de inteligibilidade da psique (p. 30).*

Alguns textos de Freud, por seus construtos centrais, contêm os elementos que permitem vincular as ideias de que a constituição do sujeito psíquico passa necessariamente por fenômenos coletivos. Os dois textos freudianos mais significativos, que esclarecem os fenômenos organizacionais, são o celebre Totem e Tabu (1912, 1913) e um ensaio intitulado "Psicologia das massas e análise do eu" (1921). No primeiro texto, Freud tenta resolver o enigma do advento do *socius*, do ponto de vista analítico; no segundo, ele esboça uma primeira descrição dos mecanismos inconscientes do funcionamento social. As conclusões destes textos centrais foram complementadas por reflexões contidas em dois outros trabalhos "O mal estar da civilização" (1929) e "O homem Moisés e o monoteísmo" (1939), para dar conta dos processos psíquicos colocados em jogo na passagem da série do indivíduo isolado ao grupo organizado (ARNOUD, 2004).

Em "Psicologia das massas e análise do eu", Freud sublinha que na análise dos fenômenos sociais globais não podemos ignorar nem os processos inconscientes (que constituem sua face escondida) nem estes elementos mediadores da sociedade que são os grupos, as organizações e as instituições. Ele reivindica explicitamente para a Psicanálise o estatuto de Psicologia Social (ARNAUD, 2004).

Com estas premissas, apresentadas nos textos originais de Freud e discutidas por autores contemporâneos (ENRIQUEZ, 1998; KAËS, 1997 e ARNAUD, 2004), a hipótese de que o grupo é o lugar de uma realidade psíquica específica, "e cujo estudo pertence de pleno direito ao campo da psicanálise" (KAËS, 1997:35), estamos diante do desafio de edificar um dispositivo metodológico apropriado para as investigações científicas em Psicologia Social.

O sujeito do grupo e as configurações vinculares: as escolas francesas

Em se tratando da psicanálise aplicada aos grupos e organizações, quando se compara a escola francesa com a britânica, essa podendo se revestir de uma certa anterioridade histórica, e tendo como marca emblemática uma grande coerência teórica, as correntes francesas apresentam, por sua vez, uma riqueza conceitual fascinante e de orientações ideológica bem mais audaciosas (ARNAUD, 2004).

A Psicanálise de Kaës

Por volta do ano de 1962, o psicanalista D. Anzieu fundou o CEFFRAP (*Cercle d'études françaises pour la formation et la recherche active em psychologie*), que era constituído de uma equipe de pesquisadores dentre os quais se distinguia R. Kaës. O círculo de estudos seguia a linha conceitual que se fundamentava basicamente nos pressupostos kleinianos, de Bion e de Jaques. A perspectiva da pesquisa pode ser resumida à tentativa de aplicar a teoria da clínica psicanalítica nos pequenos grupos formativos ou terapêuticos e, em alguns casos, em grupos naturais (equipes de trabalho, comitês de direção, etc). Um traço marcante foi a edificação de uma psicossociologia de inspiração analítica, muito mais voltada para os conceitos que serviriam de noções aos métodos utilizados.

Em 40 anos de experimentação e de reflexão, Anzieu e depois seus colegas trabalharam na elaboração de uma "verdadeira psicanálise dos grupos e, por extensão, de uma possível psicanálise das organizações e das instituições". O enfoque dado pela teoria proposta pelo teórico francês René Kaës nos leva a pensar quais seriam as contribuições da Psicanálise, sob uma nova perspectiva, para a compreensão dos fenômenos engendrados na estreita relação entre indivíduo e grupo.

A possibilidade de ampliar o enfoque dado por Freud, que apresentou uma ênfase na constituição do psiquismo a partir do endopsíquico, abre novos horizontes para a compreensão dos fenômenos ligados à grupalidade, definindo os elementos originários da instituição e manutenção dos grupos e, em que medida esses elementos se relacionam para ser um suporte do aparelho psíquico individual, conferindo a ele a dimensão da continuidade e do pertencimento.

Um conceito que se caracteriza como eixo norteador da obra de Kaës é o de que o sujeito deve ser compreendido como sujeito do grupo, constituindo-se essencialmente nas diversas modalidades de configurações vinculares. Para tanto é necessário percorrer a trajetória de construção dos conceitos que edificam essa concepção que se concentra na investigação da constituição do sujeito psíquico como sujeito do grupo, tendo como pressuposto central a ideia de que, para que se possa compreender a ideia de transmissão psíquica, é preciso se debruçar nos processos que são os originários e os mantenedores desses: as relações dialéticas entre as dimensões intrapsiquicas, intersubjetivas e transpsiquicas.

O grupo representa para Kaës uma impactante oportunidade para que possamos compreender melhor a gênese e a dinâmica do psiquismo humano. Uma possibilidade metodológica de se investigar o sujeito no grupo e o sujeito do grupo superaria a visão supostamente reducionista que tenta delinear a gênese e a dinâmica do desenvolvimento psíquico em si-mesma, segundo a compreensão endopsíquica, que considera as relações intersubjetivas como unidirecionais, sendo tudo o que acontece "fora do sujeito" meros objetos de repercussão interna e referência da realidade externa. Para a Psicologia Social, esta nova dimensão de análise representa um instrumental conceitual importante. A questão se inverte na edificação teórica proposta por Kaës, o método de investigação se concentra no grupo e no sujeito do grupo, estabelecendo uma relação de continuidade entre o intrapsíquico, o intersubjetivo e o transpsíquico. Desta maneira, o elemento constitutivo do sujeito não pode ser compreendido destacado dos laços sociais que se institui a partir do que ele denominou os pactos denegativos. O pacto seria o cimento que estrutura os laços sociais, ou seja, o estruturante que sustenta a instituição como o *lócus* da organização e manutenção dos grupos. Assim, a Instituição por si só, pela ação que a fundou, pela rememoração do fundador, não se sustenta, ela necessita de laços que se renovem. Os laços sociais possuem uma função organizadora que por um lado impede que o lado mortífero se manifeste (e por este lado mantém algumas coisas ocultadas), por outro lado evidenciam as contradições, as dores, os sofrimentos...

Na obra de Kaës (1997), o Aparelho Psíquico grupal vai ser apresentado como um conceito que define os fundamentos para a constituição de uma metapsicologia dos conjuntos intersubjetivos. Seguindo a tendência explicativa da psicanálise clássica, podemos pensar que o Aparelho Psíquico Grupal está sujeito a um processo de gênese e transformação, cuja dinâmica envolve estruturas, funcionamento e transformações. No que se refere a estruturas e processos, Kaës escreve:

> *São preferencialmente mobilizados por isomorfismo ou homomorfismo, certas qualidades destas encontram-se deslocadas, ligadas em configurações novas e por isso transformadas no aparelho e pelo aparelho psíquico do grupo. Dessa maneira afasto a hipótese – a hipoteca – de um Inconsciente grupal e proponho que formações do inconsciente, alguns de seus conteúdos e de seus processos são constituintes da realidade psíquica de/no conjunto por uma parte constituídos de/no conjunto (KAËS, 1997:201).*

Para estabelecer a estrutura do aparelho psíquico grupal, Kaës utiliza como ponto de partida o ponto de vista tópico, no qual o Aparelho Psíquico Grupal "não podia ser descrito senão por meio de papéis, de lugares portadores de funções *analógicas* do Inconsciente, do Pré-consciente e do Consciente; do Eu, do Id e do Superego (p. 207)". Esta passagem, da metapsicologia individual para uma concepção que coloque as instâncias funcionais em um nível grupal de funcionamento das instâncias exige uma construção teórica que explique as conjunções entre as estruturas intrapsíquicas e as estruturas do grupo.

O primeiro modelo explicativo nos remete a analisar a dupla polaridade do Aparelho Psíquico Grupal: denominado isomorfismo e homomorfismo. No pólo isomórfico impera uma correspondência imaginária entre o espaço interno e o espaço do grupo, ou seja, por meio de uma identificação plena, reduzindo desta maneira a distância, a tensão e a diferença entre o funcionamento do grupo e certas formações grupais do aparelho psíquico individual (KAËS, 1997:211). Por outro lado, na polaridade homomórfica, abre-se um campo para a diferenciação e para a mobilidade de lugares, Papéis e instâncias. "O regime homomórfico caracteriza-se também pela ocorrência das relações de complementaridade e de antagonismos, por uma hierarquização dos alvos e objetivos" (p. 212).

Estes dois pólos são elementos essenciais para a construção e para o funcionamento de qualquer grupo. Da tensão existente entre esses pólos no grupo, que é mantida ou reduzida, é que se estabelece e se transforma o processo grupal. Uma análise dos sujeitos singulares a partir do grupo, partindo dessas tensões, seria a análise da formação do *Aparelho Psíquico Grupal.*

A organização psíquica dos agrupamentos passaria por momentos de origem (do ponto de vista genético), sendo destacado um modelo de sequências organizadoras, sendo esta sequência atravessada por um conjunto de transformações. Esses dois modelos (gênese e transformações) "não comportam necessariamente um princípio de continuidade linear. Dito de outro modo, essas fases são mais exatamente 'momento reversíveis' de um processo" (KAËS, 1997:213).

Um terceiro modelo, nesta mesma linha de análise, envolve certas características dos dois anteriores. Nesse modo analítico, o grupo passaria por 'momentos' que exprimem as necessidades impostas pelos agrupamentos em cada temporalidade. Os momentos foram denominados: fantasmático, ideológico, figurativo transicional e mitopoético.

Podemos pensar na constituição da realidade psíquica do grupo apoiada na articulação da psique do sujeito do grupo, especialmente nos grupos internos, com um aparelho psíquico grupal. Neste espaço de confluência, definiu-se uma categoria definida como 'intermediário'. Pode ser descrita como um lugar entre dois lugares, ou seja, uma fronteira entre dois tópicos, na qual, evidenciaria o campo do utópico. Ou, por outra via, um objeto entre dois objetos (entre o si e o outro), que define este espaço intermediário forjado no processo grupal, como revestido de um processo transicional, tal qual foi enunciado por Winnicott (1975). Esta dimensão se inscreve numa lógica paradoxal, que relega partes distintas e permite, pela via do simbólico, ser e não ser, podendo ligar e manter separado. Seriam as formações e processos psíquicos de ligação, de passagem de um elemento ao outro, seja no espaço intrapsíquico (formação de compromisso, pensamento de ligação) seja no espaço interpsíquico (mediadores, representantes, delegados, objetos transicionais, porta-voz...) seja na articulação entre esses dois espaços. Sua função é tornar possível a continuidades da vida psíquica, sua complexidade, sua regulação, sua representação por ela própria (autorrepresentação) e sua representação para outros sujeitos (alo-representação) (KAËS, 1997:224).

As formações intermediárias são a manifestação de espaços nos processos grupais que permitem a atribuição de sentidos e continuidade à vida psíquica. A articulação entre as determinações que provêm desses dois espaços heterogêneos define um terceiro nível lógico na abordagem psicanalítica de grupo. Esse nível diz respeito, preferencialmente, às formações psíquicas comuns aos sujeitos em sua singularidade e ao conjunto grupal. Essas formações de duas faces, direcionadas a dois espaços conjugados, asseguram as mediações entre os espaços intrapsíquicos, intersubjetivos e transubjetivos. Elas constituem pontos de entrelaçamento do sujeito e do conjunto, o vínculo do submetimento do sujeito ao grupo (p. 224).

Podemos teorizar sobre a existência das formações intermediárias a partir do que foi denominado de funções fóricas, que são exercidas no aqui-agora dos sujeitos do grupo. Estas funções evidenciam nos sujeitos do grupo, papéis de porte e transporte de sentido encarnado, manifestações expressas por gestos e por palavras.

Esse porta-voz expressa uma formação intermediária, de natureza psíquica e intersubjetiva, porque ele é porta-voz daquilo que se está produzindo no espaço do grupo. Seria, segundo nos indica Kaës (1997), o conjunto das representações que estão transitando e que assumem uma forma em um dado momento, em outro momento pode assumir outro. Para que ocorram estas passagens, é necessário que exista a figura de um "intermediário" que desempenhe, neste movimento, no grupo, a função de ligação entre um momento e outro.

Alianças inconscientes

Kaës, utilizando-se das hipótese psicanalíticas, sustentadas no processo engendrado por Freud, propõe uma concepção politópica do inconsciente. A noção de um inconsciente que está circunscrito pelo espaço intrapsíquico individual vai sendo transposto, na obra freudiana, na medida que a transmissão psíquica vai sendo interpretada para além do processo intergeracional e diacrônico, sendo vista também a partir dos processos diacrônicos, intersubjetivos, no centro da dinâmica dos conjuntos intersubjetivos (KAËS, 1997; FERNANDES, 2005).

O ponto de entrelaçamento que parece abarcar a pluralidade de conceitos sobre o processo grupal é traduzido pelo conceito de alianças inconscientes:

> *Chamarei, portanto, de aliança inconsciente uma formação psíquica intersubjetiva construídas pelos sujeitos de um vínculo para reforçar, em cada um deles certos processos, certas funções ou certas estruturas de que eles tiram um benefício, tal como o vínculo que os liga adquire para sua vida psíquica valor decisivo. O conjunto assim ligado obtém sua realidade psíquica apenas das alianças, dos contratos e dos pactos que os sujeitos concluem e que seu lugar no conjunto os obriga a manter. A ideia de aliança inconsciente implica as de uma obrigação e de um submetimento (KAËS, 1997:269).*

As alianças inconscientes podem ser compreendidas como uma dimensão das formações intermediárias, definidas como formações psíquicas duplamente organizadas: "Elas satisfazem certos interesses do sujeitos considerados na sua singularidade e às exigências próprias à manutenção da ligação, do vínculo que esses sujeitos contratam e que os associam nos conjuntos (FERNANDES, 2005)".

Se pensarmos na relação da sociedade com o fenômeno da deficiência e na escalada que inaugura um discurso novo, sobre em que bases se estruturam a relação pessoas com deficiências e pessoas sem deficiências, na dimensão intersubjetiva, ou, nos fundamentos da passagem das atitudes sociais segregatórias (caracterizadas por confinamentos, hostilidades, extermínio, etc.) para uma gama variada de ações (políticas, filosóficas, jurídicas) que visam à redução das desigualdades, podemos evocar as formações intermediárias como elos explicativos das passagens e rupturas dessas duas dimensões, inter e transpsíquicas. A "inclusão social" dos "excluídos", tomando-se por base as pessoas com deficiências, como formação intermediária, é uma aliança inconsciente: Estabelece pontes entre estruturas heterogêneas (...) se a própria aliança é recalcada ela pode servir e dar sustento a processos coletivos. Este processos podem tomar formas de natureza violentas, pois como ideologia é encobridora, apoiada nos processos intersubjetivos. Pode-se entender, portanto, a identidade e a vinculação apoiadas sobre um fundo coletivo. O *acordo coletivo e inconsciente* afiança o grupo e, para tanto, mantém para fora, no desconhecimento, através da função do recalque, aquilo que deixaria em ameaça as condições sociais e psíquicas da vinculação (FERNANDES, 2005:130).

Neste estudo que relatamos neste livro, fechamos o foco de análise na relação entreposta entre dois níveis: Por um lado, trabalhadores sem deficiência, colocados diante do impasse de conviver, no espaço organizacional da empresa, com trabalhadores com deficiências; por outro lado, a divalência de sentimentos que não pode ser significada, ou seja, uma herança transpsíquica que regulamenta o lugar das pessoas com deficiência em relação ao trabalho e à dupla sujeição imposta sobre os sujeitos das organizações (pela lei de cotas e pelo discurso politicamente correto da inclusão social). Acrescentando outras modalidades, as alianças inconscientes se inscrevem a partir do que foi denominado de pacto denegativos:

> *O pacto denegativo aparece como a contraface e o complemento do contrato narcísico. Ele apresenta duas polaridades: uma é organizadora do vínculo e do conjunto trans-subjetivo, a outra é defensiva. De fato, cada cunjunto particular organiza-se positivamente sobre investimentos mútuos, sobre identificações comuns, sobre uma comunidade de ideais e crenças, sobre um contrato narcísico, sobre modalidades toleráveis de realiazações de desejos (...) cada conjunto organiza-se também negativamente sobre uma comunidade de renúncias e sacrifícios, sobre extinções, rejeições e recalques, sobre um deixar de lado e sobre restos (KAËS, 1993:274 apud FERNANDES, 2005:131).*

Ao lançar mão deste instrumental analítico do grupo, instauramos a possibilidade de colocar em discussão os efeitos do encobrimento e dos conteúdos encobertos, decorrentes dos pactos e dos acordos. Os trabalhos mais recentes realizados por Kaës (1997) completam utilmente as pesquisas de Anzieu sobre a estrutura e a dinâmica psicológica dos grupos, ao mesmo tempo que eles prolongam e precisam as reflexões iniciadas por Kaës em 1976 sobre a noção de "Aparelho Psíquico Grupal". Em O grupo e o sujeito do grupo (1997), notadamente, ele prossegue a conceitualização de modalidades de articulação do espaço intrapsíquico e do espaço psíquico grupal. Nesta perspectiva, o grupo, que não está somente considerado como um conteúdo do inconsciente "individual" revela-se ser um lugar de germinação das "alianças inconscientes". Como especifica Kaës (1997:89), "uma aliança inconsciente é uma formação psíquica intersubjetiva construída pelos sujeitos de um laço para reforçar em cada um deles certos processos, certas funções, ou certas estruturas das quais eles tiram um benefício tal que o laço que o cônjuge toma para a sua vida psíquica como um valor decisivo. O conjunto assim vinculado tem a sua realidade psíquica apenas das alianças, dos contratos e dos pactos que os seus sujeitos concluem e que o seu lugar no conjunto obriga-o a manter".

Dentre as diversas formas que podem assumir as alianças inconscientes, Kaës (1989) tem notadamente trabalhado com as 3 noções seguintes:

1) A renúncia da realização direta de objetivos pulsionais: segundo esta perspectiva emprestada de Freud, os indivíduos se proíbem entre si de se considerarem como um simples objeto de desejo (advento de uma comunidade de direitos tornando possível as realizações da cultura).
2) O contrato narcísico: segundo o conceito concebido por Piera Aulagnier (1975), um indivíduo, se ele renuncia a realizar diretamente seus desejos pulsionais no grupo, lá se vê atribuir um reconhecimento e um lugar significado pelo conjunto das vozes que tiveram um discurso conforme o mito fundado do grupo: este discurso, cada sujeito deve, de uma certa maneira, retomar a sua conta. Kaës então libertado das derivações que alienam de um contrato não deixaria nenhuma possibilidade de renúncia, de contestação ou de transformação. Assim, o pacto narcísico opõe-se ao contrato narcísico no que designa uma atribuição, um lugar que não suporta nenhum desvio.
3) O pacto denegativo: este define o que é posto coletivamente fora de grupo. Trata-se, segundo Kaës (1997:91), de um conjunto de representações: Dedicadas de um comum e inconsciente acordo ao destino do recalcamento ou da denegação, da recusa, do inconfessável, da rejeição ou do enquistamento: a função do pacto é que o vínculo se organiza e se mantém pela complementaridade dos interesses dos seus sujeitos; o pacto se estabelece de modo que seja assegurada a continuidade dos investimentos e dos benefícios ligados à substância da função do ideal e do contrato narcísico. Este preço do vinculo está aquilo mesmo das quais saberia ser pergunta entre aqueles apenas ele vincula, no seu interesse mútuo, para satisfazer à dupla economia encruzilhada dos sujeitos singulares e da cadeia plurisubjetiva das quais são membros. O pacto denegativo aparece assim como a contraface e o complemento do contrato narcísico. Ele permite essencialmente aos sujeitos de um vínculo não saberem de seus próprios desejos. De qualquer modo, as alianças inconscientes crescem de uma lógica de "sobrerecalcamento", a saber de um recalcamento que se refere não somente aos conteúdos inconscientes, mas também à aliança, como ela tem precisamente por efeito deste recalcamento.

Certamente, os trabalhos de Kaës (1973) são, desde a origem de sua reflexão e de sua atividade no CEFFRAP, essencialmente dedicados à análise dos grupos restritos, os quais são referentes às conceitualizações precedentes. Mas, seu interesse pelos grupamentos estruturados mais importantes (na ocasião, a instituições de saúde psíquica e de formação) tem iniciado a se manifestar significativamente a partir da metade dos anos 80, notadamente quando assegura a direção de um trabalho coletivo sobre A instituição e as instituições: estudos psicanalíticos (1991). Kaës define a instituição como:

O conjunto das formas e das estruturas sociais instituídos pelas leis e pelos constumes: a instituição regula nossas relações, ela nos preexiste e se impõe a nós, ela se inscreve na permanência. Em contrapartida a organização teria um caráter contingente e concreto, ela disporia não de finalidades, mas de meios para os atingir... será por conseguinte atento à sinergia entre instituição e organização e à sua conflitualidade potencial... por exemplo, em uma instituição de saúde, o objetivo terapêutico da instituição esta tendencialmente subordinado às finalidades da organização que se autonomisa tanto quanto o funcionamento específico: a burocratização se instala, que faz prevalecer a interação por ela mesma sobre o processo terapêutico, até a atacar-lhe (p. 20).

Para Kaës (1991), a instituição liga e faz funcionar conjunto de realidades necessariamente diferentes. Ele nota:

"é por isso que, podem intrometer-se e prevalecer, da lógica social da instituição, de questões de soluções relevantes do nível e da lógica psíquica. É por isso que toda a emergência psíquica possui a priori um valor de sintoma significativo para o conjunto institucional. É possível que problemas políticos se exprimam em registro do sintoma psíquico".

Em uma reflexão de síntese intitulada "O interesse da psicanálise para tratar a realidade psíquica da/na instituição" (1997), Kaës retoma e amplia a análise que ele desenvolveu na sua contribuição pessoal a essa obra, "Realidade psíquica e sofrimento nas instituições", sobre a possível transposição ao funcionamento institucional global desses três parâmetros essenciais do funcionamento grupal, que são o reconhecimento pulsional, o contrato narcísico e o pacto denegativo. Onde apontava, sobretudo o caráter potencialmente patológico e patogênico das instituições, ele nota doravante que, na instituição como nos grupos, a articulação das alianças inconscientes deve permitir a gestão dos conflitos entre destino subjetivo e destino coletivo dos desafios psíquicos pulsionais e desejados, e fazer entrar a entidade humana numa dinâmica de crescimento. Em contrapartida, na hora das transformações institucionais, o novo ideal comum implica uma alteração dos marcos identificatórios.

Psicologia Social e análise dos processos inconscientes na organização

Seus pares, seus superiores hierárquicos e seus subordinados, as organizações humanas não serão livres da entropia, ou seja, condenados a desaparecer ou subsistir num estado burocrático e fossilizado? Além disso, é necessário deduzir a partir de Psicologia das massas e análise do ego, depois em Totem e Tabu, que não poderia existir um "grupo sem pai" (ENRIQUEZ, 1997), Se este pai quer amar ou não? Estas são as primeiras questões, que as reflexões freudianas, sobre a gênese e a perenidade das instituições como a Igreja ou o Exército, nos incitam a fazê-las. Mas o quadro explicativo ainda não está completo. Resta determinar como o amor e a veneração circulam na coletividade entre o chefe e os outros indivíduos que a compõem. É assim que Freud conduziu seus estudos, sobre a base de sua "segunda tópica", o salto para a vida grupal, a saber, a identificação, podendo ser comparada com o estado amoroso. Nas grandes organizações instituídas, como a Igreja e o Exército, funcionam na verdade dois tipos complementares de identificação, que Freud coloca não somente em *A psicologia das massas e a análise do ego*, mas também em *Mal estar da Civilização*. De um lado, a imagem de um chefe bom e poderoso é interiorizada pelos diferentes indivíduos e substitui seu ideal de ego (isto é, os sistemas de valores pessoais os quais cada um tem) para constituir um ideal de ego comum a todos (a saber, o chefe como modelo ideal, ao qual eles vão se esforçar inconscientemente para assemelhar-se). Por outro lado, estabelece-se no seio da coletividade uma rede de identificação mútua, que opera então ao nível do ego (princípio de realidade), do fato de uma similitude real de situação entre os diferentes indivíduos (eles se reconhecem como semelhantes). Assim, Freud (1939:208) será levado a escrever que só um homem, Moisés, pôde criar os judeus. O segundo processo (o desenvolvimento das identificações mútuas) assegura a homogeneidade da comunidade: tem por função proteger dos riscos de rompimento, e manter num nível mais baixo a agressividade interna, saída de uma pulsão de destruição (tomado de Tanatos) que existe em cada um de nós e pode se exprimir sob a forma de condutas sociais corriqueiras (exploração do trabalho do outro, por exemplo) ou até em comportamentos totalmente associais violência ou morte, por exemplo (FREUD, 1929:64). Quanto ao primeiro processo (a identificação com o chefe), torna possível a chamada à mobilização unitária contra todo "estrangeiro", vivido como um inimigo comum; o que permite desviar a agressividade para o exterior. Mas, a todo o momento, o chefe providencial pode se transformar em pai indiferente e cruel (a imago paternal, a qual retorna aqui, segundo Freud, a figura do chefe, um estado ambivalente). Esta inversão imagoica focaliza então a agressividade grupal, que faz retornar para o seio da coletividade. A unidade desta última não pode, neste caso, ser preservada que ao preço sacrifício interno, o do seu chefe (como em Totem e Tabu), ou substituí-lo por um bode expiatório (desviante, minoria, etc.). Como infere ainda Enriquez (1983c:125) "Freud sublinha agora a possibilidade para todo o grupo de crer em um novo corpo do inimigo por fora grupo que estava anteriormente em grupo até o momento em que, ser sociedade é destruir totalmente a si próprio (...), ser ela continua a ter necessidade de se inventar novos inimigos exteriores, quer estes constituam uma ameaça real ou não".

Para Freud, o progresso consiste, parece, numa passagem do grupo social fundado sobre a autoridade do pai e a identificação do chefe, para a comunidade dos "irmãos" fundada sobre a identificação mútua. Mas este progresso é sempre ameaçado por regressões, porque a organização fraternal aparece inevitavelmente minada pela reemergência possível das rivalidades e pela sobrevivência dos desejos de dominação (ANZIEU e MARTIN, 1982:108-110).

Através de todos esses elementos fundadores e reguladores das coletividades humanas, estudados em Totem e Tabu (morte do pai originário e contrato fraternal) e em Psicologia das massas e análise do ego (identificação com o chefe e de cada um dos membros do grupo entre si), perfila-se, com efeito, a necessidade, para os homens, de uma renúncia mútua da satisfação pulsional direta (ponto que será desenvolvido por Freud em Mal estar da Civilização).

Para evitar ser submetido à arbitrariedade do mais forte, os homens aceitam, portanto, regras para as relações humanas (direitos e deveres) no seio conjuntos, mais poderoso que cada ser singular (que tornar possível a tarefa civilizatória). Mas, fazendo desta forma, eles "limitam suas possibilidades de prazer, enquanto que o indivíduo isolado ignoraria toda restrição deste gênero" (FREUD, 1939:44).

Freud não desenvolveu nem experimentou suas instituições teóricas na perspectiva de uma análise organizacional, a Igreja e o Exército, apresentando-se, além disso, como associações "particulares" notadamente em comparação com empresas dos setores produtivos e comerciais (ENRIQUEZ, 1997:28). Caberá, por conseguinte, aos seus sucessores, enriquecer seus trabalhos, e os fazer entrar no campo da intervenção na organização. Na obra "Totem e Tabu", podemos fazer uma analogia, tomando por uma perspectiva organizacional. Os possuídos da horda primitiva equivalem aos homens trabalhadores e podem entender que a morte do pai fundador é um trabalho psíquico interno que todo o grupo social deve efetuar no plano simbólico para garantir a sua própria sobrevivência e autonomia, e assim ultrapassar o estado da simples pluralidade de indivíduos isolados (ANZIEU e MARTIN, 1982:104). Fazendo desta maneira, o grupo social emancipado não é governado por uma lei exterior e soberana, mas por leis atuais contingentes e criticáveis, estabelecidas por "irmãos" que podem, tanto se gostar como se destruir, para a aquisição de poder econômico ou dominação política (ENRIQUEZ, 1985:37).

Nessa abordagem, entendemos que o grupo é o lugar privilegiado para investigar esses fenômenos. Local em que as afetividades se expressam e as relações se concretizam, é considerado objeto de estudo para a compreensão do sujeito e da articulação entre suas determinações internas e determinações externas: é a unidade de interação e de análise e é "lugar transitório", de mediação, imprescindível para investigar a relação "indivíduosociedade" (FERNANDES, 1996 apud SCARCELLI, 2002).

No grupo, unidade interacional, são estabelecidos processos de comunicação, troca de signos, a partir de inclusão e antecipação da resposta do outro na conduta do sujeito. Da inscrição interna de cada um dos sujeitos na situação interacional emerge o jogo de fantasia, expresso no grupo por mecanismos de atribuição e incorporação de papéis. A teoria de grupo em Pichon-Rivière carrega uma concepção de sujeito. O grupo então é cenário imediato da experiência, de determinação recíproca entre sujeitos, de interdependência entre o intrasubjetivo e o intersubjetivo. Sua análise nos permite investigar a infraestrutura inconsciente das ideologias que se põe em jogo e que determinam diferentes montantes de ambiguidades e, assim, o surgimento de confrontos entre subgrupos que se manifestam como contradição (p. 91).

Esta orientação metodológica está na base de uma forma diferenciada para a Psicologia Social, no que se refere à construção de novos saberes acerca dos fenômenos que emergem sob diversas facetas na complexa sociedade atual. Fernandes (2005) aponta que: Essa hipótese fundamental admite que cada sujeito na sua singularidade adquire, em graus diversos, "aptidões" para significar e interpretar, receber, conter ou recusar, ligar ou desligar, transformar e (se) representar, de "brincar" com ou, destruir os objetos e as representações, as emoções e os pensamentos que pertencem a um outro sujeito, que transmitem através de seu próprio aparelho psíquico e que se tornam, por incorporação ou introjeção partes "encerradas" – "enquistadas" ou integrantes e reutilizáveis. Essa hipótese supõe que o individuo é representado nas relações de objeto, nas imagens, nas identificações e nas fantasias inconscientes de um outro ou de um conjunto de outros; assim cada sujeito liga entre ele e os outros e se liga nas formações psíquicas, de certa maneira, com os representantes de outros sujeitos que ele alberga em si mesmo. A ideia da psique na intersubjetividade, sendo o aparelho psíquico construído de lugares, processos que contém ou introjetam as formações psíquicas de mais de um outro num feixe de traços que herda, recebe e deposita, transforma e transmite.

Dessa forma, uma análise originária do processo grupal de representantes institucionais, que se dispusessem a pensar sobre a realidade de suas empresas, no que se refere à inserção de pessoas com deficiências no mercado de trabalho, representa uma possibilidade de um novo olhar sobre o fenômeno em questão.

CAPÍTULO 3

FUNDAMENTOS METODOLÓGICOS

> *Podemos recolocar a questão da verdade das ciências, isto é, podemos constatar que as ciências não desvendam a realidade, mas sim, que constroem formas próprias de lidar com ela. Neste sentido, os saberes científicos não são neutros, nem produtores de verdade: de certo modo constroem uma cultura específica, especialística, de pensar e intervir na realidade e, de certo modo, podem até mesmo servir de obstáculo epistemológico, como propôs Gaston Bachelard, para uma outra modalidade de conhecimento da realidade.*
> *(Paulo Amarante, 1999:48. IN: FERNANDES, 1999).*

Referências Metodológicas

A inserção de pessoas com deficiência, representada por empregadores, foi escolhida para ser pensada, neste livro, por contemplar, no complexo mundo do trabalho, a possibilidade de compreender aquilo que se mantém negado como conteúdo psíquico, transformado em representações e expulsas para as esferas dos processos e conteúdos grupais.

O primeiro ponto a ser considerado é que as ideias aqui postas se fundamentam na ideia de que a pesquisa científica em ciências humanas, especificamente na Psicologia Social deve transpor os modelos tradicionais, que priorizam um conhecimento prévio e sistemático do tema investigado. Neste pressuposto epistemológico, denominado 'paradigma da simplicidade' (VASCONCELOS, 2002) e do qual buscamos um distanciamento, a pesquisa se ocuparia em investigar um aspecto mais particular e específico do fenômeno, determinado por um objeto de pesquisa formulado sobre proposições precisas, o qual se pode, por meio da verificação científica, colocar-se à prova, para que se determine a validade ou não de uma hipótese. A intenção de refletir sobre o tema proposto se orienta pelo enquadramento metodológico definido como 'paradigma da complexidade'. Vasconcelos (2002) justifica esta tendência, afirmando que:

> *Na perspectiva epistemológica aqui adotada, entendemos os fenômenos humanos, sociais e da saúde (e alguns atores ampliam este enfoque também para certas categorias dos fenômenos naturais) através do paradigma da complexidade, de forma dialética, como processos complexos. Isso significa que constituem fenômenos multideterminados, multidimensionais e em interação*

com seu contexto, frutos de conflitos e contradições, em processo ininterrupto de transformação, e sempre articulados a interesses, sentidos e significações múltiplas. Assim, qualquer pesquisa exige focalizar um fenômeno mais preciso, mas ele apresenta sempre aspectos relacionados com toda a organização e a sociedade onde se localiza. Além disso, mesmo que possamos apreender algumas de suas características empíricas concretas, visíveis e verificáveis em dado momento, essas são facetas de um processo conflituoso, não estático, e investido de interesses e significações simbólicas pelos diversos atores sociais, cuja elucidação exige um trabalho sempre aproximativo e inacabado de interpretação e ação transformadora (VASCONCELOS, 2002:142).

Para colocar em evidencia as informações que serviram para as reflexões discutidas neste livro, o principal instrumento utilizado foi a entrevista.

Instrumento: a entrevista de grupo

A entrevista, segundo Bleger (1998), é ao mesmo tempo um instrumento e uma técnica. Instrumento no sentido de garantir ao Psicólogo a possibilidade de atuar enquanto profissional. Por outro lado, a técnica garante ao Psicólogo, o status de cientista. Desta maneira, a entrevista, com seus procedimentos e regras empíricas, permite ao psicólogo, por meio dessa dupla característica, elevar os elementos da vida diária humana ao nível do conhecimento e da elaboração científica.

Parece-nos bastante importante a compreensão de que a entrevista, enquanto teoria e técnica, possui uma ampla possibilidade de aplicação. É essencial para a Psicologia firmar-se como uma ciência, delimitar o alcance e o enquadramento da entrevista, no âmbito da teoria psicológica. Entendemos a entrevista como Entrevista Psicológica. Sobre as regras de aplicação empírica, Bleger (1998) apresenta a Entrevista de Grupo definida sob três aspectos.

No **primeiro**, a natureza da investigação realizada exigiu a utilização da entrevista aberta. Os critérios para escolha da entrevista estavam apoiados nos seguintes pressupostos:

a) Permitir ao entrevistador ampla liberdade para direcionar as perguntas, tendo desta forma, flexibilidade para as intervenções, abrindo as possibilidades para investigação em cada caso particular;
b) Garantir aos entrevistados um espaço para se manifestarem no campo da entrevista segundo suas estruturas psicológicas particulares;
c) Possibilitar que o campo da entrevista se configure o máximo possível, pelas variáveis que dependem da personalidade dos entrevistados;

d) Resultar numa investigação mais ampla e profunda da personalidade dos entrevistados sobre o tema central deste estudo.

No **segundo** aspecto, em relação ao número de participantes, a opção será pela entrevista de grupo. Esta forma, de entrevista psicológica grupal, envolve um ou mais entrevistadores e/ou entrevistados. Para Bleger (1998) não existe uma entrevista que não seja um fenômeno grupal, "já que mesmo com a participação de um só entrevistado sua relação com o entrevistador deve ser considerada em função da Psicologia e da dinâmica do grupo" (BLEGER, 1998).

Finalmente, sobre o aspecto beneficiário da entrevista, destacamos que, no processo de investigação, aplica-se ao conceito que indica que o objetivo é a reflexão teórica a partir dos dados que emergem da realidade concreta. Neste **terceiro** aspecto, importavam os resultados científicos sobre as representações de alguns empregadores sobre a deficiência e a inserção no mercado de trabalho.

O elemento diferencial desta opção está no fato de que esta modalidade de aplicação da entrevista, com objetivos voltados para a pesquisa científica, é que o entrevistador (e pesquisador) precisa despertar o interesse e motivar a participação do entrevistado.

Pesquisa de Campo

Ambiente

As informações originárias da realidade investigada representam o ponto de partida para as discussões mais amplas sobre deficiência e trabalho. No ambiente concreto de uma cidade situada no centro do Oeste Paulista.

Procedimentos

Os envolvidos participaram da pesquisa em três níveis:

No **primeiro**, consultamos, por meio de um questionário (anexo 2)., as empresas da cidade que tinham mais de cem funcionários Uma investigação prévia, realizada junto à Subdelegacia Regional do Trabalho indicou o endereçamento da correspondência para cada uma das Instituições.

No **segundo** nível, consideramos para a seleção as empresas que retornaram os questionários respondidos e responderam afirmativamente à questão referente ao interesse em participar na segunda etapa do trabalho de pesquisa. Nesta fase, entramos em contato, via telefone, com cada uma destas empresas. Solicitamos, no questionário enviado, o nome de uma pessoa com a qual pudéssemos manter contato. Em cada contato, seguimos um roteiro de visita conforme consta no anexo 3. Nesta fase, obtivemos um número de seis empresas participantes, compondo, desta forma, um único grupo de empregadores.

Finalmente, propomos a realização de um grupo no qual a tarefa definida foi refletir "Como os empregadores pensavam a questão das pessoas com deficiências no mercado de trabalho". Apresentamos a tarefa verbalmente em cada um dos contatos e a repetimos no primeiro encontro realizado.

Estabelecemos que o pesquisador exerceria o papel de coordenação contribuindo com a comunicação entre os participantes, formulando questões e pensando com eles sobre o trabalho em comum.

Informamos ao grupo que o observador não participaria falando, mas observando e anotando as falas dos participantes. Ajudaria o coordenador na avaliação do funcionamento de cada encontro de trabalho.

Definimos um espaço público denominado por reunir vários elementos facilitadores:

 a) Estava situado na região central, sendo, desta maneira, um ponto comum de fácil acesso para os participantes;
 b) Esse espaço não representava nenhum tipo de vínculo com nenhuma das empresas participantes;
 c) O espaço físico apresentava-se adequado para acomodar todos os participantes e;
 d) A comissão administrativa cedeu o espaço mediante a nossa solicitação.

Caracterização das empresas

Inicialmente realizamos uma reunião com a subdelegada do trabalho da região. Agendamos um horário para apresentação dos objetivos do estudo e solicitação das informações referentes às empresas com mais de cem funcionários que estavam instaladas no município. A subdelegada forneceu uma listagem com o nome e o endereço de 98 empresas e nos informou que essas empresas foram convocadas por meio de notificação para comparecer a subdelegacia e prestar contas do número de funcionários existentes bem como dos procedimentos de adequação na legislação trabalhista, no que se refere às cotas para pessoas com deficiências. Sobre este assunto, a subdelegada nos informou que as empresas solicitaram um prazo para se adequarem às exigências legais, prazo esse concedido, de dois anos.

Transformamos a listagem apresentada pelo Ministério do Trabalho em mala direta. Foram enviadas 83 correspondências. Após fazermos uma triagem nas empresas fornecidas pela subdelegacia, excluímos 15 empresas, pois 3 haviam decretado falência e o restante – 12 empresas – indicavam endereços diferentes para empresas iguais. Após o prazo estipulado, de 30 dias, para o retorno dos questionários respondidos, obtivemos um bom índice de retorno das correspondências enviadas. Dos 83 questionários enviados, 32 retornaram. Destes, 31 retornaram respondidos e um retornou em branco. Conforme o questionário (anexo 2), na questão referente ao interesse em colaborar na continuidade da pesquisa, obteve-se: 20 respostas positivas; 9 responderam que não havia interesse na participação e: duas empresas não responderam a esta questão específica (figura 1).

Figura 1 - Resultado das correspondências enviadas às empresas com mais de cem funcionários do município.

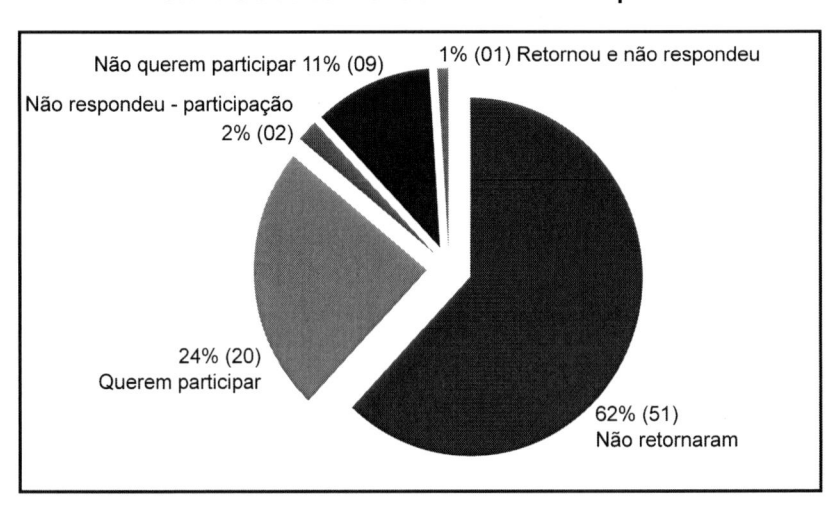

- Não querem participar 11% (09)
- 1% (01) Retornou e não respondeu
- Não respondeu - participação 2% (02)
- 24% (20) Querem participar
- 62% (51) Não retornaram

Das empresas que responderam os questionários, independentemente de aceitarem ou não participarem da etapa seguinte do estudo, constatamos que as mesmas empregam 609 pessoas com deficiências. O primeiro dado que se destaca é o elevado número de pessoas com deficiências - auditiva (296) e física (242) - em relação ao reduzido número de pessoas com deficiências - visual (36) mental (23) e múltiplas (12) - (figura 2).

Figura 2 - Número de funcionários com deficiências, das empresas com mais de cem funcionários do município que retornaram as correspondências com os questionários preenchidos.

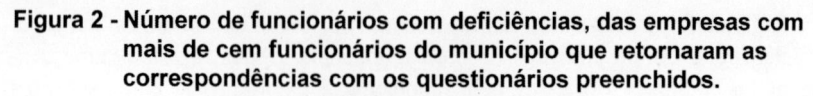

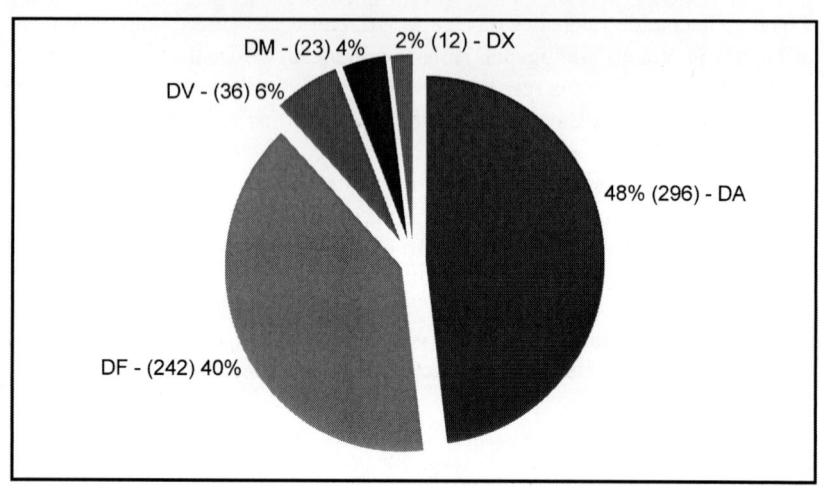

[Gráfico de pizza:
- 48% (296) - DA
- DF - (242) 40%
- DV - (36) 6%
- DM - (23) 4%
- 2% (12) - DX]

As informações que se seguem são referentes às empresas que responderam afirmativamente à questão referente à continuidade da participação no estudo. Na figura 3 indicamos como se distribuem as empresas consultadas no que se refere ao item 'natureza da empresa'. Das 4 organizações de ensino, 2 são organizações de ensino superior, de caráter público, representando uma autarquia estadual; uma é de ensino médio e superior de caráter privado; uma é de ensino médio de caráter privado.

As organizações que foram caracterizadas como indústrias estavam representadas por: fabricação de plásticos, baterias automotivas, alimentos e indústria gráfica. A categoria 'outros' foi composta por: 2 prestadoras de serviços, uma assessoria técnica em habitação (COHAB), uma distribuidora de energia elétrica (CPFL) e uma concessionária pública/municipal de distribuição de água (*Delta*).

Das organizações caracterizadas como empresas do ramo de transportes: uma foi definida como transportes de cargas e logística, e as outras duas foram caracterizadas como transportes urbanos (figura 3).

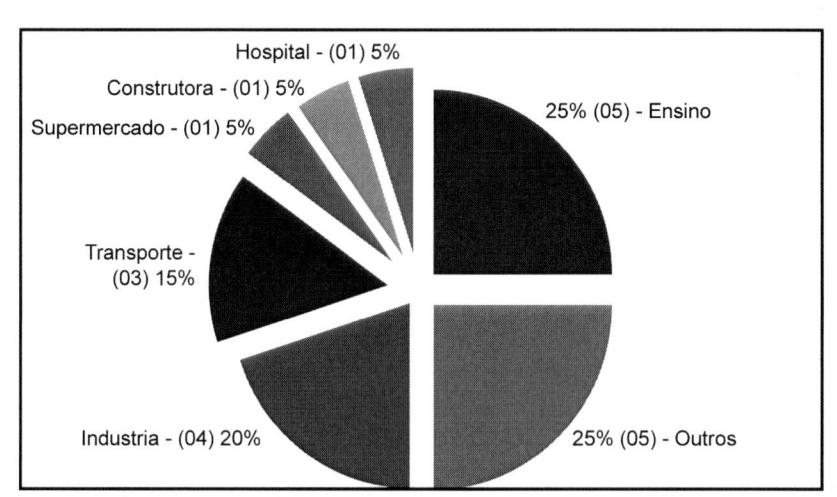

Representações Compartilhadas Sobre Emprego e Deficiência 79

Figura 3 - Classificação das empresas do município que responderam que participariam do estudo.

Hospital - (01) 5%
Construtora - (01) 5%
Supermercado - (01) 5%
25% (05) - Ensino
Transporte - (03) 15%
Industria - (04) 20%
25% (05) - Outros

As organizações que responderam afirmativamente a questão referente à continuidade de participação no estudo, possuíam um total de 426 pessoas, contratadas com deficiências e as porcentagens de funcionários de acordo com os tipos de deficiências podem ser visualizados na figura 4.

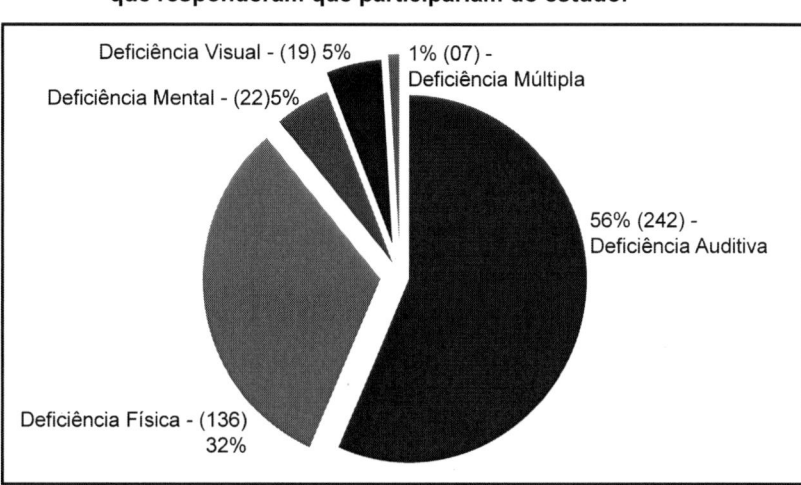

Figura 4 - Número de funcionários com deficiência, nas empresas que responderam que participariam do estudo.

Deficiência Visual - (19) 5%
Deficiência Mental - (22) 5%
1% (07) - Deficiência Múltipla
56% (242) - Deficiência Auditiva
Deficiência Física - (136) 32%

Na fase de contato com as empresas verificamos em quase todas as empresas disposição para tratar do temo propostos. Contudo, a proposta de realização de encontros em horário de expediente constitui um empecilho para justificar a maioria das recusas em aderir ao estudo.

Participantes

Para compor o grupo de empregadores consideramos o seguinte critério: Ser responsável na empresa pela contratação de novos funcionários. Essa responsabilidade foi indicada pelas empresas consultadas e poderia ser de caráter individual ou coletivo. Sendo individual, consideramos como participante a pessoa responsável pela função; sendo coletiva, solicitamos a indicação de uma pessoa que representava o cargo de coordenador da equipe. Em instituições que não possuíam esta função específica, porém esta função era exercida pelo proprietário ou por organizações terceirizadas, solicitamos que o proprietário fosse o participante.

Os **critérios de inclusão** das empresas foram: que se enquadrassem na natureza de organizações privadas ou concessionárias de serviços públicos; que tivessem com mais de cem funcionários. Este segundo critério foi definido porque este é o número de funcionários que enquadra a organização na legislação que estipula cotas de colocação de pessoas com deficiências.

Após os procedimentos, formamos um grupo de oito empregadores do município de Bauru, que estavam representando seis empresas.

Registro dos dados

Visitas e contatos com as empresas

Para os contatos iniciais utilizamos um roteiro. Para cada visita, fizemos um relato sumário, utilizando o registro cursivo logo após o encerramento da mesma. Registramos os dados da maneira mais descritiva possível e estas informações constituíram o material básico que apoiou as análises referentes a esta fase, bem como, ao relatório final deste estudo. Embora estes dados não façam parte da exposição explícita dos resultados, consideramos que o contato com cada empresa, representou um passo de aproximação, entre o pesquisador e o campo de sua pesquisa. Cada visita pessoal, cada telefonema, instituía uma marca, que revelava uma parcela dos elementos essenciais para conduzir o processo grupal subsequente.

Alguns elementos merecem um destaque:

a) **impessoalidade** – algumas empresas se recusaram a nos atender, reservando-se ao recurso de um intermediário subordinado, geralmente o vigilante que cuidava da portaria;
b) **desconfiança** – no decorrer da visita, feita pessoalmente ou por telefone, o responsável pelo contato com a empresa explicitava que não podia expor sua organização a um pesquisador estranho ao seu cotidiano, temendo que esta pesquisa deturpe /distorça os resultados, prejudicando dessa forma a imagem da empresa; c) **dissimulação** – fomos recebidos com muita cordialidade, com um discurso de apoio à iniciativa de investigar o tema em questão. Porém, apresentava-se um empecilho de ordem organizacional, como o excesso de trabalho na data proposta, ou adiava-se indefinidamente a resposta final, o que inviabilizava a adesão da empresa no planejamento da sessão;
d) **hostilidade** – ao manter contato, percebemos uma irritação, partindo de uma interpretação do tom de voz e das palavras dirigidas à questão em estudo. Nesses casos, enquadrados com "resposta hostil", a deficiência foi apresentada de forma explícita, como "uma batata quente", como "um problema colocado nas mãos", dos empregadores;
e) **receio** - de que as informações serviriam para que o Ministério do Trabalho intensificasse a fiscalização em torno da legislação sobre "a política de cotas". Essa informação geralmente se ocultava, emergindo nas conversas informais que buscavam justificar a não-adesão – "Está cheio de gente aí fora com as garras preparadas para nos processar".

Enfim, esses dados, representam um panorama das informações emergentes no grupo das empresas que responderam com sua adesão formal ao processo que originou os elementos que originaram este livro.

Sessões de grupo

Durante a sessão do grupo, o observador registrou as falas de forma literal em diário de campo. Transformamos os registros em crônicas grupais. Organizamos os conteúdos de acordo com os momentos do processo: a) Abertura; b) desenvolvimento e c) fechamento da sessão. Ao observador também foi solicitado que registrasse todos os dados que julgasse relevante como sensações, dúvidas, sentimentos, entre outras coisas.

Nas crônicas grupais enfatizamos o registro das falas literais dos participantes, pois utilizamos este material para a análise dos dados.

Método de análise

Considerando-se o material principal a ser analisado, as falas dos participantes durante as sessões, antes e depois das observações do coordenador, incluindo-as, trabalhamos com a comunicação verbal – o falado. Consideramos igualmente os possíveis conteúdos latentes e inconscientes não-manifestos e a comunicação não-verbal – posturas, expressões, risos, silêncios, o não-falado. O material colhido fora das sessões de grupo foram utilizados de forma secundária, como complemento ao observado durante a sessão.

O trabalho de análise foi feito em dois momentos: o primeiro, imediatamente após cada sessão de grupo a partir da qual elaboramos as crônicas; o segundo, durante o curso das sessões e após o término das mesmas.

Análise Sincrônica

Após o grupo, nos reunimos (Observador e coordenador) para a leitura do material registrado pelo observador e para trocar impressões e avaliações de como a reunião desenvolveu-se, levando-se em conta o material trazido – conteúdo e dinâmica, as assinalações, esclarecimentos e interpretações do coordenador e os novos emergentes do grupo, os quais poderiam incluir ou não a intervenção do coordenador.

Análise diacrônica

Após a coleta de dados foram feitas várias leituras em bloco das quatro sessões. A partir de algumas leituras, elaboramos um plano de análise de todo o material, procurando apreender as interconexões e evolução do grupo no decorrer das sessões. No trabalho de análise extraímos das crônicas os temas e diálogos dos participantes, incluindo o coordenador, que expressam dois aspectos:

a) as noções, imagens, sentimentos e percepção dos participantes sobre a inserção de pessoas com deficiências no mercado de trabalho;

b) o encadeamento e interconexões das falas e expressões não-verbais, procurando investigar a intersubjetividade e o processo psicodinâmico provocado pelo grupo de pesquisa.

Na descrição da análise a seguir, estão registrados, encontro a encontro, partes dos diálogos (retirados das crônicas, acrescidos das elaborações no decorrer da pesquisa), e categorias que julgamos relevante. A partir dos diálogos, realizamos a análise com base na teoria apresentada.

Procuramos assegurar um enquadre grupal (setting) que sustentasse a tarefa em torno da qual o grupo se reuniu. Desta forma, todas as expressões do grupo (verbais e não-verbais) possibilitariam a identificação das representações de novos significados e a transformação necessária à ressignificação.

Questões éticas da pesquisa

O projeto deste estudo foi submetido à Comissão de Ética em Pesquisa conforme parecer de aprovação.

Seguindo o modelo de enquadramento do trabalho institucional proposto por Bleger (1984:37-50 in: BOMFIM, 1999), foi feito um contrato de trabalho grupal para definir: a) tarefa do grupo; b) número de sessões; c) local; d) horário; e) Função do coordenador; f) Função de observador e; g) forma de comunicação dos dados trazidos e produzidos pelo grupo.

Foi estabelecido um acordo com os participantes pesquisados com relação às informações obtidas nas entrevistas e sessões grupais. O pesquisador esclareceu que será mantido o anonimato e o sigilo dos nomes das pessoas e organizações participantes, sendo ambos identificados por códigos. Foi solicitado o consentimento por escrito, tanto do empregador como dos dirigentes das empresas para a divulgação dos dados do estudo, incluindo a fala dos participantes.

CAPÍTULO 4

ANÁLISE DOS RESULTADOS

Os resultados que apresentamos neste capítulo, estão dirigidos para a tentativa de identificar e elaborar os momentos emergentes do grupo e estão assentados nos fundamentos teóricos que estabelecemos como referência para a compreensão dos conteúdos investigados.

Os nomes dos participantes e das empresas foram omitidos para garantir o sigilo dos mesmos. Optamos por atribuir nomes fictícios de ambos para facilitar a leitura analítica da transcrições.

Encontro 1

Deficiência no trabalho: ameaça e denúncia do negado

Iniciamos o trabalho de grupo com uma apresentação formal. Nesta, a referência básica foi nossa profissão[6] que orientava a origem institucional do estudo proposto (Programa de Doutorado em Psicologia Social e do Trabalho). Como Coordenador (Carlos) Resgatei o processo de formação do grupo, no qual a articulação se deu, tanto pela aceitação das empresas as quais os participantes eram representantes, como pela iniciativa individual de cada um dos presentes, cuja importância foi destacada como essencial para que o grupo de fato acontecesse. Enfatizamos na apresentação a natureza acadêmica da nossa atividade, especificamente a condição de pesquisa dirigida para as questões que envolviam a relação da deficiência com o trabalho.

Na sequência, o observador se apresentou, esclarecendo qual seria sua participação no grupo:

> *Obs – (...) ajudar o Carlos, registrar algumas falas, observar um pouco do movimento do grupo e o que eu posso dizer é que eu não vou participar nas discussões, eu vou ficar mais prestando atenção e observando para auxiliar o Carlos para compreender o grupo.*

---

[6] O grupo estava formado por dez participantes sendo: quatro psicólogos, dois estudantes de Psicologia, dois Formados em Administração de Empresas, um estudante de relações Públicas e um Técnico em Contabilidade.

Os demais participantes se apresentaram centrando o foco na finalidade que, segundo a percepção de cada um, justificava e legitimava a presença no grupo. Dentre as finalidades destacadas, identificamos:

» Interesse em colaborar com o estudo

> *Débora – (...) eu tenho interesse em saber sobre o seu trabalho e ajudar no que for possível (...)*

» Obter informações que auxiliarão o trabalho desenvolvido

> *Daniel – (...) a inclusão é uma das grandes palavras do trabalho que a gente desenvolve lá na seção de pessoal, então eu acho que o trabalho, esse trabalho vem de encontro para a gente participar e fornece muita informação(...)*
>
> *Augusto – (...) basicamente eu pensei só em buscar mais informações, novas informações, algo novo, porque lá (na empresa) o deficiente físico lá no ambiente de trabalho é muito diferente do que a gente vê lá na faculdade, ou do que a gente ouve de algumas pessoas. A gente precisa ter toda uma sistemática especial para lidar com esse pessoal e muitas vezes eu sei que falta informação e falta muito tempo para a gente correr atrás disso daí (...) Tudo o que eu puder coletar de informações, de dados do grupo, para aplicar um dia dentro da empresa, isso tudo só vai melhorar o desempenho do pessoal lá então, a empresa é, consequentemente o desempenho da empresa melhora também (...)*
>
> *Valdir – (...) eu acho muito importante a pesquisa, nós já contratamos alguns tipos de pesquisa, não nessa área (...) eu acho que faz parte do planejamento, da administração da empresa e vim pensando em saber como é que, nesse caso, por exemplo, da deficiência, como é que a nossa empresa age (...) como é que o Ministério do Trabalho age em relação a elas, será que igual a minha?*

» Aprender sobre a inclusão de pessoas com deficiências no trabalho

> *Vagner – (...) estamos aqui para ouvir e aprender (...)*
>
> *Débora – (...) Então a minha intenção era conhecer um pouquinho a mais (...) como está sendo tratado essa situação hoje em dia, como está funcionando, é buscar conhecimento mesmo sobre isso (...)*

» Trocar experiências

> *Valdir – (...) e tem bastante experiência na contratação, na transferência de pessoal e nós estamos aqui também para ouvir e falar (...)*
>
> *Daniel – (...) a gente que está numa empresa pública, sofre algumas limitações, até administrativas, a nossa contratação é mais restrita do que todo mundo aqui, eu acredito (...) a gente precisa saber também como lidar, como que as empresas privadas lidam com isso (...) porque vocês trazem experiências para a gente conseguir melhorar o nosso sistema enquanto empresa pública (...)*
>
> *Daniel – acho interessante perceber que o grupo hoje chegou a ver agora qual vai ser a discussão e quais são as finalidades do grupo, não é ́trocar informações, a gente vai trocar impressões a respeito do tema, a gente vai saber que as vezes as nossas impressões, tem algumas lá na Delta, por exemplo, de repente pode ser a mesma de qualquer um, das reações que acontecem com vocês, acho que isso pode proporcionar muitos frutos, interessantes, para a pesquisa e para a gente também, profissionais de Recursos Humanos*

» Melhorar o serviço que já existe

> *Augusto – (...) embora a nossa empresa não tenha uma particularidade de ter que recrutar os deficientes físicos, a gente se interessou pelo projeto para buscar informações e melhorar o que a gente já tem (...)*

Apresentamos na sequência a tarefa explícita:

> *Carlos – (...) porque nós precisamos primeiro fechar uma finalidade, um objetivo (...) como eu disse quando eu passei pelas empresas, seria uma oportunidade dos empregadores falarem, não de simplesmente serem cobrados (...) exporem aquilo que pensam e com certeza vai aparecer o dia-a-dia, as dificuldades, as sugestões, as coisas que dão certo (...)*

E a tarefa implícita, foi se delineando como sendo a reorganização das representações que estariam sendo postas à disposição, pelo grupo, para se trabalhar a tarefa explícita. Em certo momento, fomos (Coordenador e observador) "eliminados" do grupo, quando os participantes começaram a conversar entre si sobre uma articulação para se ajudarem nos problemas que enfrentam. Entendemos que neste momento o grupo tentou redirecionar o objetivo apresentado, para que se fizesse, do espaço ali constituído, algo diferente do que havia sido inicialmente proposto. Poderíamos julgar que seriam os efeitos causados pela tarefa implícita e estaria a serviço da resistência à tarefa. Podemos, a essa referência, destacar as seguintes manifestações:

Suzana – *(...) o objetivo de estar vindo participar é que eu acho importante, sinto carência na troca de informações de pessoas de recursos humanos, então o que eu busco aqui é realmente esse contato, apesar do seu objetivo (apontando para o Carlos) ser voltado para a deficiência, o meu objetivo é olhar mais no geral, é conhecer gente de outras empresas que no dia-a-dia possam estar ligando, pedindo referência, falar sobre um problema, saber como foi solucionado, se conhece o fulano, se não conhece (...)*

Valdir – *depois, esse relacionamento do pessoal que trabalha especificamente com RH, somos todos do RH das empresas, interessante a gente precisava ser mais explorado nesse local (...) eu sou do RH e, preciso ter mais contato com os outros e, é preciso achar pessoas, porque às vezes a gente fica com um banco de dados lá, desse tamanho, de gente e às vezes quer contratar um e não consegue, às vezes se ligar, passar uma ligação para outro (...)*

Beatriz – *Na hora de pedir referência (...)*

Valdir – *Bauru não tinha um clube de RH, uma coisa assim?*

Augusto – *Tinha uma associação, mas ela está meio adormecida...*

Valdir – *É, eu ouvi falar alguma coisa desse tipo, a gente precisava se reunir (...)*

Augusto – *Tinha sim, organizava alguns eventos aqui, mas agora eles estão, meio parado, não sei exatamente (...)*

Valdir – *É diferente se eu pegar um financeiro da minha empresa e um financeiro de outro, não vão ter muitas coisas para se, para trocar ideias (...)*

Daniel – *Tem o "Interação" (nome do grupo)*

Augusto – *Era o "Interação" mesmo*

Valdir – *O "Interação" qual que é?*

Augusto – *É esse que fazia (...)*

Valdir – *Quem organizava isso aí?*

Augusto – *Eu conhecia uma psicóloga lá, era a "R", e a outra era (...)*

Suzana – *São pessoas do grupo que indicam outras pessoas para (...)*

Daniel – *O próprio grupo tem um número que não pode ultrapassar aquilo, isso é legal (...)*

Valdir – *E não está funcionando?*

Suzana – *Funciona sim.*

Augusto – *Só que diminuiu o nível de atividade (...)*

Daniel – *Eles fazem um evento só, em setembro, mais ou menos tem um evento grande, setembro passado teve, como é mesmo, responsabilidade social?*

Nesta primeira sessão, entendemos que o processo de estruturação grupal revela que, a necessidade que retro-alimenta a motivação para a afiliação e o pertencimento permeia a vontade de que o grupo pudesse ter uma determinada demanda, de certa forma frustrada pela apresentação da tarefa explícita.

Esta manifestação do grupo revela uma angústia ligada ao abandono vivenciado pelos participantes e permite uma aproximação com os elementos identificados por Pichon –Rivière (1998):

> *Em nossa cultura o homem sofre a fragmentação e a dispersão do objeto de sua tarefa, criando-se então, para ele, uma situação de privação e anomia que lhe torna impossível manter um vínculo com tal objeto, com tal mantém uma relação fragmentada, transitória e alienada (p. 14).*

Esta situação de abandono que emerge do processo grupal nos remete a uma leitura ampliada dos elementos que permeiam as relações envolvidas no mundo do trabalho: a incerteza e a insegurança:

> *Ao fator insegurança ante sua tarefa, acrescenta-se a incerteza diante das mudanças políticas, sendo ambos sentimentos que repercutem no contexto familiar, no qual a privação tende a se globalizar. O sujeito vê-se impotente no manejo de seu papel, e isto cria um baixo limite de tolerância às frustrações, em relação com seu nível de aspirações (IDEM: 14).*

Desta forma, a partir da deficiência, os empregadores estão falando das questões que eles vivem no cotidiano das relações do mundo do trabalho, ou seja, estão precisando se associar e sentindo a necessidade de vínculos que possam permitir um diálogo em meio à **solidão** em que se encontram.

Neste primeiro encontro, já é possível demonstrar como a deficiência vai tomando lugares novos nas representações grupais. As produções do grupo em seguida indicam uma direção que, inicialmente, assumem representações de que a pessoa com deficiência estaria sendo vista sob o prisma das relações de trabalho. Nesta elaboração, a pessoa estaria preparada ou não para o trabalho e as aproximações entre as categorias **pessoa com deficiência** e **empregabilidade** estariam revestidas, *a priori*, de incompatibilidade.

Na mesma linha de pensamento, existiria uma distinção na categoria das pessoas com deficiências candidatas ao mercado de trabalho: as que estariam **preparadas** e aquelas **não preparadas**.

> *Augusto – (...) porque a gente tem que cumprir a cota, mas não pode deixar de ter produtividade, e o papel da produtividade pega. Se você pegar o deficiente físico que não tenha condições e as limitações físicas?*
> *Beatriz – No cargo específico de motorista nós não temos nenhum deficiente, ele não pode ter uma deficiência visual, não pode ter uma deficiência auditiva, pernas, braços estão limitados (...)*

O movimento nas representações alcançou, já no primeiro encontro, uma dimensão ampliada da questão da deficiência na sua relação com o trabalho. O desenvolvimento progressivo na representação grupal, conforme a noção *pichoniana* de espiral dialética, assume um outro patamar de compreensão. Neste momento, surge uma discussão "moralizante" desta primeira compreensão das dificuldades enfrentadas pelos empregadores: qual seria a fronteira entre a **falta de preparo**, as **reais dificuldades** (deficiências) e a **malandragem**?

O itinerário das representações sobre a deficiência no mundo do trabalho seguiu com uma série de definições de atributos das pessoas com deficiências. Foram expressos nas imagens emergentes da pessoa:

» Nervosa e imprevisível:

> *Vagner – mas tem um que era irritado mesmo, não tinha jeito (...) tinha dia que parece que ele amanhece meio... sei lá viu? Que está arretado... Aí eles chamavam a gente lá... Rapaz, não tinha jeito! A gente tinha de ir lá, sabe? Não teve jeito, teve que desligar da empresa, aí chamava o pai, chamava a mãe...*
> *Valdir – E a hora que ele era chamado para conversar com a gente ele era irritadiço, nervoso, vinha com o pai dele junto (...)*
> *Vagner – Trazia irmão, pai (...)*
> *Valdir – É, era uma pessoa irritadíssima (...)*
> *Vagner – No nosso caso, hoje ele esta com bom humor, amanhã ele está com calor, então eles deixavam em casa, não se adaptava de jeito nenhum, ele queria aquilo lá (...) aí depois que ele ficou nervoso, aí não tem jeito, tem que esquecer ele, largar ele quieto, quieto lá para ele voltar a ficar bem de novo para a gente resolver (...)*

» Descontrolada:

> *Vagner – Esse que batia o pé até que concordasse com ele*

» Malandra:

> *Valdir – O Senhor falou daquele menino do Shopping não é? Aquele que acabou levando a gente para a Justiça do Trabalho não é? Eu me lembro que eu fui lá. Mas ele era irritadíssimo, eu lembro. Lá no Shopping parece que ele era meio assim, não sei, meio malandro (...)*
> *Vagner – Malandro!*
> *Vagner – Teve pessoas ali que (...) esperou dar os trinta dias de experiência e começou a aprontar, então, quer dizer que ele é deficiente, mas é responsável também não é?*

> *Daniel – O grau das deficiências para que ela também não dificultasse o aprendizado dele, então uma deficiência não muito grande (...) era só mental, não era tão grande.*

» Difícil:

> *Vagner – Tinha alguns que não gostavam de receber ordens (...)*

Um novo significado muda o eixo de compreensão. Quando se aglutinam as questões da deficiência, se evidencia que as categorias **produtivo** e **improdutivo** se misturam e já não se caracteriza com segurança os não-deficientes e os deficientes. Nesse campo de representação, pode ter gente improdutiva sem deficiência e gente produtiva com deficiência.

Deste universo complexo das relações de trabalho, lidar com a questão da deficiência representa um montante de situações que não estão totalmente transparentes. No que se refere às representações sobre qual os sentidos da relação deficiência e trabalho, a ambiguidade se apresenta como associada às ações possíveis na regulação entre a produtividade necessária e os compromissos legais e sociais. A deficiência que pode ser ocultada parece ser mais tolerável em algumas situações:

> *Beatriz – Sei lá... Lá a gente também tem casos, por exemplo, de cobradores que a deficiência deles são das pernas, então não são vistos...*

Neste caso, a deficiência física nos membros inferiores pode ser escondida, já que os cobradores de ônibus ficam sentados o tempo todo do expediente e as roletas funcionam como um biombo entre a deficiência aparente e o público consumidor dos serviços prestados pela empresa.

Em situações em que o trabalhador representa a própria empresa, onde os serviços são oferecidos, como é o caso da empresa que presta serviços terceirizados, a deficiência se torna visível, sendo depositária de toda a sorte de sucesso ou fracasso dos serviços prestados pela empresa ali representada:

> *Valdir – Tem uma seção no Ministério do Trabalho, ela encaminha para a gente...*
> *Carlos – E como foi a experiência de vocês?*
> *Vagner – Eu cheguei a ter doze...*
> *Carlos – Doze?*
> *Vagner – Assim, só que de doze nós conseguimos segurar uma meia dúzia...*
> *Vagner – É, por exemplo, mais é pelos clientes, depende dos clientes, vamos por lá dois funcionários, três funcionários, porque aí eles (os clientes) não colaboram, os clientes não aceitam...*

Uma outra entrada de entendimento surge a partir da constatação da deficiência como um produto do trabalho e do próprio curso do desenvolvimento humano. Uma parcela da deficiência estaria ligada aos **restos** do próprio trabalho e as consequências do envelhecimento:

> *Débora – Alguém teve um acidente mexendo com uma máquina e perde um braço, perde um movimento. Ele é considerado um deficiente não é? Ele não foi admitido como um deficiente, mas na empresa, ele se tornou. Então é isso aí, nesses casos... O funcionário, ele tem um adoecimento você tem que deslocar ele de uma função para outra, a gente tem que fazer a readaptação, que a gente não pode também, mandar ele embora (...) tira ele dessa função, coloca na outra, conforme a habilidade, a capacidade...*

Desta forma, os dados apontam para a representação de uma pessoa com deficiência portadora de privilégios e que se caracteriza como improdutiva, prejudicando-se a si própria, numa inclusão forçada pela lei de cotas e prejudicando aos trabalhadores não-deficientes pelo ônus causado pelos atributos pontuados anteriormente:

> *Débora – Ele era muito nervoso e era difícil lidar com ele, aí a gente não sabe se ele se aproveitava da situação de deficiente para tentar levar vantagem em outra coisa...*

Por outra via, as representações emergentes configuraram um conjunto de sentimentos explícitos de incômodo (implícito – raiva) pela interferência na produtividade e a relação com inúmeras dificuldades, supostamente apresentadas, por pessoas sem deficiências em lidar com os atributos das pessoas com deficiências.

A ideia que atravessa tangencialmente os emergentes grupais, neste primeiro grupo, parece ser a ameaça representada pela deficiência num ambiente carregado de incertezas e inseguranças. O próprio trabalho produz os atributos estampados na categoria "deficiente" ou seja "incapacidade" e "invalidez". A presença ameaçadora do "deficiente – improdutivo" denuncia aquilo que não pode ser explicitado nas organizações e por seus representantes no processo grupal: o trabalho como gerador de sofrimento e como produtor de restos que não podem ser pensados. Estabelece-se, pois, um pacto denegativo no qual os próprios empregadores não estão livres do fantasma do adoecimento, da mutilação, da invalidez, da incapacidade, ou de uma forma mais contundente de improdutividade, o desemprego potencial.

Esse movimento, no grupo, de retomar em um mesmo patamar, equivale à espiral dialética a cada momento a deficiência está sendo associada a representações diversas.

Em cada momento, a deficiência traz representações novas, que vai ampliando a espiral dialética. A cada momento, o grupo passa, por exemplo, pelo eixo produtivo x improdutivo. A pessoa com deficiência fica tendo que ser jogada nestas duas categorias, porque antes ela ficava ligada com uma proposta eventual de inclusão, ou seja, **incluir** a pessoa com deficiência é uma ação que impede pensar **o que é** a pessoa com deficiência. Se sairmos desta categoria, a pessoa com deficiência pode ser pensada por outra perspectiva, menos totalizante e mais passível de ser compreendida, de ser confrontada com os sentimentos e representações. A pessoa com deficiência pode ser produtiva, improdutiva, honesta, desonesta, etc. A pessoa com deficiência, fica lado-a- lado (ou frente a frente) com outros trabalhadores, inclusive com os próprios empregadores, participantes do grupo.

Encontro 2

Fragmento 1

Discurso social x prática cotidiana:
O vínculo no trabalho se sustenta sobre o sofrimento ocultado

Iniciamos o segundo encontro com a apresentação de um membro novo. As apresentações seguiram um padrão de objetividade, com exceção da nova integrante e do Coordenador que exploraram, respectivamente, a função exercida na empresa e resgate da tarefa do grupo.

Os emergentes começaram a apontar para um resgate de pontos explorados no encontro anterior, mantendo-se antagonismos em relação às possibilidades de atribuir significados às pessoas com deficiências no ambiente de trabalho. Um primeiro emergente aponta para os atributos "preparado x despreparado" na sua relação com as categorias mais abrangentes de deficientes e não-deficientes. Uma nova formulação apontou para uma explicitação maior da convergência entre deficiência e atributos morais:

> *Suzana – Um outro ponto também é... Como os funcionários que vão trabalhar com esse deficiente enxergam o deficiente pra unir tudo isso. Como o próprio deficiente é a pessoa que até então não era considerada deficiente e com a exigência da lei a empresa passa a ver aquela pessoa como deficiente, por exemplo, se não tem um dedo. E como que é a aceitação dele disso ou não?*
>
> *Augusto – É, ela também esqueceu do lagarto que comeu o dedo do rapaz (refere-se a uma fala do encontro anterior, risos... silêncio)*

Nesta afirmação, o porta-voz explicita que aquela pessoa que até então não tinha deficiência, com a lei de cotas, passa a ter uma deficiência. Esta colocação revela dois aspectos: por um lado a deficiência é encaixada num significado de vantagem, sendo sinônimo de privilégio para aquele que está "fora" do mercado; por outro lado, para quem já está trabalhando, a aceitação é colocada em questão; pois, nem sempre o empregador consegue o aval da pessoa, que não se considera com deficiência (por não ter um dedo, como por exemplo, o presidente Lula) e não autoriza ser enquadrada, na empresa, na cota das pessoas com deficiência. Para o empregador, este seria um caminho mais curto, pois poderia cumprir a lei sem provocar mudanças bruscas no quadro de funcionário, nem ter que lidar com o difícil processo de contratação e adaptação de novos empregados com deficiências.

Um participante assume um papel de representante de uma característica grupal: ora de ligação com o processo grupal, ora de desligamento.

> *Beatriz – Eu acho que é por causa dos dois. Na verdade a gente falou um pouquinho do que lembrou e do que ficou marcado...*
> *(silêncio)*
> *Carlos – Como é que a gente pode traduzir essas questões? É preciso ... o que cada um falou. Como é que a gente pode traduzir em termos para o grupo aqui estas questões?*
> *Augusto – Embora, eu não tenho certeza, existem áreas diferentes. Basicamente todo mundo tem os mesmos problemas, as mesmas dificuldades, e tem os mesmos objetivos, por incrível que pareça. A construção civil é muito diferente Já contrata o serviço do Vagner, não contratamos ainda...*
> *Vagner – Estou aguardando...*
> *(risos)*
> *Augusto – Mas quem sabe! Estou aguardando (risos). É, embora as empresas sejam diferentes, todas elas convivem com os mesmos dilemas. Agora cabe a gente colocar as discussões, a gente tinha conversado, para pegar as experiências mais típicas de cada uma, eu não sei o que na empresa de ônibus, ela pediu para ir atrás da SORRI, eu preciso de um porteiro, e eu vou pegar alguém de lá...*
> *(risos...)*
> *Augusto – Gostei da ideia, eu não tinha pensado nisso? Que eu sempre achei que nunca ia precisar, porque a gente tem um quadro, sempre aproveitei as pessoas do quadro, eu gostei desta experiência...*

Nesse momento, o grupo parecia, por um lado ansioso pelo desenvolvimento da tarefa, por outro parecia estar frustrado com os resultados apresentados pelo próprio grupo. Esse participante se manifestava de forma intensa, provocando tanto o silêncio do grupo, fazendo afirmações que aparentemente constrangia, e também fazendo o grupo rir, de sua maneira descontraída de expor as questões. Em outros momentos, as manifestações individuais deste participante representavam um desligamento, falando de forma displicente, pouco audível, ou saía para atender chamadas do telefone celular. Como emergente, podemos interpretar que ele representa parte do grupo que se liga, a partir das piadas, da descontração, das identificações, e representa também, uma parcela do grupo que quer desligar-se, retirar-se da discussão. Fugir do enfrentamento de um tema que produz tensão? Possivelmente é uma entrada de interpretação.

Outro emergente, que começa a ganhar sentido, vai redirecionando a imagem do deficiente para outras características, alheias àquelas anteriormente apontadas: neste ponto, é colocada em discussão a ideia de deficiência vinculada à uma visão idealizada, ligada à pureza, santidade.

> *Beatriz – De toda experiência que a gente trabalha com a SORRI, teve uma situação que não deu certo, foi o melhor que eles indicaram para a gente, e no setor, nossa, ele era a menina dos olhos do encarregado, só que, há um tempo atrás ele pegou uma bicicleta, conforme ele foi pegar a (***), então a gente soube da notícia, não tinha como (***) e na concepção dele ele não tinha roubado (silêncio)... e era o melhor funcionário que tinha no setor,*

As reflexões subsequentes possibilitaram uma abertura. Quando a pessoa com deficiência responde a esta fantasia, de que são especiais, elas viram depositárias de uma gama variada de sentimentos projetivos, que apaziguam todo o estereótipo construído sobre a imprevisibilidade e a malandragem dos comportamentos das pessoas com deficiências. No exemplo explicitado, o confronto da expectativa com a resposta dada pelo funcionário contratado, fecha a possibilidade de encaixar a ideia de deficiência com a constatação de que, atributos inaceitáveis em ambiente de trabalho, são passíveis de comporem a natureza humana, não estando necessariamente atrelados ao fenômeno deficiência. Seguem outras manifestações, que vão polarizando a questão do "roubo" como um atributo possível de ocorrer, inclusive em pessoas com deficiência; contudo, impossível de ser detectado, sendo múltiplas as variáveis que poderiam levar uma pessoa a praticá-lo. Desta maneira, surge outro pólo emergente: Estaria a pessoa com deficiência isenta de responsabilidade acerca do seu futuro no meio para o qual foi selecionada? Estaria o funcionário sendo sincero, ao apresentar como argumento a ignorância sobre a propriedade privada, dizendo achar que estava somente "tomando emprestada" e não "roubando" a bicicleta? Ou estaria "usando" a deficiência como uma desculpa?

> *Suzana* – *Mas, como assim, porque ele alega que não roubou a bicicleta, um deficiente mental, entende, ele tem alguma dificuldade de... Porque ele soube enxergar essa questão e falar que não, ele não roubou? Que ele só queria dar uma volta? Foi sincero ou como uma desculpa usada...?*
> *Beatriz* – *Aí é aparece o nosso lado acadêmico, social, humanitário e coisa e tal. Mas a gente também se depara com as normas da empresa, e nesse caso específico, claro que a gente se pergunta: como é que a vida dele? E que é aquela coisa de questionar: não, mas para ele não é roubo, ele pegou para dar uma volta e tal, a gente dá aquela pensada, então está bom, e a visão da empresa? Então tem uma carteira lá no vestiário, então ele vai pegar também?*

Em ambos os casos, ficaram explicitados pelo grupo, a pressão que é exercida sobre eles:

> *Augusto* – *Eu acho que isso acontece porque nós que estamos lá nos RHs, nós somos **pressionados a produzir resultados**, tudo o que a gente vai fazer lá, tudo que a gente... É um treinamento, é o recrutamento, a seleção, tudo tem que está pensando não só no bem estar **do cliente**, que é quem paga as nossas contas lá no final do mês, mas tem que pensar **nos resultados da empresa**, por isso que enfoca –se nas experiências negativas, para ver se a gente consegue achar uma **solução** ou chegar a um consenso pra contornar **esses problemas**, para que eles voltem a ocorrer, porque a gente precisa correr atrás do **bendito do resultado**, e **a pressão** a cada dia que passa é maior, não tem como a gente escapar disso, por isso que a gente bate tanto no negativo, por que a gente precisa encontrar **soluções**, e quem é que vai encontrar as soluções?*
> *Débora* – *(***) porque mesmo alguém que não (***) no processo de seleção, tudo bonitinho, que não tem nenhum antecedente, um dia ele pode cometer alguma coisa, então eu acho que é mais difícil ainda, alguém que tem um problema mental, como é que vai ser na sua cabeça, o que ele acha? Como que ele foi educado? E a gente não sabe, de repente o que ele entende por roubar? Será que alguém já explicou para ele? Porque na deficiência a gente fica fora da, dos meios, e de repente essas coisas não são apresentadas para ele da mesma maneira que é para a gente, então é um negócio muito complicado esse aí, você pegar uma pessoa que tem antecedente...*

Um outro participante faz uma revelação em forma de constatação: as dificuldades das pessoas com deficiência ficam "escancaradas" e as deles ficam "guardadas", não sentem que tenham seus problemas apresentados. O grupo parece responder a esse sofrimento contido. Os emergentes seguintes parecem estar a serviço de aliviar as forças antagônicas, de sentir necessidade de estar no centro das atenções e de expor as pessoas com deficiência como vilões do processo. É como se o emergente apontasse para uma ampliação dos problemas enfrentados no cotidiano dos participantes do grupo, elegendo outro personagem, que comete o roubo e não tem deficiência:

> *Augusto – Mas aí que está. É complicado isso. Com o pré-requisito que as empresas de certa forma colocam para gente lá no RH, não sei como é que as outras empresas são, mas se tem **antecedentes criminais** está fora...*
> *Augusto – Aí, tem um novo fator, histórica e estaticamente quem cometeu o delito a primeira vez, é...na maior da parte das vezes, eu não me lembro os números agora, mas pelo menos sessenta e cinco por cento, comete uma segunda vez. Nós já tivemos episódios e eu com ação trabalhista em cima da minha mesa que chegou sexta feira à tarde, um caso deste, um ex-presidiário, demos uma chance para o rapaz, e o rapaz até estava indo bem. Ele conseguiu duas promoções dentro da empresa. Eu tive um problema com um subordinado dele na sessão dele, no setor dele e não tinha como ele negar que ele não viu. O cara desviou o material, jogou por cima de um muro alto pra caramba, não tinha como ele falar que ele não viu porque ele tinha que passar debaixo da mesa dele, o rapaz ficou numa situação tão delicada que ele acabou tendo que... ele chegou em mim, na hora que percebeu o tamanho da encrenca, e pediu pra fazer um acordo, sair da empresa rapidinho, ele esperou para chegar na marca do pênalti, agora que vai fazer dois anos, ele entrou com uma ação, pedindo uma série de coisas, (***). Mais é complicado ele já tinha um histórico lá no passado, a empresa normalmente coloca assim: tem no contrato, abrimos a exceção. Eu paguei um preço alto por isso lá no final, lá na frente. Foi só esse caso? Não foi. Dentro de canteiro de obra, no almoxarifado. O que desaparece de fio, torneira, de ferramentas pequenas mesmo, dentro do canteiro de obra é aquela jogada de segundos, nunca aconteceu, vai coloca, a hora que você vê já foi... E aí, quem paga esse prejuízo? É complicado, infelizmente.*
> *Suzana – Ou seja, você não vai mais poder contratar ex-presidiários.*
> *Augusto – Está ficando difícil. Não, ex-presidiário de forma alguma. Agora aqueles que tem aquelas passagenzinha lá que você checa, tem uma passagenzinha era coisa leve, conseguia relevá-lo agora não ta dando mais, infelizmente. Não sei se é as circunstâncias, se é a economia do país que está feia, todo mundo desempregado e aí o cara fica desesperado e vai lá e faz. Não sei o que acontece, mais é complicado, agora não dá para contratar mais...*

A visão social de inclusão, que está bastante disseminada atualmente, se choca com a visão da empresa. No entanto, esse contraste só aparece no cotidiano da empresa, quando se exige do empregador a gestão e a responsabilidade por este processo de conversão, do discurso inclusivo contraditório, em prática cotidiana, consoante com os objetivos capitalistas: no qual impera a primazia do lucro e da produtividade. O resultado estaria favorecendo, duplamente, os objetivos da empresa e a representação social dessa empresa: uma empresa produtiva e inclusiva.

>Carlos – *Pelo que nós estamos entendendo, então é um dos elementos da dificuldade...*
>Débora – *Não sei, se a pessoa realmente está, não sei uma pessoa considerada normal é mais difícil saber, você, se você está conversando com ela se não está falando a verdade, imagina alguém que você não, como é o caso do deficiente...*
>Carlos – *Tomar uma decisão, pela empresa, para uma pessoa sem deficiência é mais fácil?*
>Suzana – *(fala baixo) É mais fácil.*
>Augusto – *Quando não há uma limitação é bem mais fácil, quando há uma limitação você já tem que justificar o chefe ou o superior daquela pessoa, às vezes até para um outro superior, um outro nível que está acima do superior imediato, quando tem uma limitação você tem que justificar.*

O empregador revela a dificuldade de estar entre dois pólos de ação, nos quais os participantes revelam uma solidão intensa na busca de soluções. De um lado, empresários querendo ações que respeitem as limitações das pessoas com deficiências; por outro lado, funcionários sem deficiências que exigem igualdade de tratamento:

>Júlia – *Eu tive um caso, recentemente, eram gêmeos, deficiência mental é, só que eles são da APAE, os dois trabalhavam lá na NUTRICESTA que é a montagem de cesta básica nossa, inclusive lá eu tenho o maior número de deficientes porque não envolve, muito, então ele pode estar trabalhando com a gente, é... são gêmeos, um deles no dia que recebia o pagamento, no dia seguinte você não precisava nem contar com ele, que ele não aparecia, e é assim uma situação precária da família. Nós fomos visitar eles. Moram em Piratininga, mora a irmã, o cunhado, e mais três pessoas fora os dois. Uma situação assim, muito complicada, financeiramente, e aí a gente começou a investigar o que estava acontecendo. Eu fiquei sabendo que ele estava se envolvendo com bebidas, então por isso que ele não vinha, no dia seguinte. Ele gastava todo o dinheiro dele, que ele recebia. No dia do vale que é*

dia 20, também no dia seguinte podia esquecer que ele não aparecia para trabalhar. Começou a ficar uma situação complicada para gente, principalmente para mim, porque você acaba colocando um paninho na frente (coloca a mão diante do rosto), falando: não vou enxergar, deixa quieto. É um menino que trabalha direitinho, fora isso ele vem e trabalha todos os dias. Só que aí você começa a ter cobranças, o gerente do setor começa a te cobrar: então "Júlia" e aí? Você vai tomar providencias? A tá, tudo bem, eu estou vendo. Mas uma graça de menino, também, então acabei ficando com dó, mas vou dispensar. Tive que dispensar, não dava mais para segurar. Acionei a APAE, a assistente social da APAE e a psicóloga foram até a casa dele e disseram: sabe "Júlia", realmente a situação é bebida, o problema é bebida. Então eu tive que dispensar um deles, e o outro viu a situação. E assim, está cem por cento, isso já faz um mês e meio, é um faltava o outro ia em bar. O problema de bebida era com um deles, e eu tive que dispensar. Então existe uma cobrança muito maior. Aí o que acontece: é o médico da empresa que te liga, te caça, onde você está, para querer saber o que está acontecendo, porque que eu dispensei. O diretor da empresa liga para você para saber porque que dispensou um deficiente. O pessoal do departamento inteiro querendo, questionando porque que eu dispensei, então a carrasca sou eu...

Augusto – É sempre assim...

Júlia – É a carrasca sou eu. Aí você explica: não já veio, já venho fazendo o acompanhamento, realmente não tinha condições, já foi conversado com a família, a família ficou de tomar uma providências mas não tomou, então não teve outra saída, tive que dispensar.

Júlia – É de que lida com eles. Então qual era a pressão? Como haviam me passado o problema, então eu tinha que tomar uma providencia, e tomei a providencia indo até a casa, vi como que era a situação, fique com dó, não posso dispensar, eles vendem o almoço para comer a janta, então eu não posso dispensar. Aí conversei com a família, não fui conversar com eles e coisa e tal, mas, eles ficam em cima, cobrando, então você acaba protelando, não, dá mais um tempinho, dá mais quinze dias, então vamos ver no que dá. Foi até que não teve jeito, tive que dispensar mesmo porque acaba prejudicando toda a produção. E se conta com aquela pessoa, e aí vira chacota de outros, porque fala: ah, fulano amanhã não vem, ah amanhã você pode ter certeza que amanhã não vem. E eles não entendem não é, assim, brincam, os meninos brincam, apesar de ter muito respeito, não é, tem muito respeito lá no departamento deles, mas acabava virando brincadeira.

A pressão não é só interna, na empresa, mas vem também de fora, da relação interempresarial ou, ainda, daqueles que são os clientes da empresa:

Augusto – *Essa pressão, no fundo, no fundo ela vem de fora, porque eu sou cliente da Nutricesta. nós compramos cestas básicas lá para os nossos funcionários, e as vezes eu tenho umas urgências de ligar assim uma hora da tarde e falar para a, eu não sei qual é o nome daquela...*
Augusto – *Eu preciso de cinquenta cestas hoje à tarde, é urgente, emergência. O que ela vai fazer lá dentro para me atender eu não sei, mas ela, se ela se comprometeu, ela vai ter que me entregar. E aí se está faltando aquele funcionário lá, ela está com um membro a menos lá na produção, pronto, enroscou tudo gente! É complicado isso aí. Agora ela não tem só uma empresa para atender, vocês vendem lá cinquenta mil cestas por mês eu acho?*
Júlia – *Mais até...*
Augusto – *Não sei, eu sei que é um número astronômico, eu fiquei surpreso até quando eu fiquei sabendo, mas imagine a produção, a pressão, no fundo, no fundo vem de fora, porque se eu faço o pedido e ela não me atende, o mês que vem eu não compro, nem que seja só naquele mês para boicotar eu vou pegar de outro fornecedor, ela deixou de vender a produção, o resultado lá caiu, a diretoria vai cobrar, então a diretoria cobrou porque é ruim? Não, porque ela está perdendo faturamento, perdendo cliente porque? De novo, é a pressão na verdade vem de fora, a preocupação minha na Alfa, nós vamos ter que fazer um pacote de treinamento para almoxarife em canteiro de obra, por causa do atendimento de telefone, por ter quase quinhentos clientes na obra, e cada obra estava atendendo de um jeito o telefone, mais ou menos padronizado. Só que tinha um pessoal pisando na bola. O nível de exigência chegou num ponto, que se o cliente liga lá não importa que é um canteiro de obra, que é construção civil, ele tem que ser tão bem atendido como se ele ligar lá para a sede. Vai ter que se fazer um pacote de treinamento para isso, para atendimento do telefone no canteiro da obra, do porteiro ao engenheiro, exigência do mercado...*

A relação é bem mais complexa e tem como grande regulador o mercado. O discurso da igualdade esbarra em armadilhas do próprio discurso. Os participantes deixam por um momento a questão central da deficiência e começam a dialogar sobre a gestão das próprias vidas, como solucionam o impasse emergente.

Fragmento 2

Confiança x Desconfiança:
O corpo como intermediário entre a pessoa e a instituição

O grupo começa a atribuir um novo sentido à questão da deficiência que se liga diretamente a uma pressão experimentada no âmbito organizacional. Por uma via, vinda dos outros, sejam eles ascendentes no espaço institucional, sejam eles os próprios subordinados, sem deficiência, ou, ainda, dos clientes dos produtos ou serviços da organização. Por outra mão, a violência é exercida internamente aos próprios sujeitos, ou seja, os participantes experimentam uma autocobrança em relação às atitudes a serem tomadas, por exemplo, na questão de manejar o comportamento dos funcionários e as vicissitudes das relações implicadas neste complexo universo de trabalho.

Nesta dimensão, de manejar as pressões advindas de várias direções, uma participante aproxima a questão da deficiência à dificuldade de lidar com as mudanças ocorridas nas relações de trabalho, nas quais a demissão é uma realidade que exige uma energia psíquica considerável de ambos: demissor e demitido. Ao se pensar em "demissão/deficiência/justificação" são sobrepostos vários fatores: pessoais (autoexigência), organizacionais (relação com patrão e com clientes) e institucionais (compromisso moral, social e político). Dispensar uma pessoa com deficiência resulta em um aumento de esforço, junto à família e também à pessoa com deficiência. O que estaria na base destas relações seria a relação "patrão x cliente", na mesma ordem das relações entre as exigências da instituição trabalho e os desejos internos dos sujeitos. Percebemos neste ponto, que a pressão exercida assume uma natureza complexa:

> *Vagner – (...) Eles podem falar, porque o outro funcionário não vem também? Então é cobrado. A gente precisa prestar conta, para tratar os funcionários é difícil, é difícil, é complicado,*
> *Augusto – Muito complicado.*
> *Vagner – Muito complicado.*
> *(silêncio no grupo)*

Esta situação estabelece um sistema de cobrança. É feita uma exigência, de que cada funcionário estabeleça uma relação de intimidade com a missão institucional. Nesta, singularidade e coletividade se fundem e extrapolam as fronteiras entre indivíduo e instituição. Esta personificação da instituição não é manejada tacitamente. O sujeito muitas vezes se depara com uma realidade intolerável: a de conciliar seus afetos e desejos com as necessárias renúncias e violências impostas. A alternativa, num primeiro nível, aparece como sinônimo de loucura; alguém ousar cobrar alguém:

> Carlos – E para quem vocês reclamam?
> Augusto – Ah!?
> Carlos – Para quem vocês vão reclamar?
> Augusto – **Você está louco?** (gargalhada de alguns membros do grupo)

Aos poucos vai surgindo uma alternativa: a cobrança é inevitável, é um sistema que se impõe impiedosamente nas relações de trabalho. Desta forma, o corpo é a saída individual para o apagamento do trabalho psíquico massacrante. O corpo estaria exercendo a função de intermediário entre a empresa e o indivíduo, na medida em que, ao promover a cisão entre trabalho (suar o corpo) e lazer (malhar na academia), consegue-se, via negatividade, manter-se ligado e atuar sobre as forças antagônicas, reduzindo as tensões, trabalhando para manter os laços integradores:

> Augusto – Antigamente eu ficava, eu fechava essas coisas aí na Alfa, eu ficava estressado. Hoje não. As seis, seis e pouco, eu consigo sair nesse horário, eu vou para a academia, eu nado, eu luto, eu corro, eu faço trezentas coisas até as nove e meia, dez horas da noite. Depois eu vou para a casa. Aí eu já suei bastante, já. Então eu chego em casa eu tomo um banho, como alguma coisa e eu vou dormir sossegado, ou vou ler alguma coisa. Sossegado, tranquilo. Agora eu já achei a solução, descobri uma maneira, aí no final de semana vou fazer umas coisas que não tem nada a ver. Agora eu estou fazendo um curso de culinária no sábado.

Uma questão posta por Käes (1992) é que as mesmas forças que atuam nas configurações vinculares, pelos processos que surgem dos conflitos e reduzem os antagonismos, por um processo ambivalente, ora atuam a serviço da estruturação dos laços integradores (Eros), ora estão a serviço de um processo de desestruturação e de paralisia na atividade de ligação; morte psíquica e ataque ao elo, à ligação (Thanatos).

A relação que se estabelece como emergente neste momento é a ambiguidade entre "Confiança e Desconfiança". Em um ambiente em que as relações de trabalho estão permeadas pelas dimensões "custo x benefício", a gestão dos conflitos entre "pessoa x empresa" passa a ser uma exigência vital para que se garanta a produtividade. Esse papel, de gerir esses confrontos, parece encontrar sua metáfora na questão da inclusão de pessoas com deficiências no mundo do trabalho. Estas, ora figuram como tema central das discussões grupais, ora migram para a periferia. Por vezes até desaparecem do foco discutido.

Fica circunscrita em um território de fronteira, em que a confiança de que os contratados cumprirão sua missão institucional, seja ela com deficiência ou não, convive de perto com a desconfiança de que não é possível garantir uma perfeita harmonia entre os desejos individuais e as necessidades empresariais. Desta forma, os empregadores ampliam o leque daqueles que representariam os indesejados do mundo do trabalho. Pelo risco potencial que eles representam, esses indesejáveis são enquadrados em categorias ligadas ao trabalho. Porém, ganham uma marca específica, porque alguma coisa (acaso, sentimento, intuição) as liga ao preconceito individual de quem contrata, tornando, desta maneira, uma constatação a partir de fatos (experiência).

Os sentidos vão se encaixando cada vez mais no emergente "cobrança", que vai ganhando espaço na relação "patrão x cliente". A cobrança se manifesta em forma de pressão e é experimentada em modalidades diferenciadas: autocobrança, como uma característica "superegoica", pressão de fora da empresa, vinda dos clientes; pressão dos funcionários que exigem uma postura igualitária para as pessoas com deficiências. A cobrança externa tem o seu reverso interno, em forma de pressão e representa este sistema de exigência complexo que impera nas relações no mundo do trabalho atual. Ou seja, cobrar pode flutuar em várias esferas como: exigência de ação (movimento) e produção (lucro). O indivíduo se vê diante de um complicado sistema de relações de cobrança. Ousar transferir este ônus emerge como uma loucura:

> *Vagner – Muito Complicado.*
> *(Silêncio no grupo)*
> *Carlos – E para quem vocês reclamam?*
> *Augusto – Ahn?*
> *Carlos – Para que vocês vão reclamar?*
> *Augusto – Você está **Louco**? (Gargalhada)*
> *Carlos – Qual é o espaço que vocês tem?*
> *Suzana – Como assim qual espaço?*
> *Carlos – Como é que vocês vão trabalhar isso em vocês?*

A saída proposta pelo porta-voz do grupo tem duas aplicações. A primeira para ser aplicada no dia-a dia:

> *Augusto – Antigamente eu ficava, eu fechava essas coisas aí na Alfa, eu ficava estressado. Hoje não. As seis, seis e pouco, eu consigo sair nesse horário, eu vou para a academia, eu nado, eu luto, eu corro, eu faço trezentas coisas até as nove e meia, dez horas da noite. Depois eu vou para a casa. Aí eu já suei bastante, já. Então eu chego em casa eu tomo um banho, como alguma coisa e eu vou dormir sossegado, ou vou ler alguma coisa. Sossegado, tranquilo (...)*

Frequentar a academia tem uma ligação com o trabalho, ou seja, representa uma atividade similar ao canteiro de obras (cansar o corpo físico; fazer sacrifício) que assume também o papel de expurgar o sofrimento do trabalho psíquico.

A segunda saída estaria relacionada ao não-trabalho, ao final de semana. Nestas estariam relacionadas coisas que não têm nada a ver:

> *Augusto – Agora eu já achei a solução, descobri uma maneira, aí no final de semana vou fazer umas coisas que não tem nada a ver. Agora eu estou fazendo um curso de culinária no sábado.*
> *Suzana – Aí que delicia!*
> *Augusto – No mês que vem eu vou fazer alguma coisa lá de renda alternativa. Porque eu sei que tem esposa de funcionário do canteiro de obra que não faz nada. Fica dentro de casa o tempo todo. E o trabalhador, ele é servente de pedreiro, não tem como ganhar muito. Esse cara ganha quinhentos reais por mês, para sustentar a família toda. Às vezes a filha teve filho, é mãe solteira, mora junto com o pai. Aí o avô, ele acaba criando todo mundo. E esse pessoal podia estar fazendo alguma coisa. Então eu primeiro preciso descobrir o que é isso, depois eu vou dar um jeito de ir plantando isso lá dentro, do canteiro de obra entre os funcionários para eles mesmos irem cultivando a família e melhorando a sua renda. Enfim, é o útil ao agradável, tem que achar soluções assim, alternativas.*

Fazer um curso de culinária estaria também a serviço do corpo, que, após suar, malhar precisa se alimentar e ter prazer. O grupo agora conta com o transporte de alternativas, veiculadas por um participante que apresenta sua descoberta para se livrar das coisas que o pressionam. Essa seria uma saída individual. Cada sujeito individual deve achar sua alternativa.

Diante de uma pressão (mal-estar) que não está na dimensão do corpo, este é utilizado para livrar o trabalhador de algo que está no plano psíquico. O corpo seria uma forma de mediação, esquecimento, apagamento. Uma maneira de expulsar as questões do trabalho psíquico. Seria um intermediário entre o imposto (trabalhar com pressão violenta) e a possibilidade da loucura (não resistir à pressão). Por esta via de análise, a única maneira de se libertar, via negatividade, ou seja, negar o trabalho, estando ligado a ele.

Um participante apresenta uma estratégia que define a confiança como um atributo interno de quem está no posto de gerenciamento das relações de trabalho: a autogestão. A empresa confia no trabalho e nos meios de gestão das relações de trabalho. Contudo, a afirmação vem acompanhada da incerteza:

> *Júlia – No meu caso C, nós trabalhamos com autogestão, a gente não tem encarregado, não tem gerente é.. eu não chego a ficar... assim nervosa, estressada com esses problemas, **eu acabo tirando de letra**, porque a empresa confia no meu trabalho, **acredito eu**, porque acaba deixando e a gente resolve, e.. vai dando, nós temos um período para contratação. É um dia só no mês que eu contrato. Então se passou do período e ele não me comunicou ou está tendo algum problema, então a gente vai estar trabalhando em cima disso. Então não chega a me preocupar a ponto de eu ficar nervosa, estressa e tal, não. Quanto a isso não, dá para tirar de letra, eu tenho é... hoje eu tenho quatorze, deficientes, e oitocentos e cinquenta funcionários sem ser deficientes, propriamente dito, então é.. eu me preocupo, eu tenho que me preocupar mais com esses oitocentos e tarará. Mas os quatorze não me preocupam eles não me dão trabalho, e também a gerencia, um caso ou outro que acontece...*

A expressão "tira de letra" coloca em suspenso, no grupo, a cobrança, a pressão e reafirma a necessidade de cada um assumir seu lugar e sua responsabilidade, ou seja, não manifestar as dificuldades na gestão da deficiência no mundo do trabalho e dos problemas identificados pelo grupo.

Fragmento 3

Homem x mulher
A deficiência e a ampliação das características ligada ao gênero

A figura da mulher e a figura do homem se ligam à temática da deficiência por meio de algumas atribuições referentes ao gênero. No caso feminino, ideias que surgem, colocam "que a mulher fica parada em casa, a filha engravida, o homem é que se sacrifica e o avô é a terceira geração que cria os filhos". Os emergentes grupais têm início com a questão intergeracional e estabelecem uma continuidade com o tema dos papéis de homem e de mulher, no qual aparece também a questão da sexualidade, na sua conjunção com a deficiência e com o trabalho. Surge a problemática do desejo colocada diante das necessidades postas pelo trabalho. A representação social da mulher, como frágil e sem força física, aparece acentuada na mulher com deficiência.

No homem com deficiência é preservada a questão da força física. O corpo forte, suado (que trabalha, que sua a camisa) não cabe na figura feminina. Nas famílias, o homem é levado a ser trabalhador, arrimo, ajudar no sustendo. O homem tem que trabalhar, sendo deficiente ou não (trabalho assalariado – externo); o homem não tem estes problemas de gestão da sexualidade; ele deve ser encorajado a ser independente. Ele não pode ficar em casa e deve ter a mente sempre ocupada pelo trabalho. Corre o risco de não controlar a sexualidade: "ou eles se ocupam ou só pensam em sexo".

A Mulher está inscrita na visão social como uma vítima potencial de assédio. Colocaria também em risco, no ambiente de trabalho, o controle da sexualidade. A deficiência amplia esta desvantagem. Contudo, na figura da mulher é banida a categoria negativa, "mulher não é bandida", ao contrário, seria ela, ingênua, podendo despertar a sexualidade no homem e gerar outros problemas. As famílias entendem que as mulheres seriam mais protegidas em casa, no campo doméstico. Elas podem contribuir na família com outro tipo de força (trabalho doméstico).

Um dos participantes manifesta um estranhamento; como porta-voz do masculino: acha estranho a mulher trabalhar; este porta-voz também "transporta" alternativas, convocando a mulher a trabalhar e a estabelece uma relação entre mulher e trabalho. O "porta-voz" liga essa ideia à possibilidade de controle do financeiro (renda alternativa) e da gestão da sexualidade, reforçando a ideia de que uma mente ocupada pelo trabalho estaria, em certa medida, garantindo o controle, como forma de vigiar a sexualidade. Como se "a mulher que é *vagabunda* (não trabalha) controlasse menos a sexualidade".

Paradoxalmente, na perspectiva masculina, a mulher trabalhando, fora representa a perda do controle da sexualidade. Os perigos de sair de casa e trabalhar fora seriam os fundamentos de uma sociedade machista, na qual o homem controla a mulher, deixando-a dentro de casa. O que estaria no campo do impensado, a mulher trabalhar fora, entra em confronto com a realidade atual, na qual a mulher precisa trabalhar, para ser mais livre e independente, como o homem, e para ajudar no orçamento doméstico.

Ao apresentar a renda alternativa, como uma das saídas para os trabalhadores, o discurso parece apontar para os efeitos de "cultivar a família". Na relação entre homem e mulher, esse aspecto do "cultivo", parece indicar que esta alternativa transporta o sentido de que o trabalho intenso (pressão, cobrança) afasta o empregado das possibilidades de "cuidar" das relações familiares. Como se ele estivesse sendo o porta-voz daquele que quer mudar a cabeça das pessoas, ou seja, promover um controle maior sobre os efeitos do trabalho pesado (do trabalhador individual, pai de família) na família.

Nesta saída, podemos interpretar que se busca uma identificação com os funcionários do canteiro de obras. Nessa busca, o que se pretende é a reelaboração do local de trabalho, com vistas para um apagamento do trabalho psíquico e para a construção de uma identificação com a masculinidade. O corpo seria a passagem entre as das relações de função, aproximando o que a função afasta (trabalho administrativo x trabalho braçal). Na metáfora de "suar a camisa" (trabalho corporal) aproxima um outro emergente "sua e veste a camisa", ou seja, se dedica integralmente para a empresa, e reduz os antagonismos "desejos" (individual) e "necessidades" (coletivo da empresa) por meio de trabalho psíquico.

Ele é porta-voz de questões que atravessa as relações entre os trabalhadores. Existem configurações vinculares no mundo do trabalho que precisam ser expressas por meio de figuras intermediárias, por meio de passagens que estabeleçam condições para a manutenção dos elos que garantem o funcionamento institucional via grupo.

Uma questão importante para os direcionamentos indicados pelo material empírico seria: Que corpo é esse?

Da empresa que tem que garantir a continuidade (produtividade e coesão grupal); do operário que tem que se manter na masculinidade (corpo – força física); dele próprio (empregador) que tem que se manter diante das responsabilidades (corpo que abarca as pressões, por meio de trabalho psíquico e compensa por meio do "cansar o corpo") e tornar-se "mais leve", "menos estressado (pressionado)", "mais empático ao trabalho do outro (suar a camisa)".

A deficiência, neste complexo universo do trabalho, funciona como uma passagem também, na qual se pode tornar depositária das relações possíveis num processo em que as relações vão se tornando impossíveis, ou seja, enquanto uma ponte, que afasta, por meio de antagonismos de forças, provocando: por um lado: no patrão – preocupação com a lei (cotas) e com a imagem da empresa (responsabilidade social); nos funcionários – rivalidade, raiva, dificuldades, invejas (expressos por reclamações da presença de pessoas com deficiências provocarem atrasos, e privilégios); nos clientes, um certo "mal estar" por estarem sendo atendidos por pessoas imprevisíveis; no Empregador, pela confusão sobre atitudes, preconceitos. Estariam apresentados os elementos representativos da tensão, provocando cobrança e pressão nas diversas direções institucionais e que se atualizariam/ manteriam nas relações grupais, como configurações vinculares. Por outro lado, vai surgindo um contraponto dessa força de tensão, em forma de ideias apaziguadoras. O Patrão exige o cumprimento das leis; os funcionários são convencidos a vencer desafios do cotidiano do trabalho; os clientes são mobilizados pelo discurso da solidariedade e por um paradigma da inclusão; o empregador tem que responder às demandas da sociedade e dos patrões. A deficiência atravessa esse universo de relações como um ponto de tensão e de apaziguamento: conclamando, por um lado, os envolvidos, dentro e fora da empresa, à solidariedade, à tolerância das diferenças, à valorização da diversidade, ao redirecionamento da relação custo x benefício, à ressignificação das noções de competências, à empregabilidade, à produtividade, à competitividade, ao individualismo, ao consumismo.

Despertando, por outro lado, sentimentos de: solidão na busca das soluções que são enfrentadas no cotidiano de trabalho, insegurança sobre os projetos futuros, raiva pela desigualdade no tratamento, incertezas sobre os próprios sentimentos em relação ao discurso do "novo paradigma da inclusão".

Fragmento 4

Pessoa x empresa
O corpo como intermediário entre o ritmo do desejo e da necessidade

Na relação que estabelecemos com a instituição em que trabalhamos, vivenciamos constantemente um paradoxo: desejo de completa identificação e sentimento de estranhamento. Se por um lado, nos sentimos afetivamente ligados à organização que nos emprega e "paga o nosso salário"; por outra via, sentimos que estamos destituídos das relações de intimidade, somos explorados. No grupo, um emergente que perpassa a questão da deficiência no trabalho está expresso pelo confronto "pessoa x empresa". Nessa contradição, a pessoa de um modo geral *"é uma não-empresa"*. A deficiência estaria relacionada, duplamente, ao "corpo do desejo", que nega a o ritmo da máquina, impondo nova leitura à noção de produtividade, bem como ao "corpo interditado", sujeito às demandas ambientais, aos ritmos que solapam os limites impostos pelos contornos suportáveis do humano.

Essa interpretação esbarra, de maneira espiralada, nos emergentes da confiança, postos em momentos variados do processo grupal. A deficiência, pela sua amplitude, permite uma flutuação no pólo de gravidade do conceito a ela atribuído. Estaria a deficiência, no espaço demarcado pelo trabalho, a serviço de diversas passagens necessárias para o funcionamento institucional? Do ponto de vista analítico, seria uma projeção da dificuldade de sustentar a família, fundado na possibilidade de afastamento por deficiências adquiridas. Aparece a questão de uma geração que se desgasta e acusa os membros familiares, principalmente as mulheres, que não fazem nada, sobre-taxando o corpo masculino pelo trabalho espoliante. O corpo masculino responderia melhor ao ritmo imposto pelo trabalho, e a deficiência atravessa as barreiras quando está submetida a este pacto, que liga o trabalho a uma estagnação de função (aperfeiçoamento do movimento e do ritmo) e uma baixa expectativa de ascensão. O "corpo suado" paga caro pela manutenção deste *status quo*: envelhecimento precoce, morte prematura, deficiência adquirida em função do trabalho. A confiança estaria mutuamente garantida, por aquele que faz do próprio corpo, um intermediário entre a pessoa e a instituição. A desconfiança está sustentada por aquele que denuncia a fragilidade do corpo individual e institucional, por meio da deficiência.

Os membros do grupo manifestam a necessidade de construírem saídas. Dentre os emergentes surge a autogestão. Nesta elaboração, o participante afirma e duvida de sua assertiva *"a empresa confia em mim, acredito eu"*, e incorpora, nos limites da sua individualidade, toda a responsabilidade pela gestão dos afetos no âmbito institucional. *"Se ele rouba – eu sou responsável"; "Eu tenho que acertar o tempo todo"*.

Nesta concepção, o presidiário é o depositário da desconfiança e abre caminho para ampliar o leque dos indesejados: o ex- presidiário – à ele atribui-se a priori, a possibilidade do roubo; o ex-cobrador teria o atributo em si de ficar sentado o dia inteiro, seria o depositário de projeções da metáfora da cobrança (aquele que cobra, que faz pressão); o ex-servente seria o rude, o não preparado; a pessoa que mora longe e em cidade pequena – aquela que não acompanha o ritmo da cidade/da empresa/da máquina; a mulher que não faz nada, que tem o corpo é frágil; que pode engravidar e dar trabalho, que desperta o descontrole da sexualidade e põe em risco o ritmo da máquina. Desta forma, ninguém mais é confiável, nem as instituições citadas como fontes de segurança, como exemplo a APAE e a SORRI.

A deficiência representa uma possibilidade, uma ponte que permite a passagem e a atribuição de sentido a estes conteúdos:

» Ladrão – rouba o tempo do outro; as coisas materiais (bicicleta, carteira no vestiário, etc);
» Malandro – tem intenções de, no futuro, abrir processo contra empresa;
» Desinteressado – usa a deficiência para fazer o mínimo;
» Imprevisível – medo de pressionar demais a pessoa com deficiência;
» Sem perspectiva de crescer profissionalmente – incapaz de evoluir – estagnado;
» Baixa qualificação – incapaz de acompanhar processo de aprendizagem – escolaridade;
» Adesão tácita ao trabalho – funcionário exemplar, como os lavadores de ônibus; não reclamam, não pedem promoção, não faltam.

Diante destes emergentes podemos identificar que as cobranças determinam as maneiras de manejar a pressão causada pela dinâmica institucional. Podemos apresentar um dimensionamento desta interpretação:

1ª Dimensão –	Ex- presidiário – Questão do roubo – identificação – todos comungam que esta categoria representa um depositário de desconfiança, os elos grupais estão sendo aproximados
2ª Dimensão –	Ex-cobrador - que mexe com dinheiro, que possivelmente comete roubo, no imaginário aquele que cobra, depositário (metáfora) da pressão exercida no trabalho (cobrança) – ataque aos elos grupais – associando uma categoria potencialmente digna de desconfiança (indesejável) a um dos participantes (empresa de ônibus), fica sentado o dia inteiro (estagnado, preguiçoso, corpo frágil para o trabalho pesado, sem energia, despreparado)
3ª Dimensão –	Ex-servente – baixa qualificação e possibilidade de afastamento por corpo desgastado – denúncia de uma categoria menor, que em potencial dará trabalho, ataque às configurações vinculares
4ª Dimensão –	que mora longe e em cidade pequena – inimigo é posto para fora do grupo, são comuns a todos os participantes estas categorias, como potencialmente dignas de desconfiança – sucesso na contratação; volta a fortalecer os elos do processo grupais.

A "pessoa com deficiência" estaria alocada na dimensão de futuro, daquilo que pode ocorrer no trabalho. Seria um fantasma que assombra o trabalhador, que se esconde "por entre as pregas" do trabalhar e que pode abarcar toda a desconfiança depositada nestas categorias elencadas, mas que não podem ser manifestadas e devem permanecer recalcadas, expulsas do processo grupal, exercendo uma pressão na medida em que deve ser simbolizadas, seja na empresa, via sujeição (obrigação/lei), seja no grupo "aqui-agora", via tarefa, seja nos pactos que vão sendo realizados no plano inconsciente e que garantem os elos para a manutenção e transmissão, tanto dos indivíduos quanto da instituição.

Na relação das pessoas com a máquina, não podemos ficar olhando para a pessoa. O ritmo é o da máquina. A produção entra em confronto com o ritmo pessoal e o desejo do corpo. No grupo surge um ataque ao pacto que os médicos fazem com os trabalhadores, e é denunciada a venda de atestado, como um instrumento de corrupção. Outra vez o dinheiro e "aquele que cobra", ou "aquele que tira o dinheiro do outro", ou "tira o tempo do outro", surge como ponto emergente.

Encontro 3

"Corpo mole" x "espírito de corpo":
A deficiência negada e transposição da desconfiança

No terceiro encontro, o grupo já acumula algumas reflexões partilhadas, que retornam com dimensões ampliadas e permitem outros olhares, uma nova escuta para significados já inscritos na dinâmica do processo grupal. Já no início do encontro, o emergente destaca a experiência no setor público. A afirmação de que "não há experiência negativa para apresentar", ou seja, a visibilidade revela um ambiente de trabalho que parece **tranquilo** é abalado pela inserção da questão da deficiência. Esta provoca uma **inquietação:** a deficiência se mistura com a representação do funcionário público, ou seja, não há cobrança, nem sobre os funcionários, nem sobre a pessoa com deficiência; ambos entrariam no esquema da **estabilidade e da estagnação.**

Na questão público x privado, abre-se uma brecha para se pensar a deficiência: misturando-se a lógica do público com a do privado; podemos pensar em alternativas. Neste processo, as questões que não podem ser pensadas, são apontadas por um participante que se torna o 'porta voz' do impensado. Ele vai portar e transportar (por meio da função fórica) uma função intermediária no nível do utópico, ou seja, funciona como uma ponte entre dois lugares (ou dois tópicos); esta é uma dimensão importante, pois tira o processo grupal das amarras que o impedem de oxigenar o que está paralisado, daquilo que não tem saída alguma, ou seja, nesse momento, ele só pode ser o "porta voz" (porta sonho; KAËS, 1997) porque ele vem de um outro lugar, do trabalho no setor público. Neste universo de trabalho, o Estado é que é responsável e o indivíduo (chefe) seria pouco responsável, ou usando o emergente grupal, teria pouca pressão sobre ele. Neste momento o grupo se questiona: será que a pessoa com deficiência quer mudar, quer ser promovido? Ou será que isto é uma coisa que não existe no setor público (para pessoas com deficiência e sem-deficiências)?

As pessoas com deficiência entrariam no esquema do funcionário público? Esse emergente grupal permite uma ligação entre deficiência, trabalho e produtividade: Será que ele (deficiente) quer aprender, quer aprender mais? Será que não quer? A confiança na "pessoa com deficiência" estaria abalada pela suspeita (desconfiança) em relação aos reais interesses, pelo **ingresso** e pelo **progresso** no mundo do trabalho. Essa relação representa o que está negado no grupo: o deficiente (como o funcionário público) quer ingressar e se acomodar na função, pois, "só estar empregado é o máximo, para ele e para a família".

> Suzana – Eu vejo também assim, pela situação do mercado, só de estar empregado já é o máximo. Ainda mais, eu tinha tanta dificuldade na escola, aquilo que eu acompanhei meu colega de escola, hoje eu estou empregada e ele não está, então pra mim isso já é o máximo, entendeu, para família isso também é bom...

A questão da **carreira (promoção)** assume no grupo a posição de emergente. No espaço privado, a **deficiência** estaria ligada à ideia de **estagnação**. Seria um dispositivo de controle da tensão gerada pelo trabalho. No imaginário compartilhado, a "pessoa com deficiência" e o "cobrador", por exemplo, estão portando o sentido de que os trabalhadores toleráveis, seriam aqueles conformados com a função que lhes é designada. A "pessoa com deficiência" estaria relacionada ao posto de lavador de ônibus, "pessoa certa no lugar certo":

> Beatriz – Até mesmo porque no meu setor nem todos são deficientes, está inserido numa função normal, de qualquer pessoa para executar. Então é isso que eu falei, eles se integram, se adaptam, eles fazem o trabalho deles direitinho, eles não dão problema.
> Beatriz – Lavar ônibus! Por dentro, por fora, bancos, rodas, pneus, esta é a função, são lavadores de ônibus, então é uma rotina.
> Suzana – A única coisa seria assim, dar importância ao que ele faz, valorizar o que ele faz.- Olha você é só um lavador, você é um bom lavador! Tem gente que nasceu para fazer faxina, você fala assim: - Você vai tirar esse rapaz da faxina, ele faz tão bem, vou treinar outro, aí é judiação, porque ele é o melhor faxineiro que você tem. Então seria o caso, de conscientizarmos disso, não vai poder ser cobrador, mais ele pode ser o melhor lavador.

No processo grupal, a deficiência vai se ligando à categoria dos indesejáveis para cargos que estariam indicando uma ascensão e vai aprisionando cada vez mais a deficiência no trabalho à estagnação, à impossibilidade de promoção. O **motorista** representaria, no universo da empresa de transportes coletivos, uma função de *status* mais elevado, e estaria reservada a uma parcela eleita para estas atividades. Dirigir (guiar) o veículo está diretamente ligado ao serviço essencial prestado pela organização instituída, ou seja, conduzir os passageiros com segurança e qualidade. Esta atividade envolve dupla confiança: cuidado com o usuário e cuidado com os veículos da empresa. Estaria embutida a responsabilidade na condução da imagem da empresa, na medida em que, caso ocorra acidentes, envolvendo passageiros, a empresa tem um duplo prejuízo: na sua imagem (desconfiança do usuário) e no financeiro (conserto ou perda do veículo). O mecânico representa a função que não pode ser alcançada, pelo despreparo técnico (não é preparado), que seria um atributo inerente à deficiência. Dessa maneira, deficiência, inclusão e carreira estariam inscritas em processos paralelos e divergentes. A função de cobrador de ônibus carrega múltiplos sentidos e significados, é uma figura metafórica no grupo (de atributos e de função): Em momentos variados, a figura do cobrador transporta o sentido de ligar a função (cobrar) com: os atributos do ladrão (roubar o dinheiro do outro; o tempo do outro; a oportunidade do outro); ou com o atributo de incompetência (má gestão do dinheiro, no caso do ex-cobrador); a metáfora da pressão – cobrança - vinda de várias direções (do patrão, do mercado, do cliente, de si mesmo). Seria "aquilo" que cobra e que não dá sossego. A deficiência não pode ser totalmente vinculada a essa figura, mas também não pode ser desligada desses sentidos. A "pessoa com deficiência" é aproximada à figura do "cobrador" apenas na deficiência física. Esta ligação coloca a deficiência física na fronteira entre os atributos de suspeito (desconfiança) e de superação da suspeita (confiança conquistada pela aprovação nos testes cognitivos e pela possibilidade de ocultação da deficiência):

> *Beatriz – São poucos os que, bom... dos que eu tenho lá comigo, são poucos os que demonstram essa necessidade, os demais é como se eles tivessem noção que tem que dar certo, de limitação, e eles estão tranquilo ali, contentes, nem pensam em mudar de função.*
> *Débora – Eles estão já acostumados a pensar assim, ficar sempre nessa função mesma, isso é o melhor que posso conseguir por ser deficiente, será?*
> *Beatriz – Só voltando um pouco. Eu tenho só dois que de vez em quando eles perguntam, quando vai ter brecha para cobrador, não sei o quê, não tem condições...*
> *Beatriz – Eles não têm condições. No caso desses dois, eles não têm condições, e os demais são tranquilos, nem pensam em promoção, nem pensam em mudar de setor, nada. Sabe é como se realmente eles fossem conduzidos lá, tipo: é deficiente, está tendo uma oportunidade, o que você pode fazer é isto. O pessoal que eu tenho, eles já veem assim com uma coisa certa, pré-disposição em fazer aquele trabalho mecânico mesmo, aquela rotina, e eles gostam disso, se adaptam a isto e eles trabalham direito.*
> *Beatriz – Eles não têm condições. Esses dois, pela deficiência cognitiva que eles tem. Não gosto de dizer a palavra retardo mental, porque não é bem isso sabe, é uma coisa, não chega a ser retardo mental, mas eles têm uma deficiência. Então, para você conversar com eles você percebe que não tem condições de ser um cobrador.*
> *Beatriz – No caso desses dois ou eles vão sair da empresa ou vão continuar no cargo que eles estão, porque não tem como eles serem promovidos. Agora dos demais, é o que eu falei, eles gostam daquela rotina, eles gostam do dia-a-dia a mesma coisa, aquele trabalho rotineiro do dia-*

a-dia, eles gostam, eles se adaptam, então eles nem pensam em fazer outra coisa.

Na reflexão sobre a inserção e a promoção, o emergente **frustração** do empregador e frustração da "pessoa com deficiência" assumem o centro de gravidade da discussão:

> *Carlos – E se eles começarem a procurar, por exemplo, como os outros para mudar lá dentro, ter alternativa lá dentro. Como você acha que vai ser isso...*
> *Beatriz – Para eles?*
> *Carlos – De uma maneira geral para gente pensar? E se eles começarem a imaginarem que podem se desenvolver...?*
> *Beatriz – É o tal negócio, este teste de cálculo é... Independente de eles serem funcionários, ou vindos de processo seletivo externo, nessa função de cobrador eu faço teste de cálculo. Então quando eles fazem este teste de cálculo, eles mesmos veem que ainda não estão preparados.*
> *Carlos – Aí eles **acabam**...*
> *Beatriz – Aí eles **se acabam**...*
> *Carlos – Interessante a gente pensar nessa perspectiva. O que vocês pensam disso que ela acabou de dizer? Ou seja, eles **se acabam**...*

A questão posta nesta dinâmica: desemprego, dinamismo nas tarefas, rotatividade de empregados, medo de perder o emprego, estagnação, competição, não está circunscrita à questão da deficiência, é uma questão geral. Esta ciranda semântica "Aí eles acabam... Aí eles se acabam..." tem ressonância na dúvida de: como lidar com esta realidade que precisa ser negada, ocultada?

A deficiência pensada como possibilidade de ingresso no mercado de trabalho vai sendo encaixada em figuras que ora expressam a ideia de que "entrar para o mercado é fácil, difícil é promover"; ora designam que deficiência está muito próxima de estagnação; ou evidenciaria o conceito de "imutável".

Outro emergente invade o circuito das relações intersubjetivas: o processo de exclusão estaria combatido ou neutralizado pelo discurso da inclusão. Essa inclusão estaria revestida de dispositivos que levariam a pessoa com deficiência à uma exclusão ocultada, vestida de inclusão, ou seja, estando dentro, ele não dá conta de passar para um nível mais elevado, ou diferente. Esse processo pulveriza o desejo e institui a paz imposta nas relações de trabalho.

Nesse momento, o grupo se volta para a contradição entre preparação/escolaridade e exigência do mercado (empregabilidade). Os participantes reconhecem uma necessidade de ajuste ao mercado:

> *Beatriz – Infelizmente essa questão é pelo grau de escolaridade. Por exemplo, os outros lavadores que não são deficientes eles nem tentam ser cobradores, porque eles falam que não tem estudo. Realmente eles não conseguem fazer este teste de cálculo. E a pessoa que tiver interesse pode voltar a estudar e se preparar para o exame.*

O mercado parece ter uma função de determinar os atributos desejáveis para "traçar o perfil do trabalhador ideal" e de domesticar os desejos que são conformados com a necessidade de adaptação. Contudo, a equalização dos desejos, a negação dos projetos, das perspectivas, encontram também suas fendas, nas quais eclodem indistintamente, em pessoas com ou sem deficiência:

> *Beatriz – Interessante é a partir de que momento eles começaram a querer a ter essa promoção: quando se casaram e tiveram filhos.*
> *Débora – A necessidade aumentou.*

Começa uma distinção entre atributos da deficiência física e mental. Aquele que estaria incluso no trabalho, pode estar excluído da empresa. A deficiência mental não dá conta de enfrentar as exigências para a **promoção** (ascensão). Os "**testes atestam**" que as pessoas com deficiência mental não conseguem adquirir habilidades envolvendo aspectos cognitivos. O corpo estaria moldado (conformado) para o trabalho duro, rude (corpo forte – corpo suado – corpo submisso).

Na dimensão **produção,** as reflexões grupais parecem não relacioná-la com a deficiência física. Essa hipótese ligaria a produtividade à capacidade de produção material/manual/manufatura, embora o trabalho atualmente esteja se desprendendo dessa relação. Essa noção de produção reforça a dicotomia existente entre o trabalho intelectual x trabalho manual. À pessoa com deficiência física estaria destinada a atividade intelectual?

O grupo retorna para a questão da promoção. Essa possibilidade deveria permanecer no plano do improvável; caso contrário, estaria "abrindo a cabeça" das pessoas com deficiência, despertando um desejo adormecido:

> *Suzana – E também nenhum deles ainda questionou, vai ter promoção, não vai ter promoção, vou crescer não vou crescer, e também não questionar sobre isto sobre o que eles pensam.*
> *Suzana – Porque já pensou se você começa a fazer esse trabalho de querer ser promovido então de repente promoção nem passa pela cabeça deles, e a partir do momento que você faz esse trabalho já acende uma luz de promoção.*
> *Débora – E aí você não pode contemplar isso...*

A possibilidade de promoção pode despertar algo que está sob controle. Isso parece representar um perigo, despertar algo adormecido, o sonho, ou seja, aquilo que é almejado, como o projeto que orienta a dimensão de futuro. Na carreira os critérios passariam pela avaliação da competência (testar a capacidade) e também pela confiança (tempo de casa, carência de tempo para subir de posto). O teste de confiança estaria garantido pelo recrutamento interno. Essa questão perpassa tanto "pessoas com deficiência" quanto "pessoas sem deficiência".

Diante do problema evidenciado, da promoção como uma manifestação latente e que pode aflorar no ambiente de trabalho, os empregadores se agarram em dispositivos que garantiriam uma cisão entre a subjetividade (agir pelo coração) e os momentos de transição no trabalho. Os testes como instrumentos de medição, supostamente objetivos, parecem estar a serviço desta necessidade. O teste é usado como dispositivo para não perder a razão – medo de perdê-la (não agir com o coração), se transformando em pressão interna. A adaptação do projeto, do sonho para o futuro se daria por meio de intermediários, de figuras metafóricas. As construções psíquicas se conformam (moldam) via negatividade radical. Uma fissura entre prazer (bem-estar pelo investimento de afetividade) e trabalho (mal-estar, um investimento de agressividade) se instala. Contudo, se ocultam no mundo vivido, das relações grupais.

Surge no grupo a metáfora do "perder o controle" sobre o desejo. Um descontrole sobre as perspectivas, sobre o futuro, sobre as realizações, sobre as possibilidades, sobre o sonho, sobre o "ganhar mais dinheiro", sobre o ter mais status. Estaria traduzindo toda essa dimensão do "fora de controle" e desperta o medo do descontrole. Surge a necessidade da disciplina. Essa estratégia envolve certas doses de rigidez: a tolerância à rotina, a submissão à hierarquia, a sujeição às regras (lei) institucional. Descuidar disso, poderia colocar em risco a organização, seria perigoso demais para o cotidiano da empresa. Por outra via de análise, despertar o desejo poderia gerar a expectativa das pessoas e, como consequência, a desmotivação:

> *Carlos – E de repente o que aconteceria se você gera uma expectativa nas pessoas, o que poderia acontecer?*
> *Suzana – Desmotivação!*
> *Carlos – Desmotivado. E a pessoa sem deficiência, como funciona a expectativa dentro da empresa? Como funciona a pessoa sem deficiência?*
> *Suzana – Parece que eles questionam mais...*
> *Carlos – É? De que maneira eles questionam?*
> *Suzana – Te cobram. Ah, eu estou aqui há 3 anos e sou serviços gerais?*

Nesta questão complexa, os emergentes se contrapõem: a promoção (carreira) e a estagnação estariam, ambas a serviço do ataque às possibilidades de se pensar deficiência e o trabalho. Na distinção entre deficiência física (permitida o ingresso/ é possível a ascensão) e deficiência mental (impossível o progresso), a avaliação cognitiva funcionaria como um dispositivo de legitimação/ justificação dessa lógica/estereótipo. Os fatos em si revelariam uma verdade, passível de generalização. Mas a heterogeneidade do grupo permitiu outras entradas: numa outra dimensão, um participante é porta voz da possibilidade da diversidade, de uma realidade menos monolítica, na qual a deficiência física, nesse caso atrapalharia. A deficiência mental estaria no campo do possível e a deficiência física, o contrário.

Na espiral dialética, o grupo volta à metáfora do cobrador (de impostos?), pela "função fórica", antes trazendo o sentido "do que era estigmatizado", agora, com a representação "daquilo que não é":

> Beatriz – *Você sabe o que eles falam? Cobrador **não** é profissão, motorista é profissão.*
>
> Beatriz – *Mercado mais amplo, acho. Na cabeça deles, o que é cobrador, **não é** profissão, serviços gerais, **não é** profissão, faxineiros **não é** profissão, eles querem profissão.*

Esta metáfora é ampliada ainda mais na figura do caixa de supermercado: por um lado, atingir o posto de caixa é o sonho da função subalterna (do empacotador). Por outro lado, é o pesadelo de quem alcançou este sonho. Para lidar com dinheiro é preciso lidar com a velocidade necessária aliada a uma atenção constante. Para ser um bom caixa, não se pode dispersar a atenção com outras coisas. Aumenta a pressão (cobrança) interna e externa. Interna: no final do dia, as distrações podem "custar muito caro", as entradas e saídas de dinheiro devem "bater" senão, quem bate a cabeça ou, "quebra a cabeça" para usar a expressão dos próprios caixas, é o indivíduo. Aqui, o grupo retoma a figura da cobrança, "aquilo que não é", interfere na tranquilidade. "Aquilo" que está apaziguado (encoberto) e não deixa emergir as tensões que foram banidas.

> Júlia – *O empacotador, **a vaga que eles querem é no caixa**. O maior número de funcionários é no pacote, então é uma loucura, a molecadinha só pode mudar de função com 18 anos. Então não vê a hora de ter 18 anos para mudar, para ir para o caixa. Mas se surgir vaga de repositor eles participam, eles estão lá. Se surgir vaga, então eu fiz esse tipo de pré-seleção, com prazo de inscrição, não limita, entendeu, sempre tem um "quezinho" aquela pessoa, participa da seleção, é lógico, vai ter entrevista depois, então ela precisa passar nos testes, então é o único*

jeito, o único modo que eu vi pra que o coração não fale mais alto, para que a gente seja justa com todo mundo. É lógico que tem a entrevista individual, comigo, depois com a encarregada, a gente troca ideias, o que aquela pessoa (***) o processo lá. Agora os deficientes "C", eles quase não participam, ou melhor, não participam de promoção, eles não querem, dificilmente perguntam alguma coisa. Por exemplo, no Gama eu tenho dois, a "K" e o "Z", são ótimos, uma graça! O "Z", os clientes o adoram, é super simpático, conversa.

Carlos – O que eles fazem?

Júlia – São empacotadores! Então o "Z" vai conversar com você, é "meu querido, como você está, está tudo bem", ele é super simpático. Ele é uma pessoa, apesar da deficiência dele ser mental, ele daria certinho para trabalhar como repositor. É uma pessoa que sabe lêr, ele é interessado, ele conhece o produto, ele já está na empresa há mais de 2 anos, então como repositor eu acredito que ele daria certo, porque ele conhece, e é uma pessoa fácil de adaptação, mas ele não se inscreveu, ele não quer participar, ele não pede para aumentar, a gente respeita.

Ao Trazer essa metáfora para a luz dos sentidos, a figura do caixa vai carregando (portando e transportando sentidos) e o grupo vai presumindo a ligação com o elemento de desconfiança "em si", de uma função estigmatizada. Como conceito, a figura do cobrador, no grupo, vai alinhavando possibilidades de expressão banidas/excluídas, como se fosse uma fronteira que expressa uma função intermediária e que cumpre uma "função fórica", ou seja, porta e transporta conteúdos negados. Liga e desliga forças antagônicas; agrega sentidos e desagrega elos/laços de identificação (ex-cobrador não é aceito; não é profissão – gera suspeitas a priori); articula e alinhava o que não é – ex-servente; ex-cobrador; etc.

A discussão envolvendo o trabalho e a deficiência ganha contornos de depositária do sonho de idealização do mundo do trabalho: estaria disponível como ponto de passagem entre a **paz imposta**, como uma fantasia de tranquilidade, para as tensões do mundo do trabalho, como se isto, pudesse garantir o apaziguamento. Nesse universo idealizado, os conflitos estariam relegados ao campo do impossível (sob controle, não elaborado, não pensado) e a cobrança estaria representada pela **tensão eminente** (que é passível de descontrole, que está no campo do possível). A pressão que aparece como emergente (pressão interna e externa) é uma figura que reúne e desagrega forças antagônicas e se expande na imagem do cobrador: Ele seria não confiável. Não sendo profissão, o representante dessa função não seria eficiente e essa função não seria almejada. E continua alinhavando vários outros sentidos, negados pelo grupo e colocados no nível do impensado, daquilo que foi recalcado. Estaria representando a insatisfação e a cobrança/ pressão. O caixa estaria revestido deste conteúdo: de sonho e de pesadelo:

> Júlia – Ali a rotatividade do Gama no caixa é maior, então bate recordes, por "n" motivos, primeiro porque é dinheiro, é salário, a carga horária é pouca, por isso o salário é menor, então são 6 horas de trabalho só, e o volume de clientes é muito grande e as pessoas **acabam saindo mesmo porque não aguentam, não aguentam o trabalho** e o índice maior, aliás proporcional ao número de funcionários, tem 400 funcionários naquela loja, eu tenho 13 pessoas afastadas com LER que é (***) são caixas. O pessoal acaba querendo sair, chega uma hora que eles não aguentam mais. Então é onde surge mais vagas, consequentemente, sai do caixa, abre o recrutamento interno, o pessoal se inscreve ou sai...

Começa a se desenhar uma imagem idealizada da "pessoa com deficiência" boa para o trabalho: do **deficiente carismático**. Esse desenho teria os traços marcados pela superação da própria deficiência. O bom "trabalhador com deficiência" é aquele que se esquece que é deficiente. O esquecimento da deficiência estaria ligado à capacidade de igualar o comportamento a uma "pessoa sem deficiência". Este feito parece ampliar suas características. Talvez uma outra pessoa sem deficiência, que apresenta as mesmas características, não fosse considerada **carismática**. O "carismático" está associado a "alguma coisa" que está além "daquilo" que é esperado. Uma transposição, "um além dele", que viria por acréscimo:

> Júlia – Faz tempo que não tem comentários, a gente trabalha, a gente trabalha com carta expressa, faz tempo que não tem comentários, mas há um tempo atrás houve uns comentários, mas comentários bons, de que realmente a empresa estava ajudando com a parte social. A parte social, isso é importante, inclusive eles adoram. São muitos carismáticos mesmo, até parece que eles querem se superar, o atendimento deles, eles querem ser diferentes dos meninos. A "K" mesmo, é do Gama, a "K" é uma **pessoa muito carismática**, é muito dedicada no trabalho dela, para falar a verdade não parece ser deficiente e ela conversa com todo mundo, pega a vassoura e já sai varrendo, cata aqui, vai ali e faz pacote, o pessoal gosta, tanto que a gente até esquece que ela e o "Z" são deficientes. Na verdade a gente fica até com medo de falar que eles são deficientes, na verdade parece que os outros meninos é que são deficientes, porque não podem fazer isso que dói às costas, não pode fazer aquilo porque... e ele não tem medo de nada, nesse sentido o cliente gosta.

Nesse contexto, os sentidos percorrem também a ideia da deficiência que desperta o desconhecido, que assusta e que fragiliza:

Júlia – Eu acho que está quebrando alguns paradigmas, porque quando você fala em deficiente, a pessoa já imagina assim, ou um deficiente mental mesmo de último grau, aquele assim que não faz nada, depende de todo mundo ou físico que precisa se arrastar, então eu acho, vamos imaginar assim, quando fala de deficiente, de repente assusta!

Superar a deficiência estaria na mesma função de negar a deficiência. O esquecimento da deficiência seria um trabalho psíquico de encobrir os sinais (as marcas) da velhice (as marcas da morte). Nesse movimento, de apagar a visibilidade da deficiência, de não considerar a **aparência,** estaria a serviço de valorizar a **essência**? Colocar a pessoa com deficiência no trabalho, "para além de" aquilo que ela é, colocaria a deficiência ligada à representação da morte; como exclusão da participação social; como indisponibilidade do trabalho como organizador psíquico, superação no nível do corpo e cultura da vaidade, do belo, encobridor da morte, é como se deficiência devesse estar sempre distante.

O corpo começa a se configurar como um eixo importante para o processo grupal, que conduz o grupo por entre os sentido possíveis. A presença da deficiência no trabalho evoca um contraponto do "corpo mole" com um suposto "espírito de corpo".

O **"Corpo mole",** como figura simbólica, estaria representado por aquele que não faz nada, ou não faz direito. Esta ideia estaria relacionada ao corpo adolescente, que reclama. Esta representação, no grupo, está associada ao não-deficiente. Neste momento, a deficiência estaria negando esta tendência adolescente, de intransigência, em relação à disciplina necessária para o trabalhador. Estaria ligada à ideia do "corpo não suado", do "corpo que dói".

Na outra margem, estaria a figura do **"Espírito de corpo"**. No plano Simbólico, as pessoas com deficiência se esforçam e se superam. Elas **incorporam** a paz imposta e negada pelo corpo adolescente. É aqui que o corpo introjeta a filosofia institucional do trabalho (o corpo: masculino, suado, forte, trabalhador). A ideia de **corporativismo** traz como resultado o projeto de "um só corpo" e "um só espírito". Quando usamos o termo **corporação,** pensamos na instituição reproduzida em cada um dos seus indivíduos. Em cada detalhe, a pessoa fala em nome da instituição. Essa ideia registra a necessidade do corpo que não pode ter falha, um molde perfeito, sem arestas. Por exemplo, o modelo militar, tem na sequência: fardamento, cabelo, corpo, disciplina, comportamento: todos "uniformes". A "ordem unida" é simbolizada pela marcha "uniforme" e "uníssona". Um único corpo e um único som dos passos ao chão de malabarismos com as armas. Esta seria a versão material do objetivo de "pensar como o grupo". A "formatura" diária educa o grupamento dos corpos, ou seja, ao colocar em forma os corpos separados, como um único corpo, institui um trabalho psíquico de "espírito de corpo". Do uniforme (externo) para a uniformidade, a corporação estabelece a ordem e equalisa as diferenças, estabelecendo a hierarquia e a sujeição como pilares institucionais. Se olharmos para um, veremos o outro.

O grupo retoma um emergente do primeiro encontro: o privilégio. Neste ponto, o foco se inverte. O grupo usa agora a figura do "cliente de fora" decidindo o que ocorre dentro, definindo as ações internas. O problema se concentra ora na competência (corpo danificado, incapaz de produtividade e de qualidade), ora na aparência (o corpo marcado, o que revela o inválido). O problema assume uma dimensão nova, é o cliente: ele não aceita de jeito nenhum, ou o cliente aceita ou rejeita, baseado no **estigma** ou na i**dealização**. Essas dimensões foram evidenciadas a partir de "um porta-voz": uma empresa que prestas serviços:

> Vagner – A Ômega é bem diferente, porque você promove a pessoa, para você mesmo, e eu dependo do cliente. Então normalmente **o cliente não aceita as pessoas assim, de jeito nenhum, então você não pode colocar uma pessoa dessa** como copeiro, **porque o cliente não aceita**. Porque vai ter contato com as... eles acham que não...O senhor é diferente, você promove a pessoa, negócio, está ali dentro, é diferente.
>
> Vagner – Provoca. Por causa disso que eu dependo do cliente, principalmente nessa área do deficiente, é muito difícil, eu não falei para você que estava com uma dúzia esses tempos atrás, dos doze tinha dois, um rapaz e um menino, deu trabalho pra danar. (***) na 2ª feira – vizinho onde ela estava? Com o pai dela em Pederneiras...Então como é que a firma vai para frente tendo um funcionário como este? Não tem como... Se a família faz, aprende tudo certinho por três meses, aí a firma tem razão, pode eliminar?

O processo grupal retoma outro emergente anterior, a cobrança e a pressão sentida, agora vinda do cliente que contrata os serviços da empresa. A prestadora de serviços assume e incorpora o peso da decisão acerca da deficiência e do mercado de trabalho:

> Carlos – E o senhor como funcionário, qual é a cobrança que cai em cima do senhor? Como funcionário da empresa que tem que lidar com essa situação.
>
> Vagner – Ah é Bastante viu! Ter que cuidar daquela pessoa, ou é dos colegas de trabalho...
>
> Carlos – E qual providência que é feita no caso dos problemas que o senhor enfrenta?

> Vagner – Discriminação. Os clientes não aceitam colocar uma pessoa lá dentro. Se essa pessoa começa a faltar, o companheiro fala, mas ele ganha igual a mim, como ele pode faltar, pode sair mais cedo, pode sair mais tarde, você procura lidar com aquela pessoa para não agir com o coração, como ela disse, não tem mais como, o seu superior fala, ou vocês dão um jeito, como vai ficar assim, não tem como. Por isso que eu digo pra vocês é mais diferente.

A discussão percorre os sentidos de **confiar e desconfiar**. Confia-se para que se cuide do dinheiro, em pessoas cuja aparência não contenha deficiência:

> Beatriz – Eu acho que banco o que manda é a aparência. (silêncio) Você não vê uma pessoa trabalhando de qualquer jeito...
> Débora – nem pessoa feia...Todo mundo está bem vestido.
> Beatriz – Então é aparência e o deficiente entra o quê? Aparência.
> Carlos – E qual o sentido pra nós, o que isto representa para nós? Banco o que é, e porque a aparência?
> Beatriz – Porque banco está tudo certo, não tem erros, está tudo certo.
> Débora – Não tem nada imperfeito.
> Beatriz – Não tem nada imperfeito. O seu dinheiro aqui é cuidado com toda a perfeição do mundo.
> Carlos – Então quer dizer que a deficiência...

O foco é dirigido para a questão da gestão da deficiência e da gestão do imaginário dos trabalhadores do banco. A deficiência estaria vinculada à ideia de incapacidade de julgamento de situações envolvendo dinheiro. Se for sobreposto a **função** "pessoal da limpeza" com o **atributo** "deficiência", teríamos a suspeita formulada em termos intoleráveis. Caso haja roubo, a deficiência se liga à incapacidade de discernir. A deficiência e o **gênero** ampliam a suspeita e prometem dar mais trabalho. O problema potencial está fundamentado na certeza de que, ele não saberá se defender dessa acusação (do roubo), que está inerente à função da limpeza (sempre é suspeita em potencial) e ampliada por questões de gênero (mulher) e deficiência (mental). A imperfeição na capacidade de discernir o que é a **lei** no banco, ou seja, a **lisura** no trato com o dinheiro, impediria, *a priori*, a contratação de pessoas com deficiência. Não se pode pegar nem um tostão e esse valor se estende para outros objetos:

> Vagner – É um caso muito grave, veja bem aconteceu um fato de sumir alguma coisa, ah a responsabilidade é em cima de quem? Sempre em cima do pessoal da limpeza. Isso é fatal, nos bancos, é fatal. Sempre aquele que primeiro vai ser classificado é aquela pessoa ali, até que prove ao contrário que aquela pessoa não mexeu ali, foi outra pessoa

> *que pegou. Então é isso aí, eles acham que a pessoa é deficiente é pior ainda, não tem nada contra, mas eles não aceitam, não sei se é ordem do gerente dele lá, sei que eles não, mas essa é a realidade muito caso por aí, de sumir coisa, a pessoa nem viu, coitada da faxineira, nem passou naquele local. Foi a faxineira, foi a faxineira! Repreende a faxineira, a firma, no meu caso, eu estou numa empresa, a faxineira em outra, eu tenho que levantar os dados para depois, se provar que foi ela tudo bem, troco, ponho outra no lugar e volta a coisa no lugar e tomo providência. E se não foi ela, e defende aquela pessoa, sei lá, acho que é da faxina, acho que tem qualquer coisa, sei lá. Estão prevenindo para não ter aquela pessoa ali dentro. No shopping eu tenho 2 ou 3 lá que são melhores que as outras, mas não me dá trabalho, mantêm horário, mantém o dia certinho, faz o serviço certinho, acompanha tudo, não responde ao encarregado, olha parece que nem existe aquelas três meninas lá.*

Estariam firmados os alicerces para os estereótipos de "a ocasião faz o ladrão". O grupo de suspeitos, que não devem ser contratados, pois evitaria o erro, faz com que, cliente e empregador, "não olhe com bons olhos" e, a deficiência estaria intimamente relacionada a este grupo, suspeitos, antes de mais nada.

Quando o grupo tenta migrar para outras possibilidades, para além da gestão do dinheiro, volta a ser discutida a questão da aparência. Se puder encobrir a deficiência e "enganar o dono da empresa", a pessoa com deficiência escaparia dessa primeira marca que instala um estereótipo/preconceito. Se a aparência está prejudicada, a competência também estará prejudicada. Como confiar o dinheiro a um banco, se este não estiver bem representado por uma pessoa perfeita? A deficiência "só na fala" esconderia a deficiência no caso da pessoa que faz limpeza no *shopping*. O processo grupal constrói um elo entre corpo, honestidade e competência. A questão envolvendo o corpo, a honestidade e a competência estão misturadas. O grupo Está diante de uma armadilha: um **corpo deformado**, uma **honestidade suspeita** e a **competência** colocada em **dúvida**. No nível da crença, não há espaços para verificação dos fatos. Nesse limite, cargos superiores estão apartados das possibilidades das "pessoas com deficiências".

> *Beatriz – Mas é por isso que eu digo, a maior parte dos deficientes já tem um tipo de cargo, os mais operacionais, mais humildes, mais baixos, dificilmente você vê um deficiente num cargo superior. Então se você entra em um ônibus e vê uma pessoa que tem deficiência nas pernas como nos braços: Nossa que legal? Mais se você vai num banco, se vai ver o gerente com deficiência...*

> Suzana – *Aquela palestra que nós tivemos na OABeatrizcom o procurador, corregedor, que é deficiente, é cego.*
> Carlos – *O procurador é cego?*
> Beatriz – *Mas ele é procurador, é o quê, concurso. Então ele passou num concurso, é diferente.*
> Suzana – *Mas ele é cego. Eu acho que as pessoas...Eu pelo menos acho muito legal.*
> Carlos – *Porque você acha legal?*
> Suzana – *Porque assim prova o contrário que todo mundo diz, que é incapaz, que não pode, pode.*

O promotor é cego, tem curso superior e passou em concurso. O cego pode ser promovido? Seria ele mais confiável? Estaria sua ação limitada porque depende do outro? Ele não vai poder roubar; a cegueira impede que ele seja vigilante das coisas?

A aparência não atinge só a questão da deficiência. Ela se estende também para a mulher que é casada, que corre o risco da gravidez e para o homem com deficiência, para o negro, envolvendo questões de cor da pele e gênero.

> Beatriz – *Só voltando um pouco, o que eu falei da aparência, em muitos locais o que conta é a aparência. Eu trabalhei numa empresa no Paraná, eu precisava admitir uma telefonista, e eu tinha uma pessoa negra que era excepcional. E foi assim, ela era negra. Então essa questão da aparência realmente pega em determinadas empresas quando diz respeito ao deficiente.*
> Carlos – *Interessante a telefonista, porque telefonista geralmente é uma pessoa que não fica exposta ao contato.*
> Beatriz – *Mas ela sobe. Entra como telefonista, pode passar para recepcionista, vai subindo, entendeu, não é telefonista estagnada. Então uma pessoa com deficiência, de jeito nenhum.*
> Carlos – *É uma coisa que está nos princípios de moral, o que é que define uma pessoa competente, não competente, passa por alguns critérios pré-estabelecidos.*
> Beatriz – *Não é questão de competência é questão de aparência. Competente, é competentíssimo.*
> Carlos – *Então quer dizer, tem algum elemento aí que não deixa a pessoa nem se quer comprovar sua competência e você trabalhava nessa empresa, você tinha que fazer de acordo com os princípios da empresa. O que vocês pensam dessa...*

Nessa dimensão, o **corpo belo** é um fenômeno bastante visível em nossos tempos. Na questão do trabalho, a estética, por vezes, parece vir antes da competência. No caso da deficiência, aparecer pode estar inscrito na permissão ao trabalho. Estaria a deficiência ligada a uma visibilidade obrigatória? Ou, por outro lado, estaria condenada a desaparecer, não estando permitida sua aparição? Na questão da cor da pele, barra-se antes da entrada no mundo do trabalho. Na deficiência cria-se todo um dispositivo para que o estereótipo funcione na inclusão para negar esse medo dessa possibilidade "do outro como concorrente, como adversário". Para poder ser possível o ingresso na mundo do trabalho, tem que ser o deficiente que se ajusta, deve estar preparado para o mercado de trabalho: ser dócil, não beber, não faltar, não fazer corpo mole, não reclamar.

Encontro 4

Luto no processo grupal: a solidão do mundo do trabalho

No quarto encontro, o grupo manifestou, certa nostalgia pelo final do processo grupal. Após o agradecimento, feito pelo Coordenador, no início do encontro, os participantes começaram a construir uma delimitação entre "o dentro" do grupo e "o fora" do grupo. O agradecimento, pela ajuda na construção do trabalho de pesquisa, foi a ponte para a passagem para o emergente "prazer pela filiação, pelo pertencer ao grupo".

> *Débora – Eu acho de uma forma geral, assim **muito prazeroso**...*

Nessa construção de um sentido para o agrupamento, foi sendo estabelecida uma distinção entre o "dentro", os seja, "o nós" e "fora", o "eles". Os qualificadores atribuídos ao grupo foram: consciência, amadurecimento, responsabilidade social, privilegiado e autonomia.

> *Débora – (...) mas só que, uma coisa assim que eu estava perguntando também: É assim, parece que **o grupo já tem uma visão** assim: **mais consciente, mais preparada**, aceitável do deficiente, para ver o que é possível fazer por ele, levando em conta o interesse da empresa e também o bem estar da pessoa. Então, é um grupo assim que dá a impressão que é **privilegiado, que está vendo além** (...)*
>
> *Júlia – O nosso grupo é **maduro, sabe das responsabilidades**, sabe que é importante. E vai em frente. Como eu disse na outra vez na semana passada é... No caso a gente trabalha com uma equipe **autônoma**, e eu não tenho encarregado mas eu acredito se eu tivesse, eu também trabalharia na mesma linha minha e a empresa **não tem preconceito** (...).*

> Daniel – **Privilegiado**, que realmente de acordo com as necessidades de discernimento das pessoas com deficiência e também das nossas, vocês mais do que nós (...)

Diante desse emergente grupal, o grupo começa a atribuir um sentido à participação no processo que estava sendo encerrado. Com a explicitação de um sentimento de descontentamento com a política de cotas, o grupo começou a estabelecer uma distinção, estendida, do dentro do processo grupal (espaço livre para pensar) e o fora, na realidade da empresa (espaço de imposição, de fiscalização). Este espaço de reflexão (de grupo) parece ser possível a explicitação das possibilidades, que ficariam implícitas, inomináveis, impensadas, impossíveis no plano real, na realidade do trabalho. Estaria o grupo, a serviço da fantasia da liberdade e da alteridade, enquanto que na empresa, seria o lugar da competição e da imposição. A passagem entre este dois lugares, entre estes dois tempos, seria a tensão. Ela se manifesta tanto no grupo quanto no trabalho. Por um lado, a fantasia permite o sonho da solidariedade. Por outro lado, a realidade evoca, no mesmo tempo do processo grupal, a solidão, o abandono. Fernandes (2005) nos leva a pensar no tempo do grupo atravessado pelo tempo do não-grupo:

> *Assim, o criar ocorre apoiado num eixo diferenciado daquele no qual a vida escorre superficialmente enquanto realidade. Ou seja, o tempo vertical do poético recusa o tempo horizontal organizado enquanto duração. A realidade, na vigília, é um motivo de ordenação. Obriga a vista a esperar pela fala, o que resulta em pensamentos objetivamente coerentes. Assim, fala-se o que se vê e se vê o que se fala. No sonho, ao contrário, imagem recorrente, é a desordenação dos tempos que permitirá os deslocamentos para fora do campo da realidade cotidiana, para se mergulhar nos mistérios do oculto, fonte de criação. É sobre o movimento de reordenação desse material desalinhado, do tempo perpendicular ao tempo transitivo, ao tempo do mundo e da matéria, que se pode dar a consolidação da atividade que institui o sujeito já desembaraçado e não mais entregue ao arrebatamento do tempo transitivo (p. 91-92).*

O grupo se pergunta sobre o que fará:

> Beatriz – Como é que nos vamos trabalhar na empresa? A partir da experiência deste grupo?

Um emergente retorna, antes dos momentos de finalização. A deficiência negada, passível do esquecimento, parece anteceder a cisão entre o tempo do grupo e o tempo do mundo:

> *Suzana – Essa semana eu vivenciei um acontecimento, bem legal, confirmando aquilo que eu vejo, e já tinha colocado aqui. A gente não vê a pessoa como deficiente, é um funcionário normal como outro qualquer. Então a gente aumentou na área é... Da goma (chicletes) e a empresa não permitiu contratar alguém pra ajudar a pessoa que faz a pré mistura, o aroma nos chicletes. E aí veio o encarregado e falou: olha ela não estava dando conta, eu peguei o fulano e, coloquei para ajudar ela. E eu fiquei pensando: Que bom. Porque o fulano é uma pessoa que veio da SORRI, **mas acho que as pessoas não lembram mais se tem ou se não tem deficiência**. É um crescimento, porque ele vai ter uma oportunidade de mudar de cargo, ter uma promoção, e assim naturalmente ninguém precisa ficar óh manda o fulano, para vê se ele se adapta ou não, porém é automático, então quer dizer...*

Nesse vão, do invisível, a deficiência no trabalho é tolerada e esquecida, podendo-se pensar para além da mera inserção, podendo-se pensar na promoção.

Mas o grupo, na evolução dos significados que foram produzidos, foi ampliando as formas de se caracterizar a deficiência e, por extensão, as maneiras de pensar o mundo do trabalho. Sobre esse efeito, Fernandes (2005) nos exorta sobre,

> *Ora, a partir deste caminho perguntamo-nos: há lugar neste panorama para se atribuir ao indivíduo a produção de uma subjetividade singular? Qual o trajeto de uma psicologia social e de uma teoria de grupos", no sentido de contribuir para a compreensão da constituição do sujeito psíquico? Nestes termos os pequenos grupos constituiriam lugares privilegiados de ressignificação? (p. 92)*

O grupo vai se despedindo reafirmando o aspecto da dificuldade da realidade, e se afastando das possibilidades de mudança, já que, "se faz tudo o que se pode".

CAPÍTULO 5

CONSIDERAÇÕES FINAIS

A relação da deficiência com o mercado de trabalho se apresentou no **PRIMEIRO ENCONTRO grupal**, marcada pelas categorias rivalidade, competição, depreciação e ataque. Os emergentes do processo grupal apontaram para uma dicotomia entre a categoria dos **não-deficientes** e a categoria **dos deficientes**. Aos não deficientes, o trabalho representa um ambiente carregado de sofrimento e sem nenhuma proteção, inclusive para os participantes do estudo, os responsáveis pelas decisões de contratação e demissão. O sentimento capturado no primeiro encontro atribui, aos trabalhadores com deficiência, parcela dos efeitos sentidos pela insegurança vivida no mundo do trabalho. Seriam os trabalhadores com deficiências os depositários de toda a injustiça experimentada pelos trabalhadores em geral. A deficiência estaria relacionada com a improdutividade, gerando categorias de pessoas dentro do universo de produção, que não se limitaria à deficiência em si, externa (fora) ao trabalho, mas que abarcaria as dimensões do envelhecimento e do acidentar-se, sendo visto internamente (dentro) na própria empresa.

É possível identificar também, como elemento importante no sentimento compartilhado, a suspeita (dúvida): Será que a pessoa com deficiência estaria realmente em situação de desvantagem e precisando de proteção? A suspeita parece despertar indícios de uma proteção que pode ser avaliada como **privilégio**. Os emergentes sugerem os atributos **aproveitador** e **malandro** às pessoas com deficiência. Essas tentariam ingressar no mercado de trabalho, nas brechas abertas pelos discursos sociais e impostas pela legislação. Essa ideia surge nos pontos de encaixes do discurso grupal. Essa construção intersubjetiva abre espaço para que se ventile a possibilidade de que a pessoa com deficiência não seria de fato deficiente. Elas estariam na eminência de serem eficientes em tirar vantagem da condição de deficientes. Esta representação grupal sugere uma operação grupal no sentido de manejar as fantasias de onipotência e impotência (PICHON-RIVIÈRE, 1998), como formas de projetar, na pessoa com deficiência, a dimensão onipotente (ameaçadora que tudo pode "em tese" – o presidente da República, por exemplo), ou a impotência, como mecanismo de o paralisar (a pessoa com deficiência) na sua "potência" de revelar os pactos que sustentam a empresa funcionando.

Nessa tentativa de direcionar os resultados e encadeá-los no processo diacrônico de analise, é possível apoiar os achados neste encontro, nos conceitos de alianças inconscientes e de pactos denegativos, articulados com a noção de ideologia que se constrói no interior das instituições e que remete à ideologia posta pelas políticas públicas de inclusão das pessoas com deficiências. O grupo experimentou um momento denominado por Kaës (1997) como fase de grupo ideológico. Neste ponto, todos os participantes são de RH, todos sofrem, todos estão abandonados. Segundo a sustentação teórica deste conteúdo observado, no início, toda a formação grupal depende deste momento ideológico para se organizar. Nesta perspectiva, sentirem-se iguais garante o pertencimento e a noção de continuidade psíquica é uma necessidade. Somente a partir desta organização é que o grupo poderá ser abalado, experimentar momentos de separação. Um exemplo, no processo dessa primeira sessão, é a discussão que teve como eixo a separação entre a empresa pública e a iniciativa privada. A organização grupal, nesse momento, se processa por meio da empatia e da liberdade de se pensar a questão da qualidade na prestação dos serviços, como uma experiência possível no setor público. Esta ideia poderia ampliar a compreensão daquilo que estaria nos limites do impensado, portanto do impossível, na empresa privada. Percebemos, nesse momento, um significado que transita nas esferas público e privado, de que a verdadeira inclusão, ou nas palavras de um participante *"uma inclusão eficiente"*, precisa considerar o sentimento de produtividade experimentado pela pessoa com deficiência (e também pelos trabalhadores sem deficiência). Caso isso não ocorra, a simples colocação, que cede às ideologias postas nos conceitos e ações "inclusivos", levaria a uma "inclusão deficiente".

Dessa forma, ao finalizarmos as considerações do primeiro encontro, tentaremos amarrar alguns pontos.

Identificamos uma cadeia associativa grupal na qual foi se produzindo representações variadas sobre a noção de deficiência inserida no mundo do trabalho.

A pessoa com deficiência estaria, numa **primeira** aproximação elaborada pelo grupo, ligada a uma carga afetiva com a função de sustentar o grupo no sentido de um mútuo apoio. Esta sustentação entre eles estaria a serviço de aliviar o que estão vivendo como trabalhadores sem deficiência: Solidão e abandono nos setores de RHs.

Num **segundo** momento, aparece a pessoa com deficiência como alguém que se tem que encontrar um lugar para ela na sociedade, especialmente nas empresas. A lei exige, antes de mais nada.

No momento seguinte, a pessoa com deficiência aparece como privilegiada. Neste ponto, a cadeia associativa que vai ligando as representações do grupo, que se expressa através de múltiplas transformações que estão se dando em torno da temática proposta, a deficiência no trabalho expressa duas versões opostas. Por um lado, a deficiência é vista pelo prisma da **exclusão** e, por outro, o foco que recai sobre ela é de que a pessoa com deficiência teria **privilégios** e ameaçaria as pessoas sem deficiência em seus empregos. Esse movimento apresentado pelo grupo vai descolando um primeiro significado de deficiência e trabalho, formulado de uma certa forma em um momento e reorganizado em outro, de maneira diferente. Para que ocorresse essa passagem, o grupo teve que construir uma representação: de uma pessoa com deficiência **competidora** e **privilegiada**, ou seja, um **adversário** em potencial. O problema posto é que: a pessoa com deficiência é um adversário que não pode ser explicitado, com o risco de as pessoas sem deficiência serem postas no lugar social de reacionários, que querem expulsar a pessoa com deficiência do trabalho.

Finalmente, nessa passagem do excluído para o adversário, o grupo tenta construir a ligação entre representações opostas, tentando explicitar essa fantasia de que, se for assumir que a pessoa com deficiência é meu adversário, eu vou cair em uma categoria "preconceituoso, reacionário, politicamente incorreto". Estariam postos aí, segundo uma avaliação dos conteúdos iniciais, os elementos para uma **falsa inclusão**, ou como disse um participante, **uma inclusão deficiente**.

No **SEGUNDO ENCONTRO** os pontos que acenam para a continuidade do processo de reflexão da deficiência e do trabalho percorrem um percurso entrecortado por emergentes que ampliam e aprofundam os pontos anteriormente acentuados. O eixo condutor que mantém o espaço interpsíquico interligado se constrói a partir de um fantasma que assombra os trabalhadores, a díade pressão/cobrança encontra sua expressão no sofrimento que é sentido e, paradoxalmente, precisa ser ocultado. Nessa relação, a análise nos permite transitar pelas figuras metafóricas evocadas pela ideia de pressão. Os participantes sofrem pressões diferentes, originárias de focos múltiplos: de fora – vindas do patrão, dos clientes, das pessoas sem deficiências; de dentro (internamente) das ambiguidades psíquicas, dos sentimentos ambivalentes em relação à própria conduta em relação às estratégias para lidar com as demandas do mundo do trabalho. Uma interpretação aproxima a figura da pressão com o imaginário que nos obriga a pensar em um problema de saúde pública, que aumenta em ritmo assustador em funcionários de alto escalão nas empresas: as doenças cardíacas expressas popularmente por problemas na regulagem interna da "pressão arterial". A cobrança intensa, desumana, que não pode ser elaborada (porque deve ser assimilada) vai sendo depositada na figura do "cobrador" como uma região fronteiriça. A Cobrança estaria sendo pensada via cobrador, ou seja, a metáfora pela qual são alinhavados os sentidos negados: Produtividade (dinheiro acumulado), gestão dos desejos (controle do impulso de roubar; raiva de ser roubado).

Esse eixo é deslocado para pontos de encaixe no espaço vincular. No intercurso, emergentes anteriores funcionam como espaço intermediário para se trabalhar os sentidos da relação trabalho e deficiência. Um deslocamento identificado neste encontro traz para a superfície do espaço compartilhado, a idealização da pessoa com deficiência. Como nos aponta Amaral (1995), a pessoa com deficiência só poderia ser aceita em situações extremadas, nas quais, elas se enquadrariam nos ideais de herói ou de vilão. Esta elaboração da imagem da "pessoa com deficiência" vai sendo ampliada, e vai esbarrando nas questões de gênero (homem tem o corpo para o trabalho – o corpo forte; a mulher não tem o corpo para o trabalho - corpo sensual, frágil). Esta espiral vai sendo dilatada, e a lista das figuras que servem de representação para o indesejado no mundo trabalho vai sendo deslocada para o ex-cobrador, o ex-presidiário, o ex-servente, aquele que mora longe e em cidade pequena. A pessoa com deficiência deve ser pensada, a partir de leis externas, para aliviar a carga interna, ocupada por demais com outras demandas, a partir de uma cisão entre as pessoas com deficiência que estão trabalhando (minoria) e a pessoa sem deficiência (grande maioria). O comando externo das ações internas estaria determinado pela lei (Cotas), pelo cliente, pelo mercado e pelo discurso social. Este último instaura o problema em lidar com os sentimentos que se confrontam internamente e se instituem no cotidiano do mundo do trabalho, muitas vezes, como atitudes que contradizem o próprio discurso de inclusão, disseminado e internalizado amplamente. Surge, desta forma, a necessidade de se elaborar estratégias para o manejo dos conflitos de aceitação, superação (esquecimento) e negação da deficiência no mundo do trabalho.

As estratégias **organizacionais** passam pela **instituição** de alguns sentidos. A pessoa com deficiência, numa dimensão, instaura a suspeita. O corpo com deficiência não representa bem a empresa, seus produtos e sua instituição. A idealização da pessoa com deficiência traz a paz para os conflitos latentes no trabalho. Uma paz imposta que comporta em si a promessa da eclosão de conflitos ocultados. Esse sinal de paz e de guerra está revelado pela pessoa com deficiência pela contradição dos ritmos (pessoa x máquina) e pela contradição de desejos (sublimação – controle da sexualidade e sujeição ao trabalho x liberação – descontrole da sexualidade e resistência à dinâmica do trabalho).

Na relação trabalho x deficiência encontra, nos emergentes, duas dimensões:

1) Tranquilidade – apaziguar as tensões – as tensões ficam relegadas ao campo do impossível – o limite de ascensão garante a manutenção do tranquilo – o sonho está sob o controle; representação do fracassado, "morto".
2) Tensão – possível – se ele souber que ele deve e pode – despertar.

Cria-se uma zona de conflito – pressão – cobrança – a dinâmica do processo de inclusão está contribuindo para o processo de apaziguamento dessa zona de conflito, inscrita pela dinâmica do trabalho, pelas leis cruéis da empregabilidade, pela desreponsabilização da instituição trabalho em relação a subjetividade dos trabalhadores, cada um faz sua autogestão, se encaixa no dinamismo necessário, ou então, "cai fora" busca outro emprego; a presença de uma pessoa com deficiência no local de trabalho é depositário desses confrontos.

Essa dinâmica da inclusão pode estar excluindo ou minimizando, servindo para o apaziguamento, pode até estar contribuindo em algumas dimensões das empresas, dos empregadores. Do ponto de vista da empresa, a presença de pessoas com deficiências, com todas as questões postas no grupo, pode ser uma forma depositária da tranquilidade, aquele que fica imóvel não vai me cobrar, desde que ele faça direito, desde que ele seja carismático, desde que ele não roube, que não falte, que não beba, que não seja malandro, desde que ele se controle, esse estaria depositário daquele funcionário que não vai incomodar e só responde agradando, agindo para a manutenção da paz contra o ímpeto de reclamar, de manifestar os sofrimentos experimentados – estaria proporcionado um ambiente sereno, improvável diante das vicissitudes do mundo do trabalho, mantidas nos princípios de inclusão; ele nem se candidata, nem se inscreve: ele estaria a serviço da fantasia de perfeição, negada no corpo deficiente e presente na "zona de paz"; No entanto ela não ocorre, fica como se fosse a possibilidade, a ilusão, o sonho da ausência de conflito, fica depositado nessa pessoa com deficiência que deu certo.

O sonho de que acertou "de quem acertou no "Z", ele está incluído, e ele está feliz, e ele não dá trabalho", seria o sonho do chefe, a idealização de todos os funcionários, uma empresa que funciona com uma harmonia tal que todos estejam bem. As promoções ocorreriam conforme a demanda, ou seja, alguém que aposenta, ou arruma outro emprego. A deficiência seria o depositário dos medos de tornar-se deficiente – ou seja, de enlouquecer, de poder vir a ser a pessoa com deficiência, se acidentando, envelhecendo, etc.

No **TERCEIRO ENCONTRO**, uma ideia provoca a necessidade de se inflacionar um pouco a questão da **inserção** de pessoas com deficiência no mercado de trabalho: a **manutenção** do emprego conquistado e as motivações e possibilidades de **ascensão**.

De diferentes pontos, os participantes vão tecendo um panorama dos critérios diversos e do universo de sentidos relacionados à carreira.

» **Rede de supermercados**: 1) empacotador; 2) repositor 3) caixa – possibilidade circunscrita; limitada – função invisível, que não aparece, destinada ao corpo que trabalha (forte, suado, submisso) e que não aparece, que se esconde 4) montador de cestas básicas; 5) parece que outras funções estão banidas da possibilidade;

» **Empresa de transportes coletivos** – 1) lavador de carros (destinada ao corpo que trabalha e que se sujeita à estagnação, resignação – trabalho noturno, rude, água e frio, monótono, repetitivo) 2) cobrador de ônibus – restrito à deficiência mental – destinado ao deficiente físico – negada ao deficiente mental (que pode ser ocultada, por exemplo deficiência nas pernas, nos braços impede a função de manipular o dinheiro) – depositária de sentidos metafóricos – ladrão, negação de profissão, indesejável, impedido de ascensão; 3) Manobrista – que manobra os veículos no interior (pátio da empresa) – função que é intermediária entre não-motorista e motorista; teste de habilidade (manobras) e de confiança (cuida bem dos bens da empresa – função negada radicalmente as pessoas com deficiências – está fora de cogitação "nem pensar" – impossível 4) Mecânico – impossível as pessoas com deficiências – exige uma prova de habilidade técnica e também de confiança (coloca em risco os serviços principais oferecidos pela empresa – transportes urbanos); 5) motorista – cargo de status interno na empresa – tem a habilidade comprovada e a confiança depositada pela empresa – fora da perspectiva, do alcance das pessoa com deficiência – 6) outras áreas – negada – nem aparece como possível – por exemplo, área administrativa – só aparece via outra figura – em uma outra empresa – "a mulher negra solteira sem deficiência" – que foi barrada ao cargo de secretária mesmo sendo excepcional (no sentido de estar super-preparada para a função que almejava);

» **Construção civil** – 1) servente (trabalho braçal – corpo forte, masculino, controlado no desejo de promoção e de sexualidade – interno – e liberado para expressões da sexualidade fora do canteiro de obras – casa e pessoas que passam perto da obra) – lócus de colocação da pessoa com deficiência (preferência pela deficiência mental – negada ao deficiente visual; tolerada ao deficiente físico – muitos como produtos do próprio trabalho na construção civil) 2) técnicos (pedreiros, pintores, serralheiros, marceneiros, carpinteiros, eletricistas, encanadores, entre outros); exige qualificação técnica, parece vir da experiência e não da escolaridade; espaço negado às pessoas com deficiências; está se tornando escasso também para as pessoas sem deficiência à medida que "os bons" estão envelhecendo (envelhecer = incapaz/inválido = deficiente) e as novas gerações não aceitam a função de aprendizes destas funções (trabalho rude, que pode levar o jovem a possuir as marcas/estigmas da deficiência – 3) mestre de obras – destinados àqueles que são confiáveis; a empresa investe em alguns de seus eleitos para confiar uma construção a indivíduos especiais – eles representam a instituição – os olhos do mestre de obras cuidam pela empresa – evitar roubos, distração, desperdício, erros, confusões entre trabalhadores e hierarquia – é intermediário entre os vários níveis – subalternos (serventes) – trabalhadores (pedreiros e outros) – técnicos (engenheiros e arquitetos) – administradores, empresários e clientes (quando a obra está em estágio avançado, quem orquestra o cotidiano de trabalho, com seus riscos, e as visitações dos possíveis compradores, é o mestre de obras) – esta função está negada para as pessoas com deficiências; não é possível atribuir uma ligação, ainda que em perspectiva, entre deficiência e confiança; 4) Técnicos – nível superior – não se pode ligar deficiência e preparação técnica (nesse caso, exigem a formação em nível superior); 5) administrativo – função possível às pessoas com deficiências, alocação dos próprios operários acidentados.

O corpo, nesse encontro, vai transitar como uma esfera em que se prendem vários significados. A masculinidade é concebida como predisposição para o trabalho duro. O homem representa a capacidade de submeter os desejos e de assumir missão institucional, ou seja, de apagar a pressão do trabalho psíquico. As metáforas que se aproximam dessa visão do corpo forte masculino seriam: incorporar, corporações, espírito de corpo, corporativismo.

Outra ideia faz emergir uma importante reflexão; a necessidade do esquecimento, quando o corpo se afasta do corpo ideal. O corpo danificado, pelo envelhecer, seria uma forma de experiência de transformação do corpo que vai perdendo o vigor, se confronta com a figura das pessoas sem deficiência que desejam trabalhar. No plano simbólico, o adolescente que faz corpo mole, que não faz direito ou que não se submete (rebelde) que reclama – é até melhor empregar a pessoa com deficiência porque ele não faz o corpo mole, quando ele está empregado ele quer fazer o melhor: a pessoa com deficiência, nessa visão idealizada, incorpora essa visão de trabalho do ponto de vista – força física – de atenção – de cuidado afetivo com colegas e com clientes – atenção permanente – ordem e disciplina – ou a serviço da paz imposta – do apaziguamento – retorna a questão do não exigir promoção – o problema não é a deficiência em si – mas o estar preparado, ou não. Nesse momento a pessoa com deficiência é algo desejável para o ambiente de trabalho; você não quer nem identificá-lo como deficiente; você tem medo de perceber isso; construir uma imagem importante; estigma – ele mesmo está a serviço do esquecimento da sua condição de deficiente – ao mesmo tempo que os seus atributos são desejados, ele precisa ser esquecido. A ideologia do patrão se manifesta por meio do discurso já está instalado. O processo de conscientização passaria pela superação da questão da aparência e ser focado na questão da competência. A aparência estaria segurando um processo mais genuíno. A mensagem implícita é que se ele não parecer deficiente, se não for visível, tudo bem. Explicitar essa opção política estaria na base de uma nova consciência.

> *Vagner – Secretária, Telefonista no banco, nem somos nós que escolhemos, o próprio gerente indica para você, contrata **aquela menina**, contrata **aquela senhora**. Se bem que senhora também é muito pouco, aquela menina. Manda lá no escritório, já sai a papelada dela e pronto. Só que a gente fala no operacional, se acontecer alguma coisa você é responsável. Já deixa tudo por escrito, tudo certinho, entendeu, porque ele está pagando aquela pessoa. Se tiver problema, o problema é dele, em muito lugar são eles que apontam a pessoa. Por não sei quem que é colega dele, é difícil agradar tudo mundo.*

Nesta expressão "menina" simboliza o corpo perfeito e, a senhora, a mulher envelhecida, o corpo imperfeito. A imagem da empresa estaria ligada ao corpo do seus funcionários, e, como nossa sociedade valoriza o corpo feminino perfeito (padrão de beleza), esta é a representação desejada, manifesta no corpo feminino. Esta opção pela aparência acentua as questões oníricas, do desejo de ter os produtos e serviços da empresa. A menina é a própria imagem da empresa. Ao masculino, estaria reservado o papel do corpo perfeito simbolicamente valorizado pelo corpo forte (suado, malhado, domesticado). Estes padrões de perfeição se afastam do corpo da pessoa com deficiência pela aparência (corpo marcado/estigma) liga à imperfeição e, ao mesmo tempo, se aproxima pelos valores, que são "invisíveis aos olhos": não falta, é dedicado e veste a camisa.

No **QUARTO ENCONTRO,** as discussões convergem para a separação, para o luto do processo grupal. Os participantes buscam, "no encontro" a saída possível para a solidão e para o sofrimento, vividos no mundo do trabalho. As organizações deveriam unir forças, na coletividade, para angariar fundos para que as entidades pudessem fazer a preparação das pessoas com deficiência e a fiscalização não deveria estar na base da motivação para se contratar pessoas com deficiência:

Beatriz – Isso, da cota também, eles estipulam a cota mas não veem o tipo de função que a gente pode colocar essa pessoa, por exemplo, no caso do motorista, eu não posso ter motorista deficiente. Grande parte de nossos funcionários são motoristas, cobradores deficientes tudo bem, mais motorista. Então ele fala assim tem tantos funcionários então a cota e tal, mas... tá e daí? Então eu acho que esse negócio de cota aí.... A visão, a necessidade de tal ter um funcionário, a gente não sabe isso, a gente procura colocá-los, não porque a lei está mandando, mas por uma questão de... É... De porque não ter um deficiente, então não é porque eles mandam. A gente coloca porque a gente quer colocar. Esse negócio de cota é complicado. E ficou bem claro também esta questão de cota e questão de número, então a gente não queria que fosse, deveria ser a pessoas, e ficou bem claro também que essa cota é questão de número...

No processo de elaboração dos sentidos tornados emergentes no grupo, os participantes buscam, nas brechas abertas, uma ligação, uma continuidade. A promessa do retorno é uma das possibilidades postas pela devolutiva, por meio dos resultados do trabalho de pesquisa. A projeção das responsabilidades de "melhorar as condições" e, tornar as coisas mais fáceis seria outra dimensão da vivência do luto pelo processo grupal. Talvez as entidades, a escola e os próprios familiares, "os de fora do grupo" seriam os verdadeiros responsáveis pelo despreparo das pessoas com deficiência.

CONCLUSÃO

Não é possível mais, falarmos da sociedade atual sem falarmos da importância do trabalho e da sua função enquanto organizador psíquico. O trabalho assume, especialmente na modernidade, o papel de garantir a inserção social. Em uma sociedade em que o privilégio é o capital, uma pessoa que não trabalha está destituída do seu valor de cidadania, independentemente de ter ou não deficiência. Contudo, a pessoa com deficiência assiste a uma acentuação desta realidade. Ao conceituarmos o trabalho como uma instituição, as funções psíquicas que, na nossa sociedade, seriam cumpridas neste universo, do mundo do trabalho, o impedimento ao trabalho se converte em uma mutilação psíquica, na qual, pessoas com deficiência deixam de participar da sociedade e, por consequência, não usufruem do trabalho como um organizador psíquico.

A questão da deficiência realça um conflito existente nas relações mais amplas entre trabalho/sujeito/organizações, pois torna mais visível as dificuldades enfrentadas nestas relações na atualidade. Ao explicitar, via exposição das pessoas com deficiência, os sentimentos de medo e insegurança, os participantes do processo grupal atribuem sentido ao que não pode ser nomeado, com risco de se aniquilar as possibilidades, ou seja, de se desfazer os vínculos com a realidade atual e com o futuro. A pessoa com deficiência vai sendo depositária de atributos, que vão permitindo uma visualização de muitos elementos negados pelo próprio grupo de empregadores. Esse encaixe de forças antagônicas pode representar também uma modalidade de ressignificação da deficiência e do cotidiano de sofrimento, vivido no mundo do trabalho. Esse ponto de convergência, entre novos olhares para a questão da deficiência e novas formas de enfrentar os problemas desencadeados pela crise da instituição trabalho, pode e deve ser convertido em dispositivo para que se possa enfraquecer forças paralisantes, tanto no que se refere às estratégias de se enfrentar a atualização do funcionamento grupal, quanto no que se refere à coerência do processo de construção de um ambiente inclusivo no universo do trabalho.

Retornando ao conteúdo emergente no processo grupal, estamos vivendo uma tentativa de se fazer uma "inclusão deficiente", na qual se mantém os atributos da deficiência com o próprio processo de inclusão. Em vez de representar um passo adiante, no processo de redução das injustiças e desigualdades, acabamos por perpetuar a **deficiência em si**, como um conjunto de atributos que tornam incompatíveis qualquer aproximação entre deficiência e trabalho. Por outro lado, por meio das alianças inconscientes, as transformações que vão se instalando nas relações de trabalho, com a efetivação dos chamados processos inclusivos, nos dão a fantasia de que são de fato transformadoras. Elas, de fato, estariam garantindo que pactos se estabeleçam, se pensarmos conforme a análise de Kaës (1997). O que se percebe é que, ao tentar mudar a prática cotidiana em relação às pessoas com deficiência, utilizando a mídia, os discursos acadêmicos, as leis, a sociedade como um todo, as práticas relacionadas a essas questões, ditas inclusivistas, todos esses canais vão assumindo novas formas, nas quais o inimigo fica muito pouco visível, ou seja, não conseguimos mais pensar nas causas, que são impregnadas de dinamismo, porque a ação assume uma face que se confunde com o discurso absoluto, que oculta relações muitas vezes contraditórias em relação aos nobres objetivos enunciados. Ninguém pode falar contra a diversidade. Esse discurso não tem espaço numa acepção monolítica de como se concebe a deficiência (todos somos diferentes, ou todos somos deficientes em certa medida). Quando, porém, os fatos começam a evidenciar uma contradição interna, nos indivíduos singulares, não é oferecido nenhum espaço para se expressarem, e o discurso inclusivo encobre o sofrimento dos trabalhadores, que não podem se retirar, pois precisam trabalhar. Está, desta maneira, garantido o pacto.

Caminhando para uma tentativa de concluir, intercambiando os achados empíricos com as construções teóricas postuladas nos referenciais utilizados, entendemos que nas organizações, os processos grupais são os espaços onde as alianças inconscientes são desenvolvidas, implicando uma dimensão externa, de observação à lei instituída, e uma dimensão interna, envolvendo, via pacto, uma sujeição institucional. Pela via da obrigatoriedade, da lei de cotas, segregação e inclusão transitam pelo mesmo lado, ora defendendo os direitos ao trabalho, ora explicitando as dificuldades práticas desta imposição legal. Pela via da sujeição interna, os sentimentos e desejos, por vezes inconfessáveis, se convertem em ponte que, ao mesmo tempo, ligam e abrem vãos, brechas e fronteiras, passagens entre a ideologia institucional e a ideologia instituída nos processos grupais. Os sentimentos mais profundos não deixariam de ser impactados pelas projeções e identificações (Medo de tornar-se impotente, improdutivo; medo da concorrência desleal – lei de cotas; medo da própria invalidez, de tornar-se descartável). O fantasma do desemprego sobrevoa os sentimentos desencarnados e dá materialidade à insegurança, por vezes manifestada em sintomas físicos. As passagens seriam dispositivos necessários para apoiar a vida das organizações e não fazer ruir os pilares institucionais. Piedade e discriminação seriam os antídotos, respectivamente convertidos em políticas compensatórias (ações acríticas com efeitos paliativos – encobrem as causas) e políticas segregatórias (ações calcadas no preconceito, com o efeito redutor de culpa, da qual se ignoram as causas).

Segundo L. Amaral (1995), no imaginário social a deficiência necessita de um enquadramento em pólos contrários: ou ele é o vilão (são estagnados, tarados, descontrolados, invadem o corpo do outro, é invadido pelo outro) ou ele é herói (se superam, são assexuados, sob controle). Nestas situações extremas a pessoa com deficiência chega ao mercado por caridade ou pela lei, e podem ser pensada a partir da metáfora: "ganharás o pão com o suor do teu rosto" – trabalho como intermediário entre castigo (pena – flagelo do corpo) e bênção (trabalhar é o melhor remédio; o trabalho dignifica o homem; Deus ajuda quem cedo madruga).

É preciso, diante de todos os achados, ressignificar o trabalho, e isto passa pela valorização do trabalhador, tanto pelo maior reconhecimento quanto pelo salário maior.

A aparência seria o ponto de partida para os outros estereótipos, seria a roupagem de todas estas marcas que já estão inscritas no corpo: cor da pele; deficiências. O esquecimento destas marcas (estigmas) é possível, à medida que eu consigo não ver essas marcas, não lembrar. Se não for possível esquecer porque "está na cara", a lembrança precisaria ser compensada por uma imagem idealizada nas polaridades "herói ou vilão". Ou a pessoa superou todos os estereótipos; ou ela está sem chances de subir ou de entrar na empresa. As nossas defesas estariam voltadas para encarar, aceitar ou negar as marcas que identificam a deficiência. Do ponto de vista social, a inclusão ocorreria com restrições, utilizando-se de dispositivos especiais para que não apareça a marca da deficiência (ou para que inclua dentro de certos limites). Outra realidade é a exclusão, ou seja, uma segregação radical. Quando a dinâmica da inclusão permanece ocultada e restrita à mera inserção, o resultado é a exclusão depois de incluído. Nessa última possibilidade, a pessoa com deficiência não pode pretender outra coisa. Uma vez no trabalho, ela deve permanecer calada e agradecida por estar trabalhando.

Encontrar o ponto exato do final não é uma tarefa fácil, beira o desafio. Embora o próprio processo de construção possua, na sua constituição, a gestação do fim, agimos impulsionados pela fantasia da sua inexistência, e sofremos com a necessidade do seu registro, na temporalidade, que nos exige, acima de tudo, coragem para o doloroso abandono da fantasia da continuidade, da busca da perfeição, da imortalidade. Chegamos no fim temporal de um projeto que continua, pois está por demais misturado com a vida: por tratar de trabalho, de deficiência e de pessoas em grupo. Diria do grupo o que Freud disse do Ego: "o grupo é um precipitado de catexias libidinais que foram abandonadas". O encontro foi possível e as reflexões compartilhadas teceram, com seus fios enredados, a teia desta tese.

REFERÊNCIAS

AULAGNIER P. *La Violence de l'interprétation*. Paris : Presses Universitaires de France, 1975.

AMARAL, L. A. *Mercado de trabalho e deficiência*. Revista brasileira de Educação especial. 1 (2): 1994, pp. 127-136.

AMARAL, L. A. "Emprego apoiado" ou mediado: uma proposta viável para o trabalho das pessoas com deficiência. In: Goyos, C. *et al. Temas em Educação especial*, volume 3 p. 161-166. São Carlos: UFSCar, 1996.

AMARAL, L. A. *Conhecendo a deficiência (em companhia de Hércules)*. PROBEL EDITORIAL, 1995.

ANZIEU D., MARTIN, Júlia –Y. *La dynamique des groupes restreints*. Paris, Presses Universitaires de France, 1982.

ARANHA, M.S.F. *Trabalho e emprego: instrumento de construção da identidade pessoal e social*. São Paulo: SORRI-BRASIL; Brasília: CORDE, 2003. (Série Coleção Estudos e Pesquisas na Área da Deficiência; v. 9).

ANTUNES, R. *Adeus ao trabalho? Ensaio sobre as metamorfoses e a centralidade do mundo do trabalho*. São Paulo: Cortez/Campinas: Ed Unicamp, 1995.

ARNOUD, G. *Psychanalyse et organisations*. Paris: Armand Colin Éditeur, 2004.

BENTO, M.A.S. *Ação afirmativa e diversidade no trabalho – desafios e possibilidades*. São Paulo: Casa do Psicólogo, 2000.

BLEGER, J. *Temas de psicologia: entrevistas e grupos*. 2ª. Ed. São Paulo: Martins Fontes, 1998. – (Psicologia e Pedagogia).

BONFIM, L. A. A subjetividade e o grupo de trabalho na nova fábrica: um estudo exploratório sobre a aprendizagem do trabalhador da fábrica que adotou novas tecnologias. São Paulo: s.n., 1999. Dissertação (Mestrado) Instituto de Psicologia da Universidade de São Paulo. Departamento de Psicologia Social e do Trabalho.

BOSI, E. *Entre a opinião e o estereótipo*. Novos Estudos/CEBRAP: 32, março 1992: 99-110.

BOURDIEAU: *A miséria do mundo/ sob direção de / Pierre Bourdieau*; com contribuições de A. Accardo... /et al./ - Petrópolis, RJ: Vozes, 4ª. Edição, 2001.

BUENO, C. L. R. *A reabilitação profissional e a inserção no mercado de trabalho*. www.entreamigos.org.br. Captado em 10/07/2004.

CASTEL, R.. *As metamorfoses da questão social: uma crônica do salário*. Petrópolis: Vozes, 2ª. Ed.1999.

CAVALCANTE, F.G. *Pessoas muito especiais: a construção social do portador de deficiência e a reinvenção da família*. Rio de Janeiro: Editora Fiocruz, 2003. 432p. (Coleção Antropologia & Saúde)

CHAUÍ, M. *Cultura e Democracia – o discurso competente e outras falas.* – 9ª. ed. -São Paulo: CORTEZ, 2001. 309p.

CORRER, R. *Deficiência e Inclusão Social – construindo uma nova comunidade*. Bauru, SP: EDUSC, 2003. 124p. (Coleção Saúde & Sociedade)

_____. Deficiência e mercado de trabalho em uma sociedade sem empregos. (in) *Práticas psicológicas e reflexões dialogadas/* Débora Cristina Fonseca, Luiz Carlos Câneo, Rinaldo Correr (orgs.). – São Paulo: Casa do Psicólogo, 2005

ENRIQUEZ, E. A Organização em Análise. Rio de Janeiro: Vozes, 1997.

_____. L'approche psychosociologique: explication, implication, interpretation. IN: *J.-P. Boutinet et alii*. Du dircours à l'action. Les sciences sociales s'interrogents sur elles-mêmes. Paris, L !Harmattan, 36-49, 1985.

_____. *Éloge de la psychosociologie*. Connexions, 42, 113-133, 1983.

FERNANDES, M.I.A. *Negatividade e vínculo: a mestiçagem como ideologia.* – São Paulo, Caso do Psicólogo, 2005. – (Coleção Psicologia Social, Inconsciente e Cultura)

_____. *Fim do século: ainda manicômios?/* organizado por Maria Inês Assumpção Fernandes, Ianni Régia Scarcelli e Eliane Silvia Costa – São Paulo, Instituto de Psicologia da Universidade de São Paulo, 1999.

_____. *A subjetividade à luz de uma teoria de grupos*. Psicologia USP, São Paulo, v. 5, n. ½, p. 296, 1994.

_____. *Psicanálise e Psicologia Social na trajetória da construção de uma técnica: o Grupo Operativo*. Psicologia USP, São Paulo, v. 5, n. 1/2, p. 296, 1994.

FORRESTER, V. *O horror econômico/* Viviane Forrester; tradução Álvaro Lorencini. São Paulo: Editora da Universidade Estadual Paulista, 1997.

FREUD, S. *Obras psicológicas completas de Sigmund Freud*: edição Standard brasileira – Rio de janeiro: Imago, 1996 (Volume XIII – Totem e Tabu).

_____. *L'homme Moïse et lê monothéisme* (1939). Paris, Presses Universitaires de France, 1982.

_____. *Malaise dans la civilisation* (1929). Paris, Presses Universitaires de France, 1988.

GHIRARDI, M. I. G. *Representações da deficiência e práticas de reabilitação: uma análise do discurso técnico* – São Paulo: s.n., 1999. Tese (Doutorado) Instituto de Psicologia da Universidade de São Paulo. Departamento de Psicologia Social e do Trabalho.

GOFFMAN, E. *Estigma: notas sobre a manipulação da identidade deteriorada*. 4ª. Ed. Rio de Janeiro, RJ: Zahar, 1982

GORZ, A. *Adeus ao proletariado – para além do socialismo*. Rio de Janeiro, Forense-Universitária, 1987.

HELLER, A. *O cotidiano e a história*. São Paulo: Editora Paz e Terra, 2000. 121p.

HODGES-AEBERHARD, H.; RASKIN, C. *Ação afirmativa no emprego de minorias étnicas e de pessoas portadoras de deficiências*. – Brasília: Organização Internacional do Trabalho: TEM, Assessoria Internacional, 2000.

KAËS, R. *O grupo e o sujeito do grupo: elementos para um teoria psicanalítica de grupo*. São Paulo: Casa do Psicólogo, 1997.

_____. Lê pacte dénégatif dans lês ensembles, trans-subjectifs. IN: MISSENARD A. *et al, Le Negatif*. Figures e modalités, Paris, DUNOD, 1989.

_____. *L'archegroupe: puissance et pouvoir dans les petits groupes*. Nouvelle revue de psychanalise, 8,207-221, 1973.

KAËS, R *et al., A instituição e as instituições: estudos psicanalíticos*. – São Paulo: Casa do psicólogo, 1991.

MARX, K. *O capital (Crítica da economia política)*. Livro I – Processo de produção do capital, vol. I – Capitulo I – A mercadoria. Rio de Janeiro, Civilização Brasileira, 6ª. Edição, 1980.

MARTINS, J. S. *Exclusão social e a nova desigualdade*. São Paulo: Paulus, 1997 (Coleção temas da atualidade).

MATOS, O. C. F. Cidadania: espaço público e tolerância mestiça. IN: FERNANDES, M.I.A. *Fim do século: ainda manicômios?*/ organizado por Maria Inês Assumpção Fernandes, Ianni Régia Scarcelli e Eliane Silvia Costa – São Paulo, Instituto de Psicologia da Universidade de São Paulo, 1999.

MOURA, C. *A crise do emprego: uma visão além da economia*. Rio de Janeiro: Mauad, 1998.

NERI, M. *et al., Retratos da deficiência no Brasil*. Rio de Janeiro: FGV/IBRE. CPS, 2003.

OFFE, C. *Capitalismo desorganizado*. São Paulo: Brasiliense, 1985.

PASTORE, J. *Oportunidades de trabalho para portadores de deficiências*/ Jose Pastore. São Paulo:LTR, 2000.

PESSOTTI, I. *Deficiência mental: da superstição à ciência*. São Paulo, SP: TAQ/EDUSP, 1984.

PICHON-RIVIÈRE, E. *O processo Grupal*. São Paulo: Martins Fontes, 1997. – (Psicologia e Pedagogia).

PREFEITURA MUNICIPAL DE BAURU – Secretaria Municipal do Bem Estar Social – Departamento de Serviços Sociais. Diagnóstico da Deficiência no município de Bauru, 1996.

SANTOS, B. S. *Pela mão de Alice: o social e o político na pós modernidade*. – 8ª. Ed. – São Paulo: Cortez, 2001.

SASSAKI, R. K. *Inclusão: construindo uma sociedade para todos.* Rio de Janeiro, RJ: WVA, 1997.

SINGER: *Globalização e desemprego: diagnósticos e alternativas.* 5ª. Ed. – São Paulo: Contexto, 2001.

SATO, L. *Cadernos de Psicologia social e do Trabalho e CPAT/USP*, 1998:vii Cadernos de Psicologia Social e do Trabalho, Centro de Psicologia Aplicada ao Trabalho (CPAT) do Departamento de Psicologia Social e do Trabalho do Instituto de Psicologia da Universidade de São Paulo – V. 1, n. 1, São Paulo: Instituto de Psicologia, 1998.

SCARCELLI, I. R. *Entre o Hospício e a cidade: exclusão/inclusão no campo da saúde mental.* – São Paulo: s.n., 2002. Tese (Doutorado) Instituto de Psicologia da Universidade de São Paulo. Departamento de Psicologia Social e do Trabalho.

UNIVESIDADE DE SÕÃO PAULO. Sistema Integrado de Bibliotecas. Grupo Diteses. *Diretrizes para apresentação de dissertações e teses da USP: Documento eletrônico e impresso/* Vânia M. B. de Oliveira Funaro, Coord... et al., – São Paulo: SIBi – USP, 2004.

UNITED NATIONS. *World programme of action disable persons.* Nova York, 1983.

VASCONCELOS, E. M. *Complexidade e pesquisa interdisciplinar: epistemologia e metodologia operativa.* Petrópolis, RJ: Editora Vozes, 2002.

VASH, C. L. *Enfrentando a deficiência: a manifestação, a Psicologia, a reabilitação.* São Paulo: Pioneira, Editora da Universidade de São Paulo, 1988.

WEYLER, A. R. *Os caminhos das propostas de moradias para ex-pacientes psiquiátricos: as políticas públicas em saúde mental, o morar e a cidade.* São Paulo: s.n., 2002. Dissertação (Mestrado) Instituto de Psicologia da Universidade de São Paulo. Departamento de Psicologia Social e do Trabalho.

WINNICOTT, D. W. *O brincar e a realidade.* Rio de Janeiro: Imago, 1975.

SESSÕES DE GRUPO

Nota: Os nomes dos participantes e das empresas foram omitidos para garantir o sigilo dos mesmos. Optamos por atribuir nomes fictícios de ambos para facilitar a leitura analítica da transcrições.

Primeiro encontro – Grupo de empregadores
Tema – Deficiência e mercado de trabalho
Data: 15/03/2004

Carlos – Eu gostaria, antes de qualquer coisa agradecer a vocês a disponibilidade, a disposição por estarem aqui num dia como esse no horário de trabalho... Espero que a gente possa trabalhar juntos nesse tempo que a gente se propôs a trabalhar... Então, antes de qualquer coisa, eu acho que gente deve se apresentar... Uma apresentação rápida e cada um fala o que cada um acha que o grupo deve saber sobre quem é, sobre a função, sobre quem representa...Vamos começar por mim. Meu nome é Carlos, acho que eu tive contato com a maioria de vocês, no período... nesse período que a gente chama pré-grupo, em que eu estive levantando as empresas, visitando as empresas, que eu tive conversando com vocês, fazendo uma peregrinação pelas empresas. É, eu sou psicólogo de formação, sou professor desde que me formei em 1995, então minha vida é... e na academia. Paralelamente esta vida na academia eu trabalhei também numa instituição que prepara as pessoas para o mercado de trabalho, as pessoas com deficiência, a SORRI, e nesse momento eu estou fazendo o doutorado na USP em SP e esse grupo, a proposta desse grupo é parte da pesquisa que eu estou fazendo. Então, uma das motivações, uma das necessidades que eu identifico é referente a pesquisa, saber mais sobre uma determinada temática, eu vou tentar desenvolver uma tese, uma teoria sobre o quer nós vamos conversar. O Osvaldo é o meu observador, então, ele pode se apresentar.

Osvaldo – Meu nome é Osvaldo, eu estou terminando o curso de Psicologia este ano e eu vim aqui pra ajudar o Carlos, registrar algumas falas,

---

7   Ao lapidarmos os dados brutos, que emergem do "concreto extremo", como diria W. Benjamim, por vezes, privamos o interlocutor de um mergulho mais direto no material, que pode gerar infindáveis interpretações e provocar um descongelamento do recorte feito pela análise do autor. Optamos por sustentar a apresentação das falas dos participantes do processo grupal para abrir essa possibilidade, do leitor participar das "representações compartilhadas sobre emprego e deficiência".

observar um pouco do movimento do grupo e...e o que eu posso dizer... é que eu não vou participar, nas discussões, eu vou ficar mais prestando atenção e observando pra auxiliar o C, pra compreender o movimento do grupo.

Carlos – Nós podemos na sequência nos apresentar, fazer uma rápida apresentação..

Débora – Meu nome é Debora, eu trabalho na *Delta* no setor de pessoal. Eu tenho interesse em saber sobre o seu trabalho e ajudar no que for possível...

Carlos – Quem mais?

Daniel – Eu sou o Daniel, sou estudante de relações públicas, e eu também trabalho na *Delta*, com a Debora, só que na seção de recrutamento, e... acho que a inclusão, a gente vai estar voltado para o mercado de trabalho...a inclusão é uma das grandes palavras do trabalho que a gente desenvolve lá na seção de pessoal ..então acho que o trabalho, esse trabalho vem de encontro pra gente participar e fornece muita informação.

Vagner – Meu nome é Vagner sou representante da *Ômega*, estamos aqui para ouvir e aprender...

Valdir – Meu nome é Valdir, eu sou da *Ômega* Também, sou formado em Administração, faço parte da área administrativa da *Ômega* (Dirigindo-se a Vagner) o Vagner é nosso supervisor lá...há 20 anos não é Vagner (Vagner concorda com a cabeça), há mais tempo do que eu...e ele é uma pessoa diretamente ligada também na contratação, na dispensa do pessoal, da troca (***) e...tem bastante experiência na contratação, na transferência de pessoal, e... nós estamos aqui também para ouvir e falar...

Carlos – E a *Ômega* é... acho que é... legal falar um pouquinho qual é a natureza da empresa...

Valdir – É...A *Ômega* é uma terceirizadora de mão de obra em geral, terceiriza mão de obra, a gente fornece mão de obra, é... a nível nacional, de qualquer tipo...

Augusto – portaria de prédio?

Valdir – portaria de prédio, conferência de carga, movimentação de carga...motorista, ascensorista, pedreiro, todo tipo de mão de obra a gente terceiriza...com ou sem equipamento...na *Ômega* a gente deve ter, de tempo no mercado aproximadamente uns 35 anos, mais ou menos 800 funcionários...

Carlos – E a central dela é aqui no município?

Valdir – É, pelo menos a metade dos serviços dela é no município.

Augusto – É, eu sou o Augusto, eu trabalho na *Alfa*, eu sou responsável pelo setor de recursos humanos, eu estou na empresa há sete anos, não era para estar neste setor, quando eu fui procurar a empresa era para uma outra vaga, caí no Recursos Humanos (RH) e deu certo. Eu sou formado em Administração com especialização na área, estou trabalhando, embora a nossa empresa não tenha uma particularidade de ter que recrutar os deficientes físicos, a gente se interessou pelo projeto pra buscar informações e melhorar o que a gente já tem. Porque? Eu acho que por causa de uma característica da construção civil, a maior... aquela porcentagem que o ministério do trabalho, que a lei obriga a gente ter de deficientes físicos lá, nós já superamos aquilo lá há muito tempo, porque? Carpinteiro, o setor de carpintaria e de armação é inevitável, você tem perda auditiva, o setor de serventes, por exemplo, tem um pouco de perda visual e um pouco de perda auditiva. A hora que você junta todas estas coisas, sem contar os acidentes do passado, perdas de membros e aquela coisa toda, quando você faz um levantamento que você, a gente dá muito acima, então nunca vou ter contratação agora, porque eu estou sempre acima, e por mais que entra e saia pessoas o meu número de deficientes físicos está sempre como está determinando a legislação. Agora o que a gente busca é uma maneira de melhorar o atendimento, a assistência, a integração desse pessoal, embora ninguém se sinta discriminado dentro da empresa, e esse é o motivo pelo qual a gente se interessou em participar. A *Alfa* é uma empresa que trabalha basicamente com construção civil, na linha residencial. O nosso negócio é fazer edifícios residenciais de alto padrão, sempre de primeira linha, a maior parte dos nossos clientes, entorno de 60 por cento do que nós comercializamos é para a classe A e B. Nós normalmente não trabalhamos com obras públicas, licitações, conjuntos habitacionais, nós não trabalhamos nesta linha. Nós trabalhamos com outro segmento do mercado, que por sinal, até hoje em Bauru não tem ninguém que trabalha neste segmento que a gente trabalha, hoje não temos concorrentes diretos...

Beatriz – Meu nome é Beatriz sou psicóloga, responsável pelo recrutamento e seleção e treinamento das empresas *Beta*1 e *Beta* 2, empresas de transportes coletivos na cidade... a empresa *Beta* 1 funciona no Distrito Industrial, então eu não fico lá, eu fico na empresa *Beta* 2, lá no Jardim Niceia, perto do Macro. Então da empresa *Beta* 1, eu não faço treinamento lá, eu faço a parte, mais essa parte de seleção mesmo... estou formada desde 94, eu já devo estar trabalhando lá há um ano e meio mais ou menos, É... temos deficientes trabalhando lá, inclusive da SORRI, encaminhados pela SORRI, e no que eu puder ajudar... no seu projeto...

Carlos – Obrigado. Bom...É... isso aí é uma apresentação...eu acho bom pra gente descongelar um pouquinho as possíveis relações que a gente... partir desse princípio... que... que nós a partir de agora somos um grupo e eu tenho algumas coisas pra dizer que, embora vocês todos concordaram ao assinar... eu acho legal a gente construir essa ideia do grupo, a partir dessas informações que a gente chama de contrato, vocês estão acostumados com contrato, mas para a gente deixar as coisas bem transparentes sem nenhum problema de interpretação errada. Então a primeira seria o tempo de reunião: vai ser de mais ou menos uma hora e meia, um tempo razoável para a gente desenvolver as nossas ideias, expressar as ideias, então mais ou menos uma hora e meia. O número de reuniões é quatro, hoje mais três, toda a segunda feira. Uma questão importante é do sigilo. Serão mantidas em sigilo o nome das pessoas, participantes do grupo e das empresas. A gente vai anotando aqui a participação de vocês, a fala de vocês, a fala nossa, do grupo, mas a gente, em eventuais relatórios, a gente vai manter esse sigilo, pra gente poder falar com tranquilidade, falar com transparência sem ficar preocupado com nada, não é. Então a gente pensou assim, como a minha negociação foi com vocês diretamente na maioria das vezes, mas também foi no nível da empresa, no nível da organização, a gente vai fornecer um relatório simples, da mesma forma que nós vamos fazer uma devolutiva no final do processo....

(Chega nesse momento a Participante Suzana..)

Carlos – Então, deixa a Suzana se apresentar... todos ele se apresentaram, então, eu estava falando do contrato...fala um pouquinho de você, depois eu peço para eles se apresentarem novamente....

Suzana – Bom, meu nome é Suzana, sou psicóloga, sou daqui e trabalho com recursos humanos na empresa *Sigma*.

Carlos – Sou o Carlos, você já me conhece, sou o coordenador... minha função aqui é coordenador do grupo...

Osvaldo – Meu nome é Osvaldo e eu sou o observador do grupo, eu estou ajudando o Carlos...

Débora – Meu nome é Debora e trabalho na seção de pessoal da *Delta*...

Daniel – Eu sou o Daniel e trabalho no recrutamento e seleção da *Delta* também.

Vagner – E sou o Vaganer e trabalho na *Ômega*.

Valdir – Valdir e trabalho na *Ômega*..

Augusto – Augusto, *Alfa*.

Beatriz – Beatriz, psicóloga da *Beta*.

Carlos – Chegou outra psicóloga... tem a Débora também... já é psicóloga já?

Débora – Ainda não...

Carlos – Ainda não. É...então eu estava falando... Suzana, do contrato. Então o tempo de reunião vai ser de mais ou menos uma hora e meia, a partir do momento que a gente começar, é... o número de reuniões, quatro reuniões, isso aqui já está tudo no documento que vocês assinaram. Eu estava falando do sigilo, que nós vamos manter o sigilo, dos participantes e das empresas, e que ao final do...dos quatro encontros eu vou dar uma devolutiva. O Osvaldo como observador, ele vai me ajudar na análise e vocês vão participar deste relatório. Então, participando, vocês, a gente tem a segurança de que os dados que nós trabalharmos aqui vão tranquilamente ser útil, e eu falei para todas as empresas que resolveram participar que eu vou fornecer mediante solicitação, então, a empresa que quiser, faz a solicitação e eu... eu forneço um relatório... analisado já, garantido o sigilo, tratamento dos dados e das pessoas. Então o grupo vai fazer uma avaliação também desse relatório que eu vou fazer. É... os participantes, eles também tem um compromisso com o grupo, é claro que esta temática, não exige um cuidado extremo, mas, para que a gente possa fazer com que esse grupo funcione de maneira tranquila, a gente não pode levar pra fora desse grupo o que nós discutirmos aqui. Então... os grupos, os participantes do grupo devem também manter a discussão no interior do grupo. Essas são as informações... eu vou falar, retomar só um pouquinho o papel do coordenador, então é importante o papel do coordenador, porque tem uma metodologia de trabalho. Então eu não vou trazer, nem eu nem o Osvaldo, vamos trazer informações para o grupo. As informações vão sair de vocês, então o papel do coordenador, é de favorecer, de facilitar a expressão das pessoas. É uma oportunidade de opinar, oportunidade de refletir, oportunidade de usar esse tempo pra conversar sobre o que a gente se propôs aqui. E o papel do Observador é... anotar tudo o que a gente fala, tudo o que acontece no grupo, qualquer tipo de... acontecimento no grupo, ele vai anotar depois a gente vai conversar e juntos avaliar e tomar algumas decisões. E o papel de vocês, participantes do grupo, é de... falar o que vocês pensam sobre a relação da deficiência e o mercado de trabalho, de forma mais transparente, mais livre possível....tudo bem?....alguma dúvida, alguma questão?...

Carlos – Então, a primeira coisa que eu gostaria de dizer, a gente já entrando no processo de grupo mesmo, eu queria que vocês falassem um pouquinho, ou quanto vocês quiserem, não um pouquinho, o que vocês pensaram quando vocês aceitaram o convite de vim para cá? Por que nós estamos reunidos aqui? O que representa, o que, qual é o sentido de nós estarmos reunidos aqui?... Eu queria que vocês falassem um pouquinho...

Augusto – Bom, como eu já comecei falando disso, eu já falei disso na apresentação, quando o Carlos convidou eu disse que concordava, basicamente eu pensei só em busca mais informações, novas informações, algo novo, porque lá, o deficiente físico lá no ambiente de trabalho é muito diferente do que a gente vê lá na faculdade, ou do que a gente ouve de algumas pessoas. A gente precisa ter toda uma sistemática especial para lidar com esse pessoal e muitas vezes eu sei que falta informação e falta muito tempo pra gente corre atrás disso daí e, coincidiu com você (dirigindo-se ao Carlos) você lembra que a gente conversou, pode ser que tenha segunda feira que eu não consiga vir por causa das audiências, reuniões, aquelas coisas todas, mas, consegui encaixar dentro do meu horário de trabalho, então é uma fonte extra de informação. Tudo o que eu puder coletar de informações, de dados do grupo, para aplicar um dia dentro da empresa, isso tudo vai só melhorar o desempenho do pessoal lá então, a empresa é, consequentemente o desempenho da empresa melhora também, e é esse o nosso objetivo, a nossa proposta.

Carlos – Quando você aceitou, quando você pensou nesse objetivo, você... pensou nessa ideia de coletar informações?

Augusto – Sim.

Carlos – Quem mais?

(um curto silêncio...)

Débora – Eu recebi, inclusive a carta (dirigindo-se ao Carlos) que você estava pedindo informações, na *Delta*, olha e eu achei muito interessante, nós podemos estar partindo deste levantamento, hoje a gente ouve muito falar de inclusão, mas a questão do desemprego, ela é... Difícil pra todo mundo, na é? Pior ainda deve ser quando se tem alguma deficiência, é uma dificuldade. Então a minha intenção era conhecer um pouquinho a mais, nós mudar e nós temos pessoas com deficiência, mas não é intelectual, e a gente queria saber mesmo, como que está sendo tratado essa situação hoje em dia, como está funcionando, é buscar conhecimento, mesmo, sobre isso...

Daniel – E a gente que está numa empresa pública, sofre algumas limitações, até administrativas, a nossa contratação é mais restrita do que todo mundo aqui, eu acredito, mas, é... a gente precisa saber também como lidar, como que as privadas lidam com isso, pra que a gente possa, então, não alterar nada em função de lei, pra a gente ver se consegue minimizar algumas coisas na nossa legislação que se aplica para deficientes, então é nesse caso de inclusão e de qualquer outro, outra... outro adjetivo desse tipo, pra gente poder tirar, de empresas privadas, seriam interessantes nesse aspecto aí, tipo da tua (dirigindo-se a Augusto) porque, como vivência porque vocês trazem experiências pra a gente conseguir melhorar o nosso... enquanto empresa pública.

Valdir – É, eu...quando a gente foi chamado para, eu fiz questão que viesse eu e, o senhor viesse (dirigindo-se a Vagner) viesse alguém da empresa, eu acho muito importante a pesquisa. Nós já contratamos alguns tipos de pesquisa já, não nessa área, então já contratamos, eu acho que faz parte, faz parte do planejamento, da administração da empresa e...vim pensando em saber... como é que, nesse caso por exemplo, da deficiência, como é que a nossa empresa, age em relação a isso, como é que o ministério do trabalho age em relação a elas, será que igual ele age em relação a minha? Nossa empresa? Como é que elas lidam com isso? Como é que os clientes dessas... dessas outras empresas lidam com isso, também? E...bom... é isso aí. Tem tudo a ver com orientação de nossa vivência, com frequência tem uma rotatividade alta de funcionários, pra que a gente possa transmiti alguma coisa...

Carlos – É... eu vou sempre fazer intervenções assim, na verdade, nós temos, o grupo está mostrando, algumas manifestações, expressões que eu gostaria de avaliar... para gente continuar ouvindo, parece que a expectativa até agora, que eu estou ouvindo do grupo, é que a gente veio aqui, ou a expectativa que está por traz da nossa decisão é a de pegar informações, é aprender, é conhecer, mais ou menos isso. É aprender, tirar informações e, nós temos aí também uma manifestação, de também partilhar experiências, ou seja, contar, talvez, ouvir uma experiências de outro grupo e falar também da experiência, o que vocês pensam disso?

Valdir – (Falando em seguida a Carlos, sem intervalo de silêncio) As vezes a gente tem a impressão de que, quando aparece um auditor do trabalho lá na empresa, a gente pensa, puxa, isso só acontece com a gente essas coisas, não é possível, porque o nosso vizinho aqui, é um... ele trabalha de qualquer jeito, não sei, nunca vai ninguém lá, a gente fica pensando, será que com outro é assim também? Será que pega no pé do outro também? A pessoa só vem aqui (na minha empresa), como é que funciona?

Augusto – Bom, então eu vou te tranquilizar, eu tive num canteiro de obras, aqui no ano passado foi fiscalizado 18 vezes...

Valdir – (murmura) O louco! No canteiro de obras?

Augusto – Cinco vezes pelo setor de segurança do trabalho, e as outras vezes pelo setor da área trabalhista, e essa questão do deficiente físico em especial, nós fomos fiscalizados, num único ano três vezes, e mesmo estando acima da cota, e todo mundo sabia que estávamos acima da cota.

Valdir – Três vezes!

Augusto – O que pegam no seu pé no seu caso (dirigindo-se a Valdir) que eu imagino é pelo número de funcionários, o seu quadro é muito grande, 800 pessoas, você aplica aquele número daquela lei, dá uma porcentagem, um número muito grande de deficientes. Como é que você vai querer um tanto desses de deficientes dentro da empresa, é complicado. Dependendo da função que você tem, da atividade que você desempenha, e ao contrário do que você imagina (dirigindo-se a Daniel) não é mais fácil para nós da iniciativa privada, porque, lá na empresa, no serviço público você tem uma lei, que obriga você fazer, você vai lá e faz. Vocês que são dessas empresas que vendem esse trabalho aí (dirigindo-se a Vagner e Valdir) eu imagino que seja assim lá na *Ômega* também, nós temos que tomar um cuidado triplicado, porque a gente tem que cumprir a cota, mas não pode deixar de ter produtividade, e o papel de produtividade pega. Se você pegar o deficiente físico que não tenha condições, e as limitações físicas? Eu tenho visto aí nos órgãos públicos, todo mundo está fazendo a rampa para o deficiente pro deficiente físico, pro outro, mas as empresas da iniciativa privada, nem sempre o recurso para fazer... Aí você aperta a diretoria, olha vocês tem que fazer porque... Ah não tem verba, o dia que tiver faz. Felizmente não é o nosso caso porque como é o caso de construção civil, que já tem um jeito diferente, os empreendimentos já são pensados por esse lado, e mesmos as nossas estruturas internas, prédios, as instalações, que é um escritório só central, já foi tudo pensado, mas é complicado para a iniciativa privada, se ele tiver que contratar um número de deficientes que a legislação exige, ele está frito!

Vagner – (fala não compreensível)

Valdir – Ele não pode escolher aquele que foi atrás e contratar, a princípio teve uma facilidade muito grande, a gente descobriu que dentro do nosso próprio quadro tinha muita gente que era, que se enquadrava, tinha gente do administrativo lá que não tinha um dedo (apontando para o próprio dedo indicador) e isso já é considerado uma deficiência não é, e isso já se inclui nesse quadro, a gente viu e disse puxa, está aqui, já te preencheu um certo número, vamos dizer assim, metade. E a outra metade? Ainda não preenchi, porque de certa maneira a gente tem uma limitação, Ah, nós somos, a contratação é nossa, mas nós somos subordinados ao nosso cliente, vai depender dele aceitar o deficiente ou não. Eu posso contratar, mas ele, ele que vai determinar... No banco, por exemplo, o gerente do banco é que vai determinar se ele quer aquela pessoa ali com ele ou não, limpando a agência bancária, se ele falar que não quer eu não posso, ele é o meu cliente, eu contrataria mas ele vai falando, aí que começou a, aí que a gente começou a ter dificuldade e não conseguir a preencher a ...

Augusto – Lá vocês tem uma matricula por cliente não é?

Valdir – Como assim uma matricula por cliente?

Augusto – Matricula de folha de pagamento...

Valdir – Mas tem que ter...

Augusto – São matriculas individuais ou você contratou todo mundo no seu CNPJ?

Valdir – Tá tudo no meu CNPJ,

Augusto – (***)

Valdir – Isso aí se tem que por...

Augusto – Tem uma (***) específica no INSS, pra cada obra.

Valdir – Não, não, não. Nós não temos.

Carlos – Bom... na verdade vocês já estão, vocês já estão participando do grupo, ta tendo manifestação de, de temáticas, então eu só... é... na verdade eu estou querendo verificar se nós temos uma consonância das tarefas. Pelo que eu percebi, nós temos aqui algumas, alguns interesses, interesse de formação, sei lá, talvez tocar o dia-a-dia das, o cotidiano das nossas... das organizações e ao mesmo tempo... dar conta da demanda social, da necessidade social, nós temos o interesse de aprender, de ter informações novas, de partilhar experiências, um outro interesse meu que é o de fazer uma pesquisa, então nós temos vários interesses que estão se manifestando aqui. Na verdade nós estamos fazendo a abertura do processo e... é isso mesmo? Eu estou traduzindo bem as expectativas do grupo?

Carlos – (não espera resposta) Tem mais alguma coisa para gente, porque na verdade nós precisamos primeiro fechar uma finalidade, um objetivo, a gente precisa porque o grupo é uma oportunidade para a gente conversar, como eu passei nas empresas, uma oportunidade dos empregadores falarem, não de simplesmente serem cobrados, mas de falarem de... se manifestarem, exporem aquilo que pensam e com certeza vai aparecer aí o dia-a-dia, as dificuldades, as sugestões, as coisas que dão certo. Então é mais ou menos isso que o grupo... manifesta, expressa como finalidade?

Carlos – (após pequeno intervalo de silêncio) Mais alguma coisa, porque aí a gente vai fechar, porque eu tenho uma finalidade, a gente tem que deixar muito claro essa finalidade, porque se não a gente fica achando que é uma coisa e depois não é, o grupo. Vocês acham que...vocês tem alguma...

Suzana – Bom, a inserção do deficiente na *Sigma*, tenho a impressão que é uma coisa tranquila porque quando teve, o ministério veio, a fiscalização, a gente já tinha no meio vários, um número adequado com a lei e assim, a gente, é como se eu não tivesse deficiente, o pessoal estava lá como todo mundo. Então eu não sinto dificuldade, no preenchimento de cotas, para lidar, então, o objetivo de estar vindo participar é que eu acho importante, sinto carência na troca de informações de pessoas de recursos humanos, então o que eu busco aqui é realmente esse contato, apesar do seu objetivo (apontando para o

Carlos) ser voltado para a deficiência o meu objetivo é no olhar mais no geral, é conhecer gente de outras empresas que no dia-a-dia é, possam ta ligando, pedindo referência, falar sobre um problema, sabe como foi solucionado, se conhece, se não conhece... (***)

Carlos – Então...

Daniel – É interessante para gente, enquanto administração pública, a gente vai ter que falar isso muitas vezes, a nossa reivindicação não vai ser a mesma que vocês. A gente tem que já, deixar claro isso que às vezes vocês têm experiência assim, interessantíssima, e pra gente já, nossa, fica restrita ao número de deficientes que são aprovados no concurso. A gente tem uma porcentagem que é a única indicação que a gente tem é essa de concurso, que a gente tem que reservar caso algum deficiente se inscrever no concurso ele vai ter algumas é, vai ter uma porcentagem de vagas reservadas para ele. Então o que a gente vai trabalhar com o deficiente, em termos de concorrência vai ficar neste âmbito, neste universo, é aprovado em concurso público, para fazer parte do quadro funcional do *DELTA*. Então é... para gente, como a gente não lida com um número muito grande, por nós a gente mais acaba prezando pela qualidade desses que estão ali, no aspecto de também eles se sentirem como um corpo, e você disse que nosso (***) mais integrado possível ao ambiente e justamente por conta de não ser como pessoa que tem essas habilidades, enfim (***) a gente procura dentro das limitações do *DELTA*, também fazer, é proporcionar esse, essa inclusão aí, chamada de inclusão, é... e também trabalhar junto aos que já estão integrados no (***) que a gente passa por uma, alguma outra, uma boa situação....

Débora – (***)

Carlos – Como que é? Eu não ouvi.

Débora – Alguém teve um acidente, mexendo com uma máquina, e perde um braço, perde um movimento, ele é considerado um deficiente não é? Ele não foi admitido como um deficiente, mas na empresa... ele se tornou. Então é isso aí, nesses casos... O funcionário, ele tem um adoecimento você tem que desloca ele de uma função para outra, a gente tem fazer a readaptação, que a gente não pode também mandar ele embora, a gente tem também que trabalhar isso, tirar ele dessa função, colocar na outra, conforme a habilidade, a capacidade que ele...

Carlos – Ok...Então, de tudo o que a gente falou aqui eu gostaria de fechar um pouco, pelo que eu estou entendendo do grupo, assim se a gente pode é, dar sequência a... ao nosso grupo é... nós temos um objetivo, uma finalidade, um tempo para discutir, para conversar, é... nós estamos aqui, pessoas de diferentes, é... setores, temos pessoas do setor público, pessoas do setor privado, do setor privado de várias experiências, de varias naturezas, que vão configurar aqui uma diversidade importante para nós conversarmos, e... nós aceitamos estar aqui para refletir, para discutir, sobre a deficiência e o mercado de trabalho. Então nós temos aí uma temática ampla e a gente...às vezes, a gente tem uma, um certo limite de tempo pra discutir, então o objetivo aqui é a gente discutir em profundidade, tanto da minha parte quanto da parte de vocês, a gente pode discutir com profundidade, deve discutir com profundidade, sem a sensação de que nós não podemos falar isso, porque alguém vai pensar aquilo, então, o objetivo é esse, não sei se a gente vai conseguir e... a gente vai tentar, então, é isso mesmo que a gente entende como finalidade do Grupo? (não espera tempo para a resposta) Dá pra gente colocar todas as nossas expectativas? Porque se a gente pegar, por exemplo, buscar informação, aprender, partilhar experiências, na verdade, o próprio grupo vai nos dar respostas, o próprio grupo vai nos dar respostas a partir das pessoas que estão no processo grupal, então o que a gente precisa é favorecer a comunicação, favorecer a expressão. Tudo bem? Então a gente vai tentar desenvolver e as informações virão muito mais de vocês do que de mim, não sei se está claro isso ou se tem alguma expectativa diferente? Expectativa de que o grupo vai produzir as reflexões as discussões, eu estou aqui para facilitar, não sei se ficou claro na hora que eu fui falar com vocês? E o trabalho de grupo é um trabalho bastante interessante porque a gente vive numa sociedade muito afobada, as coisas, não, elas são ditas entrecortadas, então, no processo grupal a gente vai ter oportunidade de manifestar os nossos pensamentos. Então esse é o método, essa é a dinâmica de cada uma das empresas de vocês, então, lá na empresa é existe essa, essa dinâmica que ocorre não tão focal como aqui, aqui nós estamos sentados, e temos que expressar, temos que falar. Na empresa talvez as coisas fiquem diluídas no dia-a-dia, no cotidiano, a gente vai olhar pro nosso cotidiano e vai tentar refletir uma realidade específica, conversar sobre uma realidade específica. Bom, explicitada a finalidade... eu gostaria que vocês, é...na verdade nós começamos já falar, já abrir na discussão, eu gostaria que vocês dissessem da importância desse grupo, já falaram, e...o que é importante a gente discutir, o que a gente precisa falar sobre essa temática? O que a gente pode discutir, como é que a gente pode conduzir essa temática aqui nesse grupo que se formou e tem clara a finalidade? Qual é a temática que a gente pode discutir? Dentro desse universo mais amplo que é a deficiência e o mercado de trabalho?

Beatriz – A experiência de cada empresa com os seus deficientes?

Carlos – Você acha que agente poderia falar isso?

Beatriz – (acena positivamente com a cabeça)

Carlos – Você gostaria de falar um pouquinho da *Beta*?

Beatriz – Bom, no cargo específico de motorista, nós não temos nenhum deficiente, ele não pode ter uma deficiência visual, não pode ter uma deficiência auditiva, pernas, braços, estão limitados deficiente e motorista, mas nós temos uma seção específica que são os lavadores. São os nossos melhores profissionais lavadores, são os deficientes. Eles chegam para trabalhar, eles pegam o ônibus, fazem o trabalho de forma correta, quase não conversam, são mais calados, mais resguardados, a grande maioria deles veio encaminhada pela SORRI (dirigindo-se ao Carlos), a grande maioria deles é o primeiro emprego, então eles chegam lá, eles realmente agarram, eles fazem, eles produzem, então sempre que eu preciso de um lavador, eu entro em contato com a SORRI, é de lá que eu tenho os melhores lavadores. É... se eu coloco uma pessoa que não tenha deficiência, ele vai trabalhar uns três, quatro meses e ele vai perguntar quando é que vai ter teste para cobrador. O lavador não, ele ficando lá, ta tudo certo, eu acho que esse é um ponto importante, você vai contratar alguém deficiente, você vai contratar alguém que foi preparado por uma instituição, é diferente de você pegar um currículo de uma pessoa deficiente que deixou lá na, na portaria da empresa, e que não teve esse preparo de instituição nenhuma, com contato para retomar, (***) aí eu acho que não, agora quando vem de um, de uma instituição que preparou, como a *Sigma* também pega a maioria da SORRI, então fica fácil...

Carlos – Quando a gente fala, eu acho que é um ponto importante aí, quando a gente fala de deficiência. Primeiro nós estamos falando de como é que é essa relação, ou seja, relação deficiência/ mercado de trabalho. Nós estamos falando basicamente da inserção da pessoa com deficiência no mercado de trabalho. Como se insere. Da experiência das empresas que nós falamos aqui. Nós estamos achando um ponto em comum, ou seja, existe um preparo anterior que favorece. Eu acho que a gente poderia conversar, o que a gente está entendendo por deficiência, como é que a gente entende esta questão da deficiência? Por que, ela passando por um processo de preparação, ela se ajusta melhor, ela se adapta melhor? O que a gente esta entendendo por deficiência?

Beatriz – Sei lá. Lá a gente também tem casos, por exemplo, de cobradores que a deficiência deles são das pernas então não virem assim, (***)

Carlos – E o que o grupo acha disso que elas estão falando?

(silêncio)

Valdir – (***) tem uma seção no ministério do trabalho, ela que encaminha para gente...

Carlos – E como foi a experiência de vocês?

Vagner – Eu cheguei a ter até doze...

Carlos – Doze?

Vagner – Assim, só que de doze nós conseguimos segurar uma meia dúzia. Mas tem um que era irritado mesmo, não tinha jeito. No dia, tinha dia, que parece que amanhece meio, sei lá viu, que estava arretado... E eles chamavam a gente lá, rapaz, não tinha jeito, e agente tinha de ir lá, sabe? Não teve jeito, teve que desligar da empresa, aí chamava o pai, chamava (***)

Carlos – Esses vinham diretamente do Ministério do Trabalho? Tem um setor aqui...

Vagner – Isso. Trabalhava num banco (***)

Carlos – E como é que essa...

Vagner – (***) diretamente, num tinham preparação, (***)

Valdir – É eu imagino que a SORRI faça algum prepara, alguma coisa, eu não sei?

Beatriz – Eles têm um curso sobre o trabalho, de como se comportar, eu não sei, você que já trabalhou lá como técnico (dirigindo-se ao Carlos) pode explicar como é o trabalho?

Carlos – A SORRI um dos objetivos básicos é a reabilitação profissional que eles chamam, então eles simulam uma série de hábitos e atitudes para o trabalho. Então por exemplo no caso que o Sr. Vagner está colocando, algumas pessoas tinham muitos comportamentos irritadiços, não tolerância a rotina. Então, pelo que eu sei, na minha época na SORRI, o que acontecia era trabalhar a tolerância à rotina, desde picar o cartão de ponto, como se comportar diante da chefia, da hierarquia, porque muitas vezes era o primeiro emprego, eles nunca trabalharam, então o que eles tinham de fazer? Eles tinham que ter essas atitudes. Então eles têm um trabalho de simular ou de preparar o sujeito para uma rotina de trabalho...

Valdir – Qualquer tipo de deficiência?

Carlos – Menos a visual total, o restante todas as deficiências.

Valdir – O Senhor Falou daquele menino do shopping não é? Aquele que acabou levando a gente para a justiça do trabalho não é? Eu lembro que eu fui lá. Mas ele era irritadíssimo, eu lembro. Lá no shopping parece que ele era meio assim, não sei, meio malandro...

Vagner – Malandro!

Valdir – E a hora que ele era chamado para conversar com a gente ele era irritadiço, nervoso, vinha com o pai dele junto...

Vagner – Trazia irmão, pai...

Valdir – É...era uma pessoa irritadíssima.

Vagner – (***) tinha que todo dia fazer...

Beatriz – É a rotina...

Vagner – É a rotina...

Beatriz – Ele se adapta à rotina...No cargo de lavador é aquela rotina, você lava um ônibus, você vai pra outro, você lava um ônibus, você vai pra outro, aí ele se adapta a uma empresa...

Vagner – No caso nosso, hoje ele está com (***), amanhã ele está com calor, então eles deixavam em casa, não se adaptava de jeito nenhum, ele queria aquilo lá e...(***). Aí depois que ele ficou nervoso, aí não tem jeito, tem que esquecer ele, largar ele quieto, quieto lá pra ele voltar fica bem de novo pra gente resolver.

Valdir – Teve um bom, não teve?

Vagner – Esse que (***) batia o pé e... até ele não concordar ele... então aí é o caso da gente...

Carlos – O Senhor, teve doze casos, como é? Conta para nós como são, de maneira geral, as pessoas com deficiências?... Esse por exemplo, tinha deficiência auditiva? Ele não escutava?

Vagner – Tinha alguns que não gostavam de receber ordens....

Valdir – Quais deficiências assim, auditiva?

Vagner – Tiveram pessoas ali que não é precisão de ser também que eles são, que teve muitos que esperou dar os trinta dias de experiências e começou a aprontar. Então quer dizer que ele é deficiente mais ele é responsável também não é...

Carlos – Esse tinha que tipo de deficiência ele tinha?

Vagner – Ouvido (apontando para o próprio ouvido)

Carlos – Deficiência auditiva?

Vagner – Tem outro que era no falar...

Carlos – Não conseguia falar...

Vagner – Tem outro na mão...

Valdir – Senhor Vagner, aquele no aeroporto? Tem um lá, não tem?

Vagner – Tem..

Valdir – Mais está lá até hoje?

Vagner – Esta lá até hoje.

Valdir – Quando a gente entrou, ele já estava lá, ele entrou como deficiente, não entrou?

Vagner – Ele entrou.

Carlos – Então diante disso a gente pode tirar algumas ideias, por exemplo, a deficiência ela não tem por trás de si uma ideia já, a gente não, por exemplo, vendo o deficiente você não sabe que ele é.

Augusto – Não.

Carlos – Então, a concepção de deficiência é, ela é, assim: algumas são visíveis a gente vê outras a gente não vê. Por exemplo, deficiência auditiva você não sabe quem é deficiente auditivo até você ir lá e tentar conversar com ele, não é. Pois é, e que mais

Daniel – Deficiência o grau das deficiências para que ela também não dificultasse a aprendizado dele não é, então uma deficiência não muito grande. Um outro anterior ao Adriano*** ele tinha um problema que ele era mais, era só mental, não era tão grande.

Débora – Não tinha condição***. Motora.

Daniel – Ele era muito nervoso e era difícil lidar com ele, aí a gente não sabe se ele se aproveitava da situação de deficiente pra tentar levar vantagem em outra coisa. Aí já...

Carlos – Parece que uma das coisas que surgem, por exemplo, é essa ideia da pessoa com deficiência, ela se encaixar assim numa situação é... De aceitação dos comportamentos dela por nossa parte ou de rejeição, ou seja. A gente vai percebendo que na verdade vocês estão desempenhando aqui um papel, representando a empresa de vocês, sendo que vocês são as pessoas que empregam. Eu estou chamando vocês de empregadores, que de uma certa forma são quem empregam.Quem é a pessoa que emprega, que da o emprego? Passa por vocês de uma maneira geral. O caso do *Delta* é diferente porque eles trabalham com edital, mas tem uma equipe lá que decide é...Qual o perfil, da pessoa que...

Débora – É depende do setor que a pessoa vai. A pessoa gosta (***) a vaga é dela (***) você vai colocar (***) de acordo com o (***).

Carlos – Então parece que a gente percebe, que vocês estão percebendo pela fala de vocês que há uma aceitação, ou seja, vê o deficiente como uma pessoa que se adapta, que se ajusta faz até bem o trabalho que é direcionado a ele, ou é uma pessoa que não se ajusta, que as pessoas é... veem dificuldades. Acaba parecendo, no caso de vocês, que tem que tomar uma decisão a esse respeito, contrata, não contrata, continua com ele. É mais ou menos assim que a gente pode ver, que a experiência diz pra nós no dia a dia da empresa? Vocês entenderam o que eu disse?

Débora – Que dizer, a gente acaba vendo que aquela pessoa, aquela deficiência dela se ela vai se adaptar no trabalho...

Carlos – A gente consegue olhar ela por dois lados: uma ela se acerta. As pessoas veem, conseguem... e quando acontece isso é vista como uma pessoa que se ajusta, que está desempenhando bem, e por outro lado ela não da muito certo, ela é...

Daniel – Eu pensei numa coisa! A gente é... Não tem interesse no mercadológico, o que interessa é nosso serviço só de qualidade. E esse, e essa inclusão acaba sendo deficiente podia também, poderia estar se encaixando na qualidade de produtiva ou não produtiva. E eu acho que pra vocês que são da iniciativa privada é...Tem muito mais esse interesse do que a gente.

Débora – Não que a gente não tem. No nosso serviço é muito mais imediato. Os recursos do *Delta*...

Daniel – A gente é... Para nós é mais é mais fácil conseguir encaixar isso para melhorar o padrão do deficiente enquanto ele está sendo incluído. Ele vai experimentar o mercado de trabalho, relacionamentos, treinando sair... Não tem um caso sendo atendido por uma instituição, mas ele, por exemplo, quando chega dentro do *Delta*, ele vai de acordo com as limitações dele até é... A própria empresa acaba encaixando no lugar que ele tem... A exigência para fazer com que ele produza, ele tem a capacidade... Possibilidade de produzir mais. Eu acho que este aspecto é o sentido... Acho que seria interessante a gente conversar aqui... É que a gente quer o deficiente, quer proporcionar para ele uma experiência, mas também quer que ele fique produzindo para também não se sentir mais deficiente, se é esse o termo que eu posso usar. Ele está ali mas está parado, todo mundo trabalhando e ele não produz. É interessante esse aspecto, a gente coloca assim... Procura direcionar quem vem ou quem tem algum tipo de limitação, tanto é que ele vai produzir, ele vai se sentir produtivo também, pelo menos lá no *Delta*, é essa visão. A gente proporciona, como no caso da APAE, a gente proporciona estágio para o Bruno. Vamos supor, ele não tem possibilidades de tirar xerox, acreditamos que ele não vá se adaptar, alguma outra função para ele pode ser proposta, mas de forma que ele produza, para se sentir produtivo. Funciona mais ou menos por aí, que a gente tem lá na, como filosofia no *Delta*, com relação à deficiência...

Carlos – Você ia falar alguma coisa àquela hora? A avaliação que eu fiz é... Para pessoa com deficiência e sem deficiência?

Suzana – É porque a gente pensa assim: quando a pessoa que não tenha deficiência entra na empresa ela também passa por essa coisa de se adaptar, não se adaptar essa (***). Eu acredito até que com a pessoa com deficiência o grupo procura ter um pouquinho mais de tolerância do que se a pessoa não tivesse a deficiência.

Beatriz – Você presta muito mais atenção na necessidade, não é?

Suzana – Então antes de você reclamar, antes de ele reclamar que o fulano não está acompanhando o ritmo, você fala: bom deixa ele ficar mais tempinho aqui. Às vezes porque ele é novo aqui. Então, agora se não tem deficiência, então oh! Isso é que não dá certo. Então, costuma ter um pouco mais de tolerância.

Valdir – E assim, muito depois de três meses de experiência o funcionário, às vezes, dá umas rumadas...

Carlos – Depois dos três meses de experiência?

Valdir – Do funcionário, pessoas... (surge um pequeno debate, pessoas falando ao mesmo tempo)

Carlos – Sim, sem deficiência.

Valdir – Então, é uma coisa que vai acontecer, eventualmente e, parece... Agora aí Carlos, a gente conversa focado na deficiência. Vamos supor, na deficiência que tem um bom relacionamento, deficiência grave. Porque para o preenchimento da lei aquela pessoa que não tem a pontinha do dedo já é, considerado deficiência, mas é uma deficiência que a gente nem percebe. Como eu falei, no nosso escritório a gente tinha no nosso quadro e eu não sabia, e para o Ministério do Trabalho já é considerado, não ter um dedinho igual o Lula já é deficiente, o Lula poderia entrar para a média...

Augusto – Do Ministério...

Suzana – Hoje em dia todo mundo está querendo ser classificado por deficiente para arrumar emprego.

Valdir – É, então nós tivemos doze pessoas, é, doze pessoas assim, com aquela deficiência visível, problemática, enfim... Mas deficientes são vários, e aí a gente acaba nem, passando desapercebido.

Carlos – E como, e como as pessoas daquele grupo veem essa passagem? Por exemplo, porque parece que surgiram algumas falas de que a lei evidenciou alguma coisa que já estava ali. De repente a gente tem gente correndo atrás de pessoas com deficiência, parece que virou até um valor ali. Como que foi essa passagem? Como é que vocês veem essa mudança de que, de repente surge uma lei a aí vocês começam a identificar que no quadro de pessoas que tem gente que se enquadra nessa cota aí? Como é que foi essa passagem? Esse olhar para pessoa com deficiência depois que a legislação estava falando mais alto que...

Valdir – Esta pessoa assim que já estava ao nosso lado?

Carlos – Já estava ali...

Valdir – Ah, naturalmente. Eles têm, como ele falou, às vezes as pessoas tinham alguma, pequena, disfunção no minguinho, mas é uma pessoa normal, não tem assim, as vezes você nem percebe, se ela não te falar você não sabe, você não sabe...

Carlos – E...

Suzana – Assim, gera um pouco de incômodo, porque..

Carlos – Para quem?

Suzana – Para pessoa, porque até então ela estava trabalhando como um funcionário normal, e de repente, para você relacionar o número de deficientes que tem lá dentro, você diz para a pessoa: olha, posso por você como deficiente?

Porque às vezes a pessoa não se enxerga como deficiente, mesmo, e aí não sei como é que fica a autoestima dessa pessoa?

Carlos – Como ela se comporta quando você...?

Suzana – Lá...

Carlos – Interroga ela e coloca essa possibilidade?

Suzana – Lá as pessoas falam para colocar, tudo bem, sem problema. Mas não foi (***) que isso que ela faz com relação à autoestima, só é questionado se pode ou não pode...

Carlos – E percebe-se alguma, algum tratamento das pessoas? Você percebe alguma coisa assim dos colegas?

Suzana – Não.

Carlos – Agora e a deficiência enquanto um conceito? Por exemplo, nós estamos tratando com um grupo de pessoas, e a deficiência enquanto um conceito abstrato? Que conceito que a gente imagina? Por exemplo, o que é que está no nosso pensamento quando a gente pensa em deficiência? Nós estamos entrando bastante nos exemplos das pessoas com quem nós temos trabalhado, mas a lei fala do direito de todo mundo Trabalhar. O que vocês pensam sobre a deficiência mesmo, em si?

Débora – Deficiência, de uma forma (***) tem a deficiência física, ela está na aparência, de repente eu uso óculos (mostra os óculos) eu tenho deficiência, sem óculos eu não consigo trabalhar, então, assim, de repente a gente por força de lei, é forçada a pensar que esse, aquele tem problema (***), quando você pensa em inclusão, pensa assim puxa, fulano não tem um pé mas e daí? Eu não escuto direito, eu tenho uma outra coisa que não funciona tão bem.

Suzana – Eu penso que incluir, na minha experiência é fácil, a minha preocupação agora é para a pessoa pode crescer na empresa? Uma pessoa que entra, faz aquele serviço fica lá o resto da vida fazendo aquele serviço... pela limitação...então não conseguiu alguém que...

Carlos – Então é... incluir no sentido de colocar,

Suzana – A empresa...

Carlos – Porque a inclusão tem uma filosofia por trás, então inserir é fácil, agora o que fazer no contexto é... no indivíduo e no meio, no contexto, pra que ela possa crescer...E avaliando o que você falou (dirigindo-se para Débora) a deficiência fica no âmbito da diferença?

Débora – É o que parece...

Carlos – Na diferença, nós somos diferentes e até aí tudo bem, somos diferente, cada um é de uma comunidade, de uma família, de uma formação... Agora umas diferenças são maiores do que as outras. Eu estou querendo pensar na diferença, na deficiência mais além das nossas é... Dos nossos limites, por exemplo a *Alfa*, não tem problema. tem que administrar, tem criar um ambiente facilitador, tem que... Mas vamos pensar na possibilidade das pessoas com deficiência trabalhar, todas as pessoas com deficiência. Como que a gente pode pensar, como pode refletir essa relação da diferença com o trabalho?

Valdir - Eu não sei, eu, a cada impressão que eu tenho às vezes, e eu tenho até um pouco de medo de falar nisso, e... Isso, Ele se compôs muito com o concurso público não é, que tem que reservar uma porcentagem para o deficiente, recentemente também é o vestibular parece que para os negros. Eu não sei, acaba mostrando racismo não é, não sei, e a impressão que dá é essa. É mais para que ele... sim ou não? Vai reservar para ele, reservar para esse não, é complicado não é? Acabam descriminando, acaba rolando... Não sei! A impressão que eu tenho às vezes é que se ninguém falasse nada era melhor ou, não sei, tem que falar mesmo, igual ao racismo. A impressão que eu tenho se ninguém falasse nada seria igual um cachorro branco, preto que não faz diferença nenhuma não é, e falasse assim, não no caso ele não tem que existir, ou seja, tem que falar, tem que divulgar, não sei, eu tenho medo. Eu acho que deficiente é a mesma coisa não é, a coisa do homossexualismo é uma coisa meio assim, deve se falar, não deve, de tanto se discutir, não sei... Não sei.

Carlos – É... É um ponto. O que vocês acham da questão? Nós estamos entrando numa outra questão que é questão das cotas, é... Eu acho que vocês estão levantando pontos, bastante questão importante aqui. Questão da cota, por exemplo, que na verdade eu estou perguntando para vocês sobre pessoas com deficiência mais graves, pessoas com deficiências que talvez nunca trabalharam, que não tem...Não passou pela SORRI, não tem escolaridade ou... Eu estou entrando numa outra questão que é a questão da empregabilidade, e aí o Gustavo trás a questão das cotas que é uma... Na verdade... O que vocês pensam dessas questões? Primeiro é a questão do trabalho em si... Da empregabilidade, quem é empregado hoje? Quem de nós é empregado? Quem na sociedade é empregado? Quais são os nossos empregos que a gente tem. E a outra questão é questão das cotas, ou seja, mesmo que você não queira, você tem que colocar a pessoa com deficiência, e aí a gente tem outra discussão.

Augusto – Tem um fato louvável nesta legislação. Primeiro, na tentativa de assegurar essas pessoas no emprego. Eu não concordo muito com isso aí não, porque como é que eu vou garantir para aquele lá se outros que já não tem deficiência nenhuma, que tem família, etc, etc, etc. Em geral apresenta uma limitação grande, tem uma limitação grande, agora o desempregado em geral você vai ver não, ele é arrimo de família, é complicado isso aí. Essa história de estabelecer cota é outro negócio pra inglês ver. Você falou agora da questão da empregabilidade, pessoas. Pega o exemplo da construção civil: como é que eu vou colocar um deficiente físico pra trabalhar dentro de uma obra se eu tenho o risco de uma queda de uma peça? Eu tenho o risco de é... acidente com um equipamento, eu tenho o risco de contato com algum produto químico. Lá dentro a mão de obra, é limitado e oitenta por cento da mão de obra ou mais na construção civil está lá dentro do canteiro de obra. Eu não vou conseguir cobrir cota lá dentro e na área de administração, o grupo é muito pequeno. De cento e sessenta funcionários eu vou ter vinte e cinco, trinta na administração. Aí você aplica a cota em cima vinte e cinco a trinta não deu nada. Aí você vai para o canteiro de obra, como é que eu vou buscar gente no mercado? Os que eu tenho, já são da herança do próprio segmento é... são aqueles que não tinham aqueles cuidados na área de segurança que nem o caso, ele não usou o protetor auricular, ele não usou o protetor facial, ele não tinha o cuidado com a serra e perdeu um membro. É um lá do passado esse cara está hoje com cinquenta, cinquenta e cinco anos, está aí no mercado e agora quando ele se aposentar dificilmente...É um outro problema que eu estou tendo lá na construção civil. A gente já percebeu que a nova geração não quer aprender a função de carpinteiro, de armador, de serralheiro da construção civil.

Carlos – Porque?

Augusto – Eu acredito que eles tenham entendido que é um trabalho duro, penoso que não vai ter grande futuro. Exato, não vai ter, não tem, infelizmente não tem, o máximo que você vai conseguir dentro da construção civil é chegar ao cargo de encarregado. Talvez um contra-mestre e isso na base de estrutura, dali pra frente, não tem. Você não vai abrir uma marcenaria como você aprendeu lá na construção civil. Então eu acho que as novas gerações estão fugindo, isso já está tendo mais procura do que oferta. O servente de pedreiro em geral é aqueles que ficaram desempregados no resto do mercado de trabalho...

Suzana – É... São aqueles que não tem essa empregabilidade.

Augusto – Exato. Ele perdeu o emprego lá na ECCB, na hora que a ECCBeatrizfaliu. Não conseguiu outra coisa no mercado porque ele não se preparava, eu vou ser servente de pedreiro...

Carlos – Mas esse é um dado interessante Augusto, porque você está falando de uma fuga de um determinado profissional, ou seja, você não acha que de repente as pessoas com deficiência se forem preparadas, como bons serralheiros, se for um bom pedreiro ele vai para o mercado de trabalho porque ele tem empregabilidade.

Augusto – Sim. Aí você pega o caso do deficiente, por exemplo, você pega um pedreiro com deficiência visual, parede, cúbico, isso é fundamental, interfere bruscamente no custo do reboco, por causa do reboco. Eu não posso ter deficiente ter um pedreiro com deficiência visual, deficiência auditiva. Complicado! Eu tenho gente trabalhando com andaime em volta, pode ter queda, não dá para ter. Então você pega o carpinteiro, faz estrutura, fica montando caixa, o armador fazendo armação de ferro, não dá para eu tutelar esse camarada com essa deficiência.

Carlos – Nem que ele tenha sido preparado para essa função, porque na verdade nós temos uma demanda maior do que gente preparada.

Augusto – Exatamente. Os últimos processos seletivos que nós fizemos para esses dois setores, especificamente, que é estrutura, que é armação e carpintaria, nós chegamos a entrevistar sessenta pessoas para preencher quatro vagas e eu não consegui preencher.

Carlos – Porque? Por exemplo, eu entendo perfeitamente não... Você põe um cara com epilepsia.

Augusto – Em altura?

Carlos – Não dá. Não tem jeito. Então... Agora... Por isso que eu insisti na questão da concepção. Porque na verdade, a deficiência pode ser algo tênue. Por exemplo, eu achei legal a fala dela (dirigindo a Débora) que fala da deficiência visual. Então é lógico que ela não pode ser colocada na cota de deficiência por usar óculos não é, agora existem níveis de deficiência que o cara que está acamado, falar de trabalho para ele é um pouco distante... Ou falar de educação, como a gente vê, tem o mesmo movimento na educação, fica complicado. A pessoa não escuta, não vê, não fala, não anda, com deficiências múltiplas... Claro que a comunidade tem ir até lá, saber que ele existe de uma certa forma... Agora nós temos um universo da deficiência que ele ganha significado quando a gente vai convivendo. Você, na sua empresa, você deve ter uma experiência muito grande. O vagner deve ter uma experiência... Por exemplo, meia dúzia que ficou lá eu considero um número muito grande não é, de doze, meia dúzia ficou, meia dúzia...

Vagner – ***

Carlos – E que deficiência ela tem Vagner?

Vagner – Auditiva.

Carlos – Auditiva não é, você trabalha bastante com a deficiência auditiva?

Vagner – Ela é, olha, uma das melhores que tem lá, trabalha bem direitinho, nota dez mesmo.

Valdir – O nosso serviço, exige uma movimentação física do funcionário. Então é difícil uma que fique sentado, possa ser deficiente... Físico, assim, nas pernas, por exemplo. Eu não sei o shopping tinha um que olhava os visores, das câmeras que era deficiente? Ou não?

Vagner – Não.

Valdir – Assim nas pernas, por exemplo. Não sei se no shopping tinha uma mulher que olhava os visores das câmeras, que era deficiente? Ou não? É um trabalho não é? Que dava pra encaixar, não é?

Carlos – Claro.

Valdir – É, o difícil é a movimentação, não é?

Vagner – É, por exemplo, mais é pelos clientes. Depende dos clientes, vamos por lá dois funcionários, três funcionários, porque aí eles não colaboram, os clientes não aceitam...

Carlos – Então, eu acho que nós temos muitos pontos que nós levantamos aqui, nós temos muitas coisas e mais ainda eu acho com esse universo é um universo é... bastante interessante e eu acho que está tudo no pano de fundo da questão do trabalho, eu acho que o trabalho é o grande pano de fundo para nós aqui. O trabalho que está dentro de um determinado tempo e espaço. Nós estamos em uma sociedade em que o trabalho se configura no emprego, porque trabalhar todos nós temos que trabalhar, a relação nossa com a natureza é de trabalho. Agora o quanto a gente trabalha, dentro de uma empresa, fazendo determinadas coisas, ganha algumas formas, algum colorido específico, não só aqui no Brasil, aqui em Bauru, mas de uma maneira geral no mundo. Então as pessoas estão dentro de uma teia muito complexa envolvendo as relações de trabalho, por exemplo, nós temos o trabalho, o emprego. O trabalho é fundamental para o desenvolvimento da pessoa humana, inclusive das pessoas com deficiências, inclusive não, para todas as pessoas, porque quando a gente começa a falar inclusive, a gente tem essa ideia de seccionar mesmo, falando olha, é como se fosse uma concessão que a gente faz. Uma concessão olha, eu vou fazer, por uma questão de caridade, uma questão de medo da lei, uma série de coisas. A gente tem que conversar, discutir esses pontos dentro desse pano de fundo que é o trabalho e o emprego. As pessoas, de uma maneira geral, tem pessoas que adoecem, por exemplo, e às vezes tem umas dificuldades de falar sobre a deficiência mental, porque por trás da deficiência mental tem todo um mito, tem toda uma ideia da imprevisibilidade, o que será que vai acontecer com o comportamento, e nós temos vários níveis de deficiência mental, então eu acho que a gente tem bastante coisa. Eu vou encaminhando agora, o encerramento desse encontro. Eu queria que vocês pensassem sobre o que nós falamos hoje, sobre o grupo, nós estamos aqui todos numa determinada tarefa, eu gostaria que vocês fizessem uma avaliação do que vocês acharam de hoje? Com bastante tranquilidade, com bastante transparência, olhando para o sentimento mesmo, como vocês avaliam nós estarmos neste tempo?

Débora – Eu acho que a gente vem com um ponto fixo, foram colocadas algumas coisas que não combinam muito com o nosso dia-a-dia, não adianta só, você de repente querer fazer uma coisa bacana, colocar um ou incluir alguém para trabalhar, se aqui também não leva a coisa para frente. Começo a tocar em pontos práticos, a gente deve ajudar, se a pessoa também não consegue fazer a parte dela, é uma dificuldade. A gente tem que, eu acho que, a gente poderia discutir mais coisas, como você falou (dirigindo-se ao Carlos) de repente é um tempo para pensar, sobre o que gente viu, porque na correria que a gente vai trabalhando, a gente não tem, tem como fazer isso.

Augusto – Essa questão da deficiência tem o outro lado também. Tem o deficiente que não quer ser deficiente. Eu tenho um caso que ele se enquadra, que ele está dentro da cota, só que ele não admite de jeito nenhum. Eu não posso falar para ele, ele não admite. Outro dia saiu um comentário lá, não, mas ele está na cota! Porque eu sou deficiente, o que?! Rapaz! Ficou bravo. Lá, ele não quer, fazer o que? E não é um só não, tem vários casos.

Suzana – E qual era a deficiência dele?

Augusto – Deficiência auditiva. Ele tem uma perda, acho de quase 60% de um ouvido e 20% do outro.

Carlos – Só que ele não quer ser colocado no papel...

Augusto – De deficiente. Um dos melhores funcionários que a gente teve lá era um moço que um lagarto tinha, quando ele era criança, comeu esses dedos de uma mão, e o outro dessa aqui, brincando no quintal de casa. E ele era deficiente, só que não pediu para ser...enquadrado.

Daniel – Acho interessante perceber que o grupo hoje chegou a ver agora qual vai ser a discussão e quais são as finalidades do grupo. Não é trocar informação, a gente vai trocar impressões a respeito do tema, a gente vai saber que às vezes as nossas impressões, tem algumas lá no *Delta*, por exemplo, de repente pode ser a mesma de qualquer um, das reações que acontecem com qualquer um de vocês. Acho que isso pode proporcionar muitos frutos, muito interessantes. Para a pesquisa e para a gente também, profissionais de recursos humanos.

Carlos – O que mais que vocês avaliam?

Valdir – Nós temos mais quantos dias?

Carlos – Mais três, são quatro dias.

Valdir – Nos outros acho que a gente vai pegar mais em cima do tema.

Carlos – Nós vamos avaliar e nós vamos trazer, algumas análises que nós fizemos, porque na verdade, o que nos importa também não é só o conteúdo, mas é questão da subjetividade, nós vamos passar para vocês coisas do grupo. Então a gente fica um pouco, no inicio vendo o que vai acontecer, também é importante porque eu sou psicólogo e vamos também trabalhar a questão do funcionamento do grupo. Não sei se eu respondi a sua pergunta, mas não vamos focalizar tanto, o objetivo meu não é ficar na informação, é continuar ampla, no final a gente vai trazer uma avaliação de tudo o que a gente fez.

(silêncio curto)

Carlos – Tudo bem?

Suzana – Foram várias ideias colocadas, eu acho que um ponto principal do deficiente no mercado de trabalho é a questão da família dele também. Como que a família enxerga a deficiência, como o prepara para a vida adulta. Se preparar para trabalhar, um dia, então eu acho que vai ser produtivo. Nesses dias a gente vai retomar essas várias ideias.

Valdir – Depois, esse relacionamento do pessoal que trabalha especificamente com RH, somos todos RH das empresas, interessante e a gente precisava ser mais explorado nesse local, é uma coisa que a gente, eu sou do RH e, preciso ter mais contato com os outros e, se precisar de achar pessoas, porque as vezes a gente fica com um banco de dados lá desse tamanho, de gente e as vezes quer contratar um e não consegue, as vezes se ligar, passa uma ligação para outro.

Beatriz – Na hora de pedir referência.

Valdir – Bauru não tinha um clube de RH, uma coisa assim?

Augusto – Tinha uma associação, mas ela está meio adormecida.

Valdir – É, eu ouvi falar alguma coisa desse tipo. A gente precisava se reunir...

Augusto – Tinha sim, organizava alguns eventos aqui, mas agora eles estão, meio parados, não sei exatamente,

Valdir – É diferente se eu pegar um financeiro da minha empresa e um financeiro do outro, não vão ter muitas coisas para se, pra trocar ideias.

Daniel – Tem o "Interação".

Augusto – Era o "Interação" mesmo.

Valdir – O "Interação" qual que é?

Augusto – É esse que fazia...

Valdir – Quem que organiza isso aí?

Augusto – Eu conhecia uma psicóloga lá que era a Simone, e a outra era...

Suzana – São pessoas do grupo que indicam outras pessoas para...

Daniel – O próprio grupo tem um número que não pode ultrapassar aquilo, isso é legal.

Valdir – E não está funcionando?

Suzana – Funciona sim.

Augusto – Só que diminuiu o nível de atividades deles.

Daniel – Eles fazem um evento só. Em setembro, mais ou menos tem um evento grande. Setembro passado teve, como é mesmo... Responsabilidade social.

Carlos – De repente pode ser um desdobramento, porque aqui nós vamos estar com um tema específico, depois um desdobramento é essa consciência que, a interação é importante, o grupo é importante... Tudo bem? Então... Alguém mais quer avaliar? Então segue mais ou menos essa dinâmica de abertura, desenvolvimento e fechamento. A gente também tem expectativa do grupo, está avaliando o que pode acontecer, como vamos conduzir. A temática é bastante importante ela vai remeter a outras questões dentro do universo do trabalho, dentro da nossa realidade complicada, complexa, que é o trabalho, para mim uma coisa fascinante. Eu acho que trabalhamos bem, que o grupo fluiu bem, e temos aí uma caminhada pela frente. Eu não sei como é que vai ser. Só comunicando o grupo, duas empresas que não puderam estar no primeiro dia, elas pediram para vir no segundo dia, o *Gama* e a *Psy*. São duas empresas que disseram que gostariam de estar aqui presente, mas não puderam, uma por motivo de doença e outra por uma auditoria. No segundo dia agente incorpora essas pessoas no grupo. Eu agradeço a presença de todos, espero vocês na semana que vem novamente.

Segundo encontro – Grupo de empregadores
Tema – Deficiência e mercado de trabalho
Data: 22/03/2004

Carlos –Bom, nós estamos recebendo uma nova pessoa no grupo, na semana passada ela não pode vir, por questões de saúde, e nós estamos aguardando o Valdir, ele disse que virá depois, e uma outra empresa disse que viria também, não sei se vai vir. Vamos aguardar, conforme a gente combinou começa para mantém o horário. Antes mais nada, eu acho que é legal a gente conhecer a nova integrante do grupo, e depois a gente fala também um pouquinho, para ela, de nós...

Júlia – Pode começar? Bom meu nome é Júlia, eu trabalho no *Gama*, eu sou selecionadora de pessoal, sou psicóloga, sou formada há oito anos já, pela USCarlostambém. Eu trabalho no Gama há dois anos, já venho de ramo de supermercado, só no supermercado eu trabalho há 16 anos, e trabalhando também com recursos humanos. Então eu trabalhei a vida toda com isso, desde que eu comecei a trabalhar foi nesse ramo de RH e logo em seguida me formei, e ainda continuei atuando nessa área, e só. E o dia-a-dia nosso é uma correria, supermercado, não é fácil como todo mundo, é corrido, mas a gente procura sempre estar atentos, o nosso objetivo são as pessoas, é o cliente externo e o cliente interno. Então a gente procura trabalhar em cima disso. Toda segunda feira de manhã eu reservo esse período só para pegar os currículos, para recrutar os currículos. Então é destinado aos candidatos, no período da manhã, e um dia da semana eu seleciono, eu faço as entrevistas, eu reservo aqueles que tem mais o perfil, do que eu mais preciso, então eu faço as entrevistas com os candidatos, e tem outras coisas, um monte de coisas...

Carlos – Então vamos nos apresentar...

Osvaldo – Bom, meu nome é Osvaldo, e estou ajudando o Carlos, eu sou o observador aqui do grupo, eu não vou participar com falas e, só vou registrar algumas falas.

Débora – Meu nome é Débora, sou funcionária do *Delta*, trabalho na parte dos recursos humanos, e eu sou estudante de Psicologia.

Daniel – Eu sou o Daniel, trabalho no *Delta* também, só que na parte de recrutamento.

Vagner – Eu sou o Vagner, da *Ômega*.

Augusto – Eu sou o Augusto, da Alfa, estou lá na empresa há sete anos e trabalho no setor de recursos humanos, desde as questões jurídicas até recrutamento e seleção.

Beatriz – (***)

Augusto – (***)

Beatriz – Eu sou Beatriz, sou psicóloga aqui da *Beta*, estou lá há mais de um ano, uns três anos.

Suzana – Sou Suzana, sou psicóloga, trabalho na *Sigma*...

Carlos – Sou o Carlos, eu sou o coordenador desse grupo eu que propus que esse grupo ocorresse e a minha função aqui é, propor uma discussão entre as pessoas do grupo sobre a questão da deficiência e do mercado de trabalho, então isso é uma pesquisa, isso está dentro de uma metodologia de trabalho acadêmico, estamos aqui para conversar sobre essa temática.

Carlos – Bom, então, vamos ao segundo encontro. Para iniciar a discussão de hoje eu queria recorrer ao primeiro encontro. Então, eu vou pedir para vocês tentarem identificar os pontos importantes do primeiro encontro. Seria interessante colocar a Júlia ao par do que aconteceu no primeiro dia, para a gente dar sequência. Então, colocar o ponto de vista de vocês no papel de pessoas empregadoras. O que é que foi importante, o que você destacaria?

(silêncio)

Beatriz – Bom no primeiro momento foi colocado às expectativas de cada um, mas ***nas empresas***

Suzana – Bom. Eu acho um ponto importante à questão daquele adolescente que é preparado para o trabalho, pela instituição e aquele que não foi preparado, a realidade da empresa. As dificuldades, as facilidades.

Débora – Uma outra coisa que agente discutiu, é esta questão, de repente você quer contratar pessoas com deficiência, mas você não sabe o preparo que ela tem, e mesmo que lei obrigue, a pessoa não vai corresponder, ela tem um risco grande mesmo para quem tem tudo em ordem, então é uma coisa que a gente discutiu bastante.

Daniel – (***)

Suzana – Um outro ponto também é... Como os funcionários que vão trabalhar com esse deficiente enxergam o deficiente pra unir tudo isso. Como o próprio deficiente é a pessoa que até então não era considerada deficiente e com a exigência da lei a empresa passa a ver aquela pessoa como deficiente, por exemplo, se não tem um dedo. E como que é a aceitação dele disso ou não?

Augusto – É, ela também esqueceu do lagarto que comeu o dedo do rapaz (refere-se a uma fala do encontro anterior, risos... silêncio)

Carlos – De repente esses pontos que nós estamos colocando aí, eles são os pontos que mais chamaram a atenção? Ou vocês estão tentando fazer um resgate de todos os pontos?

Beatriz – Eu acho que é por causa dos dois. Na verdade a gente falou um pouquinho do que lembrou e do que ficou marcado...

(silêncio)

Carlos – Como é que a gente pode traduzir essas questões? É preciso ... o que cada um falou. Como é que a gente pode traduzir em termos para o grupo aqui estas questões?

Augusto – Embora, eu não tenho certeza, existem áreas diferentes. Basicamente todo mundo tem os mesmos problemas, as mesmas dificuldades, e tem os mesmos objetivos, por incrível que pareça. A construção civil é muito diferente já contrata o serviço do Vagner, não contratamos ainda...

Vagner – Estou aguardando...

(risos)

Augusto – Mas quem sabe! Estou aguardando (risos). É, embora as empresas sejam diferentes, todas elas convivem com os mesmos dilemas. Agora cabe a gente colocar as discussões, a gente tinha conversado, para pegar as experiências mais típicas de cada uma, eu não sei o que na empresa de ônibus, ela pediu para ir atrás da SORRI, eu preciso de um porteiro, e eu vou pegar alguém de lá...

(risos...)

Augusto – Gostei da ideia, eu não tinha pensado nisso? Que eu sempre achei que nunca ia precisar, porque a gente tem um quadro, sempre aproveitei as pessoas do quadro, eu gostei desta experiência...

Beatriz – De toda experiência que a gente trabalha com a SORRI, teve uma situação que não deu certo, foi o melhor que eles indicaram para a gente, e no setor, nossa, ele era a menina dos olhos do encarregado, só que, há um tempo atrás ele pegou uma bicicleta, conforme ele foi pegar a (***), então a gente soube da notícia, não tinha como (***) e na concepção dele ele não tinha roubado (silêncio)... e era o melhor funcionário que tinha no setor,

Augusto – Será que não teria uma mulher? Olha gente, se alguém tiver alguém pode mandar...

Carlos – Olha Beatriz, eu acho que você toca num ponto que a gente pode explorar um pouquinho. Por que eu acho que o Augusto faz uma... fala na qual, temos objetivos, e temos dificuldades. Não é mais ou menos isso? Então a proposta de continuidade é a gente ter como central essas questões. Então eu acho que a gente poderia explorar um pouquinho. O que nós do grupo pensamos sobre esta história que nos foi contada pela Beatriz? Não sei se todo mundo prestou atenção no que aconteceu. A gente poderia explorar um pouco mais o que isso significa pra gente, como que é isso no nosso dia a dia?

Augusto – A questão do furto?

Carlos – É ela colocou uma situação que aconteceu lá. O que significa isso pra gente, enquanto representantes?

Daniel – Só voltando, como a gente traduziria isto, mais do que tudo, mas as experiências negativas que a gente tem com relação ao contratar e o não contratar... Mas acabou fluindo assim, são as diferenças que não foram tão legais. Não que as legais não tenham aparecido, mais as que acabaram o tempo inteiro enfocando foram às dificuldades mesmo com as situações em volta... A respeito do assunto, não ter ou não recrutar um deficiente...

Beatriz – Então é conforme eu comecei a colocar. Nunca tive problema com o pessoal as SORRI. Já vieram inúmeros indicados que nós contratamos e estão lá trabalhando, outros já saíram por outros motivos e são excelentes, esse foi o único que...

Daniel – Mas se a gente parar para pensar mais a gente falou das nossas dificuldades, não só problemas, da gente... As nossas dificuldades em lidar com as dificuldades deles, com alguns a gente compor as nossas (***) normalmente ficam guardadas, de como melhorar pra eles, nós, pelo menos é o que eu estou sentindo, acabamos permanecendo a respeito do que eles tinham de problemas é que a empresa explique (***) pra traduzi (***)

Augusto – Eu acho que isso acontece porque nós que estamos lá nos RHs, nós somos pressionados a produzir resultados, tudo o que a gente vai fazer lá, tudo que a gente... É um treinamento, é o recrutamento, a seleção, tudo tem que está pensando não só no bem estar do cliente, que é quem paga as nossas contas lá no final do mês, mas tem que pensar nos resultados da empresa, por isso que enfoca –se nas experiências negativas, para ver se a gente consegue achar uma solução ou chegar a um consenso pra contornar esses problemas, para que eles voltem a ocorrer, porque a gente precisa correr atrás do bendito do resultado, e a pressão a cada dia que passa é maior, não tem como a gente escapar disso, por isso que a gente bate tanto no negativo, por que a gente precisa encontrar soluções, e quem é que vai encontrar as soluções? É o pessoal do mercado anterior...

Beatriz – E nesse caso não tinha condição de lidar com a experiência, aconteceu isso, chegou a causar problemas na empresa não é?

Augusto – Mas aí que está. É complicado isso. Com o pré-requisito que as empresas de certa forma colocam para gente lá no RH, não sei como é que as outras empresas são, mas se tem antecedentes criminais está fora...

Suzana – Mas, como assim, porque ele alega que não roubou a bicicleta, um deficiente mental, entende, ele tem alguma dificuldade de... Porque ele soube enxergar essa questão e falar que não, ele não roubou? Que ele só queria dar uma volta? Foi sincero ou como uma desculpa usada...?

Beatriz – Eu não fui até ele, estava preso. Isso quem me passou foi a assistente social, e depois eu conversei com a psicóloga da SORRI, também foi uma surpresa para eles, não sabiam disso...

Carlos – Então eu acho que a gente poderia explorar isso, não no sentido de que seria algo emblemático da *Beta*, não, mas como um elemento para gente conversar aqui. Eu acho que um outro ponto que o Augusto traz, uma coisa que aparece, que a gente tem aí, que eu acho que ele condensa na ideia das dificuldades, nós temos que mudar, nós temos objetivos, meus objetivos, então a proposta que a gente converse um pouco sobre isso. O que significa pra nós esse episódio, como é que a gente pensa isso, que é importante para vocês? São todas pessoas que estão num papel importante para a minha pesquisa. Então como é que a gente pensa essa situação?

Beatriz – Aí é aparece o nosso lado acadêmico, social, humanitário e coisa e tal. Mas a gente também se depara com as normas da empresa, e nesse caso específico, claro que a gente se pergunta: como é que a vida dele? E que é aquela coisa de questionar: não, mas para ele não é roubo, ele pegou pra dar uma volta e tal, a gente dá aquela pensada, então está bom, e a visão da empresa? Então tem uma carteira lá no vestiário, então ele vai pegar também?

Augusto – Aí, tem um novo fator, histórica e estaticamente quem cometeu o delito a primeira vez, é...na maior da parte das vezes, eu não me lembro os números agora, mas pelo menos sessenta e cinco por cento, comete uma segunda vez. Nós já tivemos episódios e eu com ação trabalhista em cima da minha mesa que chegou sexta feira à tarde, um caso deste, um ex-presidiário, demos uma chance para o rapaz, e o rapaz até estava indo bem. Ele conseguiu duas promoções dentro da empresa. Eu tive um problema com um subordinado dele na sessão dele, no setor dele e não tinha como ele negar que ele não viu. O cara desviou o material, jogou por cima de um muro alto pra caramba, não tinha como ele falar que ele não viu porque ele tinha que passar debaixo da mesa dele, o rapaz ficou numa situação tão delicada que ele acabou tendo que... ele chegou em mim, na hora que percebeu o tamanho da encrenca, e pediu pra fazer um acordo, sair da empresa rapidinho, ele esperou para chegar na marca do pênalti, agora que vai fazer dois anos, ele entrou com uma ação, pedindo uma série de coisas, (***). Mais é complicado ele já tinha um histórico lá no passado, a empresa normalmente coloca assim: tem no contrato, abrimos a exceção. Eu paguei um preço alto por isso lá no final, lá na frente. Foi só esse caso? Não foi. Dentro de canteiro de obra, no almoxarifado. O que desaparece de fio, torneira, de ferramentas pequenas mesmo, dentro do canteiro de obra é aquela jogada de segundos, nunca aconteceu, vai coloca, a hora que você vê já foi... E aí, quem paga esse prejuízo? É complicado, infelizmente.

Suzana – Ou seja, você não vai mais poder contratar ex-presidiários.

Augusto – Está ficando difícil. Não, ex-presidiário de forma alguma. Agora aqueles que tem aquelas passagenzinha lá que você checa, tem uma passagenzinha era coisa leve, conseguia relevá-lo agora não ta dando mais, infelizmente. Não sei se é as circunstâncias, se é a economia do país que está feia, todo mundo desempregado e aí o cara fica desesperado e vai lá e faz. Não sei o que acontece, mais é complicado, agora não dá para contratar mais...

Carlos – O que vocês pensam?

Débora – (***) porque mesmo alguém que não (***) no processo de seleção, tudo bonitinho, que não tem nenhum antecedente, um dia ele pode cometer alguma coisa, então eu acho que é mais difícil ainda, alguém que tem um problema mental, como é que vai ser na sua cabeça, o que ele acha? Como que ele foi educado? E a gente não sabe, de repente o que ele entende por roubar? Será que alguém já explicou para ele? Porque na deficiência a gente fica fora da, dos meios, e de repente essas coisas não são apresentadas para ele da mesma maneira que é para a gente, então é um negócio muito complicado esse aí, você pegar uma pessoa que tem antecedente...

Carlos – Então é... nós estamos refletindo...

Beatriz – E quando ele estava preso, a preocupação dele não era estar presa, a preocupação dele era o emprego, se ele iria perder o emprego,

(curto silêncio)

Carlos – Pelo que nós estamos entendendo, então é um dos, é um dos elementos da dificuldade...

Débora – Não sei, se a pessoa realmente está, não sei uma pessoa considerada normal é mais difícil saber, você, se você está conversando com ela se não está falando a verdade, imagina alguém que você não, como é o caso do deficiente...

Carlos – Tomar uma decisão, pela empresa, para uma pessoa sem deficiência é mais fácil?

Suzana – (fala baixo) É mais fácil.

Augusto – Quando não há uma limitação é bem mais fácil, quando há uma limitação você já tem que justificar o chefe ou o superior daquela pessoa, às vezes até para um outro superior, um outro nível que está acima do superior imediato, quando tem uma limitação você tem que justificar.

Júlia – Eu tive um caso, recentemente, eram gêmeos, deficiência mental é, só que eles são da APAE, os dois trabalhavam lá na NUTRICESTA que é a montagem de cesta básica nossa, inclusive lá eu tenho o maior número de deficientes porque não envolve, muito, então ele pode estar trabalhando com a gente, é... são gêmeos, um deles no dia que recebia o pagamento, no dia seguinte você não precisava nem contar com ele, que ele não aparecia, e é assim uma situação precária da família. Nós fomos visitar eles. Moram em Piratininga, mora a irmã, o cunhado, e mais três pessoas fora os dois. Uma situação assim, muito complicada, financeiramente, e aí a gente começou a investigar o que estava acontecendo. Eu fiquei sabendo que ele estava se envolvendo com bebidas, então por isso que ele não vinha, no dia seguinte. Ele gastava todo o dinheiro dele, que ele recebia. No dia do vale que é dia 20, também no dia seguinte podia esquecer que ele não aparecia para trabalhar. Começou a ficar uma situação complicada para gente, principalmente para mim, porque você acaba colocando um paninho na frente (coloca a mão diante do rosto), falando: não vou enxergar, deixa quieto. É um menino que trabalha direitinho, fora isso ele vem e trabalha todos os dias. Só que aí você começa a ter cobranças, o gerente do setor começa a te cobrar: então Júlia e aí? Você vai tomar providencias? A tá, tudo bem, eu estou vendo. Mas uma graça de menino, também, então acabei ficando com dó, mas vou dispensar. Tive que dispensar, não dava mais para segurar. Acionei a APAE, a assistente social da APAE e a psicóloga foram até a casa dele e disseram: sabe Júlia, realmente a situação é bebida, o problema é bebida. Então eu tive que dispensar um deles, e o outro viu a situação. E assim, está cem por cento, isso já faz um mês e meio, é um faltava o outro ia em bar. O problema de bebida era com um deles, e eu tive que dispensar. Então existe uma cobrança muito maior. Aí o que acontece: é o médico da empresa que te liga, te caça, onde você está, para querer saber o que está acontecendo, porque que eu dispensei. O diretor da empresa liga para você para saber porque que dispensou um deficiente. O pessoal do departamento inteiro querendo, questionando porque que eu dispensei, então a carrasca sou eu...

Augusto – É sempre assim...

Júlia – É a carrasca sou eu. Aí você explica: não já veio, já venho fazendo o acompanhamento, realmente não tinha condições, já foi conversado com a família, a família ficou de tomar uma providências mas não tomou, então não teve outra saída, tive que dispensar.

Carlos – E de onde vem a pressão, Júlia?

Júlia – Então, a pressão a principio, vem da gerência da Nutricesta

Carlos – De quem lida com ele diretamente?

Júlia – É de que lida com eles. Então qual era a pressão? Como haviam me passado o problema, então eu tinha que tomar uma providencia, e tomei a providencia indo até a casa, vi como que era a situação, fique com dó, não posso dispensar, eles vendem o almoço para comer a janta, então eu não posso dispensar. Aí conversei com a família, não fui conversar com eles e coisa e tal, mas, eles ficam em cima, cobrando, então você acaba protelando, não, dá mais um tempinho, dá mais quinze dias, então vamos ver no que dá. Foi até que não teve jeito, tive que dispensar mesmo porque acaba prejudicando toda a produção. E se conta com aquela pessoa, e aí vira chacota de outros, porque fala: ah, fulano amanhã não vem, ah amanhã você pode ter certeza que amanhã não vem. E eles não entendem não é, assim, brincam, os meninos brincam, apesar de ter muito respeito, não é, tem muito respeito lá no departamento deles, mas acabava virando brincadeira.

Augusto – Essa pressão, no fundo, no fundo ela vem de fora, porque eu sou cliente da Nutricesta. nós compramos cestas básicas lá para os nossos funcionários, e as vezes eu tenho umas urgências de ligar assim uma hora da tarde e falar para a, eu não sei qual é o nome daquela...

Júlia – Da Elza?

Augusto – Não, acho que não...

Júlia – Telma?

Augusto – Telma. Eu preciso de cinquenta cestas hoje à tarde, é urgente, emergência. O que ela vai fazer lá dentro para me atender eu não sei, mas ela, se ela se comprometeu, ela vai ter que me entregar. E aí se está faltando aquele funcionário lá, ela está com um membro a menos lá na produção, pronto, enroscou tudo gente! É complicado isso aí. Agora ela não tem só uma empresa para atender, vocês vendem lá cinquenta mil cestas por mês eu acho?

Júlia – Mais até...

Augusto – Não sei, eu sei que é um número astronômico, eu fiquei surpreso até quando eu fiquei sabendo, mas imagine a produção, a pressão, no fundo, no fundo vem de fora, porque se eu faço o pedido e ela não me atende, o mês que vem eu não compro, nem que seja só naquele mês para boicotar eu vou pegar de outro fornecedor, ela deixou de vender a produção, o resultado lá caiu, a diretoria vai cobrar, então a diretoria cobrou porque é ruim? Não, porque ela está perdendo faturamento, perdendo cliente porque? De novo, é a pressão na verdade vem de fora, a preocupação minha na *Alfa*, nós vamos ter que fazer um pacote de treinamento para almoxarife em canteiro de obra, por causa do atendimento de telefone, por ter quase quinhentos clientes na obra, e cada obra estava atendendo de um jeito o telefone, mais ou menos padronizado. Só que tinha um pessoal pisando na bola. O nível de exigência chegou num ponto, que se o cliente liga lá não importa que é um canteiro de obra, que é construção civil, ele tem que ser tão bem atendido como se ele ligar lá para a sede. Vai ter que se fazer um pacote de treinamento para isso, para atendimento do telefone no canteiro da obra, do porteiro ao engenheiro, exigência do mercado...

Júlia – É assim mesmo, inclusive agora, há um pouco mais de sete meses, foi concedido o selo do INMETRO, na cesta básica...

Augusto – Então vocês esqueceram de colar.

Júlia – É, Não chegou o selo, porque só pode fazer o pedido uma vez por mês, e o selo, não veio, inclusive a gente está com uma auditoria lá, mas tem o certificado lá certinho, não foi porque não chegou mesmo, e agente tem que dar o treinamento, e os meninos da APAE, mesmo não sendo registrado, aqueles estagiários, eles participam do treinamento. Então o treinamento é de atendimento, é de higiene, de manipulação, eles participam. Eles fazem parte do nosso quadro como qualquer uma pessoa, então por isso que a exigência é grande em cima da deles. Até eu queria voltar no, quando você perguntou se a gente tratava, igual os mesmos, o pessoal da parte operacional tratava igual os deficientes, tratam igual. Principalmente na loja não tem, não tem distinção, eles são considerados normais, entre aspas.

Suzana – Nesse caso, se o rapaz não fosse deficiente, a atitude seria a mesma?

Júlia – Se for, é.. se for um funcionário que vale a pena você investir com certeza. Porque eu lido com cada funcionário, e é lógico que cada caso é um caso. Mas eu não, não diferencio, a não ser aquele funcionário que é safado. Você percebe que ele falta, ela falta, chega atrasado, responde para o encarregado. Então não tem jeito, na primeira oportunidade, você acaba dispensando. Mas aquele funcionário que não, que é obediente, que tem todas as qualidades, com certeza será tratado, e é até como eu faço com todos que apresenta algum problema. Se eu não posso ir a te a casa, quem vai é a assistente social nossa, que no caso ela é, acumula função. Ela é técnica de segurança do trabalho, ou eu, ou ela faz a visita para ver o que é que está acontecendo, eu converso com a família, o que está acontecendo...

Suzana – Não, mas, se não fosse deficiente provavelmente já teria sido mandado embora?

Júlia – Então, aí está. A gente não dispensa, tem todo esse histórico, como é o funcionário?

Suzana – Mas é como você falou, você coloca uma venda, fica meio com dó...

Júlia – É, porque assim é, em primeiro lugar você coloca que ele é deficiente, ele precisa, porque a gente sabe da história dele, que precisa trabalhar, e..

Suzana – Porque no meu ver, numa situação dessa, a gente chama, conversa olha a situação está assim, você está perdendo o emprego, vamos melhorar, e aí tentou, não deu certo...

Júlia – Talvez...

Suzana – Ele tem uma deficiência, será que ele está entendendo? Será que tem consciência?

Júlia – Talvez o tratamento, é com certeza diferenciado por causa, assim, da deficiência, não por pena mas,

Suzana – Pelo fato assim,

Júlia – Da deficiência. De repente ele não entendeu o que aconteceu, vamos até a casa, vamos conversar com a família e tal.

Suzana – Normalmente com o deficiente a gente procura a família e quando a pessoa não é deficiente a gente não procura a família.

Júlia – Mas todo o funcionário é chamado. Eu vou até ele, a gente conversa...não é dispensado o funcionário, não é dispensado de imediato: não deu certo tchau. Não, tem todo um trabalho em cima dele.

Carlos – Uma coisa que eu gostaria de jogar para o grupo a partir da fala da Júlia, é o seguinte: Por um lado, uma pressão que foi citada pelo Augusto, por outro lado uma retaliação, ou seja, o que é que você fez? De uma certa forma. Eu queria que vocês pensassem um pouco a pressão em cima de vocês... Ou seja, vocês não estão, o que é, o que significa isso pra vocês?

Augusto – A pressão nossa?

Carlos – É, com vocês, por exemplo?

Augusto – Nós mesmos com a gente ou a pressão que sentimos que vem dos outros?

Carlos – Nos dois sentidos.

Augusto – Porque eu me cobro o tempo todo. A gente está se cobrando, porque a cobrança maior é nossa mesmo. A gente quer ver o resultado positivo, de preferência. A maior é a nossa, não tenha dúvida. Você quer acertar o tempo todo. Você quer acertar em todos os aspectos. Você quer fazer o lado social, você não quer ficar mal perante o grupo, os colegas de trabalho, porque o resto da empresa acaba te vendo mal, quando você tem que fazer um negócio e não acontece. Você quer ficar bem com a direção da empresa, porque você não está prejudicando os resultados da empresa. A pressão que a gente, a maior pressão é a nossa mesmo, não tenha dúvida quanto a isso. Por mais que tenha que fazer pressão aqui fora (referindo-se a parte exterior de si mesmo) dificilmente a gente consegue viver sem essa pressão e a nossa própria.

Vagner – (***) porque ela é funcionário quem manda é o patrão.

Augusto – Exato! E você é o funcionário,

Vagner – No final é isso (***) não é verdade? Eu mesmo, não teve jeito. Uma fase teve que, como você falou, chamou a família, pai mãe, irmão, conversamos e tudo. Eu vou deixar, quando foi quinze dias, vinte dias, tivemos que chamar, pela terceira vez (***) é então, precisei despedir. Agora eu acho que por ele ser deficiente, ele não pode, ele deve ter as mesmas cobranças de um que não esteja, você entendeu? Eu acho que eu não posso, porque ele é deficiente então. Tem que agir desse jeito, ele é cobrado igual ao outro, porque se ele não é cobrado igual o outro, o outro vai responder. Se outro não (***) porque eu não. É como eu chegar e falar para os outros funcionários: tem que dar conta dessas cinquenta cestas. Eles podem falar, porque que o outro funcionário não vem também? Então, é cobrado. A gente precisa prestar conta, para tratar os funcionários é difícil, é difícil, é complicado,

Augusto – Muito complicado.

Vagner – Muito Complicado.

(Silêncio no grupo)

Carlos – E para quem vocês reclamam?

Augusto – Ahn?

Carlos – Para que vocês vão reclamar?

Augusto – Você está Louco? (Gargalhada)

Carlos – Qual é o espaço que vocês tem?

Suzana – Como assim qual espaço?

Carlos – Como é que vocês vão trabalhar isso em vocês?

Augusto – Antigamente eu ficava, eu fechava essas coisas aí na *Alfa*, eu ficava estressado. Hoje não. As seis, seis e pouco, eu consigo sair nesse horário, eu vou para a academia, eu nado, eu luto, eu corro, eu faço trezentas coisas até as nove e meia, dez horas da noite. Depois eu vou para a casa. Aí eu já suei bastante, já. Então eu chego em casa eu tomo um banho, como alguma coisa e eu vou dormir sossegado, ou vou ler alguma coisa. Sossegado, tranquilo. Agora eu já achei a solução, descobri uma maneira, aí no final de semana vou fazer umas coisas que não tem nada a ver. Agora eu estou fazendo um curso de culinária no sábado.

Suzana – Aí que delicia!

Augusto – No mês que vem eu vou fazer alguma coisa lá de renda alternativa. Porque eu sei que tem esposa de funcionário do canteiro de obra que não faz nada. Fica dentro de casa o tempo todo. E o trabalhador, ele é servente de pedreiro, não tem como ganhar muito. Esse cara ganha quinhentos reais por mês, para sustentar a família toda. Às vezes a filha teve filho, é mãe solteira, mora junto com o pai. Aí o avô, ele acaba criando todo mundo. E esse pessoal podia estar fazendo alguma coisa. Então eu primeiro preciso descobrir o que é isso, depois eu vou dar um jeito de ir plantando isso lá dentro, do canteiro de obra entre os funcionários para eles mesmos irem cultivando a família e melhorando a sua renda. Enfim, é o útil ao agradável, tem que achar soluções assim, alternativas.

Júlia – No meu caso Carlos, nós trabalhamos com autogestão, a gente não tem encarregado, não tem gerente é... eu não chego a ficar.. assim nervosa, estressada com esses problemas, eu acabo tirando de letra, porque a empresa confia no meu trabalho, acredito eu, porque acaba deixando e a gente resolve, e... vai dando, nós temos um período para contratação. É um dia só no mês que eu contrato. Então se passou do período e ele não me comunicou ou está tendo algum problema, então a gente vai estar trabalhando em cima disso. Então não chega a me preocupar a ponto de eu ficar nervosa, estressa e tal, não. Quanto a isso não, dá para tirar de letra, eu tenho é... hoje eu tenho quatorze, deficientes, e oitocentos e cinquenta funcionários sem ser deficientes, propriamente dito, então é... eu me preocupo, eu tenho que me preocupar mais com esses oitocentos e tarará. Mas os quatorze não me preocupam eles não me dão trabalho, e também a gerencia, um caso ou outro que acontece...

Augusto – Como é feito a conta da sua cota? Porque deveria ser mais?

Júlia – Dá quatro por cento... é isso?

Augusto – Quatro por cento. Quatro?

Júlia – Quatro por cento... Não é?

Augusto – É quatro.

Júlia – É quatro por cento? É eu tenho... É...

Augusto – Você tem quatorze, deveria ter trinta e pouco...

Júlia – Então mais é por ano. Eu terminei uma cota agora final do ano, agora no final desse ano é... Eu tenho que completar o restante. No Ministério do Trabalho, então eu entreguei no final do ano o relatório, no Ministério do Trabalho. E agora esse final do ano tem o restante, ou resto setenta e cinco por cento, alguma coisa assim...

Augusto – Ah o seu foi escalonado?

Júlia – É, em dois anos eu tenho que colocar o número, a porcentagem...

Augusto – A porcentagem de trinta e duas pessoas?

Júlia – Trinta e quatro pessoas. Então eu tenho quatorze. E esse que saiu já esta sendo recolocado, colocado uma outra pessoa, deficiente. Então eu tenho quatorze mesmo. Então ele fica seis meses no estágio e estando aprovado a gente já registra.

Carlos – Então é... Eu estava colocando dessa... Na verdade desse, colocado até agora, para quem, no sentido assim, existe uma pressão de vários níveis que vocês levantaram. Uma delas foram varias vezes abordadas aqui. É assim: olha gente, a gente tem que contratar uma porcentagem em função da lei, a outra é: nós termos dificuldades... As dificuldades, elas são de variados aspectos apontados aí... Nesse sentido, ou seja, é... Vocês pessoas tem um discurso a que vocês falam em relação à inclusão de pessoas com deficiência, e tem as necessidades que vocês enfrentam no dia a dia, então vocês estão numa situação bastante importante aí, para que a gente saiba o que vocês pensam a respeito disso. Isso é importante. Então, por exemplo: você falou uma coisa e a Beatriz... O Augusto falou uma coisa e a Beatriz é... Reiterou em cima, essa pessoa que assaltou, e por um acaso era presidiário, fechou as portas do ponto de vista organizacional. Não é isso que você falou? E do ponto de vista individual o que a gente pensa sobre isso?

Beatriz – Foi o que eu falei nós temos essas duas visões: na nossa formação, da pessoa, etc, etc, da psicóloga e etc. Só que a gente tem essa visão da empresa, que acaba prevalecendo, porque a gente vai trabalhar de acordo com as normas e procedimentos da empresa. Porque isto já está pré – estabelecido e não há alternativa você...

Carlos – O que você pensa em relação... Por exemplo: aos futuros empregados possivelmente vindos das penitenciarias. Como é que a gente pensa isso?

Suzana – Eu, no meu caso, sei que é um preconceito, mas eu não contrato ex-presidiário...

(pequeno silêncio)
Augusto – Não é por causa da pressão ou por causa da visão da empresa, é pessoal. Inclusive hoje aconteceu um episódio comigo, que eu estou p. da vida até agora. É... Eu no meu ponto de vista pessoal, não tento mais, já não pegava algum tempo atrás por conta daquilo que a empresa pregava. De um tempo para cá eu comecei... Eu comecei a ver que estava acontecendo no canteiro de obra, e ai você começa a ter as outras experiências que é em nível pessoal. Essa semana a empresa de moto táxi que presta serviço pra mim, que vai toda semana pro meu prédio, pega as roupas, leva pra lavanderia e depois devolve. Roubaram todas as minhas roupas, e eu fiquei sabendo hoje. Todas, todas eu mandei a roupa na segunda feira, sumiu, desapareceu, a bolsa com toda a roupa, tudo, tudo, e eu fiquei sabendo agora. Eu fui atrás o motoqueiro não trabalha mais lá, ninguém tem o telefone, fazer o que? Prejuízo. E isso porque estava pesquisando uma empresa de moto táxi para prestar serviço para a empresa. Está como suspenso, agora eu vou pensar trezentas vezes antes de decidir se eu vou contratar uma empresa do gênero, de moto. Será que não é mais vantagem comprar uma moto, colocar lá dentro da empresa e pegar um funcionário meu que está lá já, que é de confiança desviar de função, não sei? Agora eu vou ter que pensar.

Carlos – Da mesma forma porque se não a gente não... A *Beta* talvez, não vão querer nem mais ir a SORRI, porque a grande questão é se vem da SORRI vem preparado, se vem de fora não vem tão preparado, então uma pessoa com deficiência nós temos uma outra concepção em relação ao que aconteceu a esse problema ou...

Augusto – É que no caso foi uma exceção, uma exceção. Porque ela acertou com todos, então...

Beatriz – (***)

Carlos – Mas...

Beatriz – De qualquer forma eu continuei contratando o pessoal da SORRI...

Carlos – E como a gente pode avaliar essa diferença de postura? Como a gente pode pensar isto?

(Silêncio)

Suzana – Não contrata nunca mais. Mas isso não acontece só com deficientes, ex-presidiário. Acho que cada um que trabalha com seleção, em cada empresa, se você por coincidência, por exemplo, no meu caso nunca deu certo é... Nunca deu certo de eu tentar contratar um ex-cobrador, então eu não contrato, para por na produção porque não da certo. Você vai criando alguma coisa.

Augusto – Um histórico...

Suzana – É, um histórico. Eu também quando chega currículo, se vem na construção civil eu já não olho muito com bons olhos, para participar do processo seletivo, agora se vem de uma outra indústria, aí já é, sabe, parece que encaixa melhor.

Augusto – Mas é um fato, são coisas que nós temos que levar em consideração. É um fato. Assim como a história dos cobradores é... Infelizmente tem alguns cobradores que é dado o emprego de serventes, que a maior parte do mercado, acho assim, não dá para fazer outra coisa. Vai ser servente de pedreiro E a realidade já não é mais assim, graças a Deus, a construção civil evoluiu. Mas não é desse jeito, já tive deficiente servente de pedreiro tinha deficiência auditiva e o cara era muito esperto, muito malandro, ele volta e meia apresentava um atestadozinho lá. O dia que ele não queria trabalhar ele já sabia em que médico ele podia ir...

Suzana – ...deve faltar e trazer atestado quando é possível...

Augusto – Mas, se você for até o médico nas duas primeiras que acontecer, e conversar com o médico que... E movimentar o negócio, você põe uns dois ou três na parede: Óh te peguei, viu espertão!. Você vai ver como acaba. Se bem que eu parei de contratar também, gente de Agudos e Piratininga, não vou contratar mais.

Suzana – São coisas do dia a dia que vão surgindo...

Augusto – Eu não contrato mais de Piratininga, esquece...

Suzana – Até saiu o boato lá da empresa, que eles fazem por cinco reais (atestados médicos)...

Augusto – Isso é absurdo...

Suzana – Então, de tão grande que estava entre os funcionários, as próprias pessoas percebem, puxa as pessoas de Agudos, então é na experiência do dia a dia que vai surgindo...

Carlos – O que o grupo pensa a respeito disso?

Débora – Quando a gente idealiza fica fácil, a gente ver que é uma injustiça, se tivesse como, mesmo o pessoal de Agudos, porque? Como você falou, não dá para contratar o cobrador de ônibus, mas porque será? O que há?

Suzana – As experiências que eu tive não foram positivas.

Augusto – A realidade do serviço que eles vivenciam, e a realidade do serviço do dia a dia. Você já parou para ver qual é o objetivo do cobrador de ônibus? O que ele faz o dia inteiro?

Suzana – Fica sentado o dia inteiro.

Augusto – Embora ele tenha uma ocupação que seja interessante, que não é uma remuneração ruim, para o cobrador de ônibus, em termos de mercado, o mercado bauruense, nenhum se preocupa em fazer um curso de aperfeiçoamento. E o conhecimento que ele tem não da para ele ir para o outro negócio. O que acontece? Ele vai querer ser auxiliar de produção, servente de pedreiro, achando que não, é só chegar e fazer massa e... Não é mais assim, não é mais assim, e aí?... Você contrata e não dá certo. E também já tive uma experiência negativa com um cobrador em...

Daniel – Mas um deficiente físico também não tem experiência, por exemplo, da SORRI, você não parou de contratar eles... Vocês lá também, embora não tinha experiência, a gente também não manda embora, a nossa cobrança, perto de vocês a gente tem que ficar quietinho, a gente não tem que ter muito... essa estória de produção, porque a gente não tem, por isso que muitas vezes nosso ambiente...

Débora – Já é funcionário antigo, então está bom, não aparece assim...

Augusto – É um fato gente, se tivesse mais deficiente físico mais preparado pro mercado a gente contrataria mais. Porque em geral eles são os mais experientes...

Daniel – Vocês não percebem assim um apelo...

Júlia – Discriminação, eu acho. Se eles não têm maior preparo é porque... Agora que nós estamos mais civilizados... É... Porque antes deficiente era como se fosse um leproso, é... Antigamente você.. Que você não poderia ficar perto dele, ou então que... Não é? Não sei, eu vejo que...

Suzana – Ele não está preparado para trabalhar...

Júlia – Então esse... Essa coisa de contratar deficiente é... Que eu entendo era só... Ou empresa de ônibus ou prefeitura que contratava deficiente, deficiente físico é... Porque a gente não via nas empresas é... Deficiente trabalhando, depois que começou... Coisa o que, acho que uns seis anos pra cá Carlos, sete anos pra cá começou a coisa mais a aflorar, então eu acho que é... Se a gente não tem pessoas mais é... Escolaridade maior, porque a escolaridade nossa é baixa, dos deficientes, se não tem é porque não teve oportunidade, eu vejo dessa forma.

Augusto – Mas quando a gente fala em preparo, não é nem no sentido de escolaridade, é preparo para o mercado de trabalho.

Júlia – Não cursos não é...

Augusto – Também, também.

Carlos – Você tem como diferenciar essas duas coisas que você esta falando. Quais, no caso de preparação para o mercado de trabalho, técnico e um caminho mais acadêmico, no sentido de escola, escolaridade?

Augusto – A questão da escolaridade ela não influência tanto para empresa que precisam de resultados mais rápidos. As empresas que buscam pessoas de nível fazem um planejamento estratégico, médio longo prazo, mas aí já é nível gerencial. Então para você trabalhar no dia-a-dia, no operacional, você não precisa de nenhum Phd. Você precisa de gente que tenha vontade, tenha o conhecimento, tenha energia, que vai lá pegar para fazer. O que acontecia? Esse deficiente, em geral, ele nunca trabalhou, nunca participou de um treinamento, salvo as exceções, é complicado você pega uma pessoa que não tem contato nenhum, experiência nenhuma. O tempo que você vai levar para preparar essa pessoa, para ela estar em condição de produzir o mínimo que, vamos dizer assim, o que a empresa aceitaria, é maior que e a empresa precisa, e ai ele pega. Você pega o meu caso, por exemplo: eu não posso me dar o luxo de levar seis meses para preparar o servente de pedreiro, neste tempo acaba a obra, entendeu. E muitas vezes é isso, a gente leva normalmente de sete a dez anos para preparar um mestre de obras, de sete a dez anos pra preparar um mestre de obras do nível da *Alfa*, porque o ela faz é diferente. Não da para pegar um mestre de obras no mercado, as experiências que foram feitas não deram certo. A mesma coisa com engenheiros. Normalmente o cara, o engenheiro ele fez estágio na construtora dois anos, dois anos e meio, se formou, foi efetivado como Augusto por um período, para depois se tornar um engenheiro, andar com as suas próprias pernas, mas... Foi pego lá dentro, todos os que eu tenho no quadro hoje, com exceção do gerente geral e um outro engenheiro, que foi contrato especificamente pra fazer o Vila Inglesa, por que ele tinha um conhecimento especifico, que está lá. Até hoje deu certo. Tirando essas duas exceções, todos os outros são estagiários. Então mesmo a questão da escolaridade, que a gente fala é isso aí, não precisa ter nível acadêmico, não precisa ter o segundo grau completo. No caso dos deficientes, geralmente ele vai fazer um trabalho mais operacional que não exige isso, só que ele não vem com preparo nenhum. Ele vem muito despreparado e a gente não tem, e muitas vezes, como as empresas foram enxugando, enxugando, enxugando e todo mundo passou pelo mesmo processo e não adianta falar que não, que todo mundo enxugou. Você vê o tamanho da estrutura administrativa. A de hoje e a de oito anos atrás, não tem comparação. Hoje eu administro o mesmo quadro de pessoal com duas pessoas, onde eu administrava com cinco. Mudou muito, então se você é... Com esse quadro diminuto que você tem, você pegar e dispender tempo para preparar essa pessoa dentro da empresa, não dá mais. E o custo disso, o custo das horas, o custo de material de... As empresas não dão esse espaço para... Não tem como dar espaço. Não é por maldade é questão de sobrevivência. Se a empresa for gastar muita energia, muito tempo com isso, o concorrente dela vai passar por cima dela de um jeito ou de outro, muito... Na maior parte das vezes é como eles tão fazendo, os seus concorrentes não têm as preocupações que vocês têm, porque o atendimento que a gente tem dentro das lojas de vocês, dá de dez a zero no que a sua concorrência. Por esse lado vocês estão tranquilos. A mesma coisa eu posso falar da nossa empresa, o padrão de qualidade que nós colocamos no mercado hoje, nós não temos concorrentes pra nos pegar num curto espaço de tempo. Pode ter gente se preparando, mas num espaço de tempo não vai ter. Mas isso demanda tempo, demanda custo, demanda dinheiro. E quando que as empresas estão podendo fazer investimentos nisso. Quanto tempo levou pra você chegar nesta estrutura?

Carlos – Seria um problema, nós temos dificuldades por nós termos por um outro lado é... Necessidades. Vamos dizer, então, de repente o Ministério chega lá na empresa de vocês, e fala "eu to vendo ultimamente é... Como uma certa compreensão das dificuldades, foram trabalhar num nível como foi fechado com vocês", mas de uma certa forma é uma pauta que está ali pra ser pensada, para ser pensada e revela também a nossa postura diante disso quando você enfrenta a dificuldade, você tem que lidar com isso, eu acho que se pegar todos os funcionários vocês são as pessoas que tem que pensar nisso, tem que lidar com a questão e olhar para o que vocês pensam sobre a deficiência, por exemplo, que eu perguntei, e... Pensar o que fazer, e até pra decidir. A ação deve ser feita, mas vocês precisam definir pra vocês o que é que vocês pensam na (***) que deu pra perceber que não é mesmo pensamento com relação a outras coisas, mas a deficiência é uma autocobrança, é assim...

Suzana – Uma experiência que eu tive: a *Sigma* ela está com a cota dela completa, e aí surgiu a oportunidade de contratar, num setor que é um serviço simples e tal, eu tinha um currículo, eu e contratei pelo período de experiência. Só que, o serviço seria pegar o sachê de suco e colocar na caixinha, e ele não se adaptou pelo ritmo. Tinha que acompanhar o ritmo da máquina, a maior dificuldade é acompanhar o ritmo da maquina. Então eu percebo assim, ou se fosse uma pessoa que não tivesse deficiência, olha ele já passou do período de experiência, não se adaptou está dispensado, agora como era deficiente, conversamos, vamos tentar em outro lugar, vamos tentar em outro lugar, então você vai tentando vários lugares para ver se dá certo. E aí conversa com a família: olha não está se adaptando nesse sentido. Para pessoa é muito importante estar ali, então fica mais difícil você desligar. Você sabe que o trabalho para pessoa que é deficiente, e é o primeiro emprego, o valor que tem perante aquele que já trabalhou em outros lugares, que esse vai ser mais um que não deu certo. Então, a sua autoestima, sabia que ia ser o mais difícil, então foi complicado. Tentamos em vários lugares até que chegou o ponto que não, nós vamos ter que dispensar. E aí como fica o lado pessoal e como fica a cobrança. Não ficou porque? Bom, porque o que eu podia fazer eu fiz.

Augusto – Pelo lado pessoal, mas pelo lado da empresa: quanto custou o processo de seleção, de treinamento, adaptação, o custo da rescisão...

Suzana – É (***)

Carlos – E esse custo quem pagará? Quem pagaria?

Augusto – Antigamente era o cliente, você repassava tudo isso para o preço e ia embora. Mas hoje não, hoje a empresa tem que se virar, tirar isto do custo dela, custo de operação dela, porque o que determina o preço é o mercado, é o cliente. Não sei se feliz ou infelizmente, porque também é cômodo, porque quanto mais (***) bem melhor do que ter que comprar um monte.

Carlos – O que vocês pensam? O grupo pensa? Entra para o custo, pelo que eu estou vendo o custo no trabalho a mais de quem cuida desses, deve ter um custo para os companheiros...

Júlia – Sem contar emocionalmente? Que a gente também fica, correndo atrás, então acredito que emocionalmente é dobrado, o custo aí, vamos colocar é... Porque você lida diferente, como a gente estava conversando, você lida diferente. Então você não quer dispensar em hipótese alguma. Você quer que a pessoa fique, não só pelo fato do Ministério do Trabalho agora estar em cima, mas pelo fato de ser uma pessoa que está se adaptando, que isso para ela vai ser bom, o trabalho. Ela vai se sentir útil, então você imagina, a molecadinha num supermercado trabalhando, contato com os clientes, eles adoram conversar com os clientes.

Daniel – É legal isso. Por exemplo, eu acho que seria comum, no caso, tudo isso acaba sendo um reflexo da própria ideologia da empresa. Eu acho que esse custo acaba pulverizado na satisfação para quem proporciona esse trabalho para o deficiente. Ele lida com ele para ele o que isso vai trazer de benefícios institucionais na própria vida. Acho que tem que ir nesse aspecto: o suposto prejuízo de uma contratação que não deu certo pulveriza em outras que vem e que acabam dando certo. E nesse âmbito funciona, que é bom pra todo mundo, para quem está lidando que trás um novo ânimo até para o próprio deficiente.

Julia – Um conhecimento, eu sempre costumo tirar assim é... Uma experiência, independente de quem quer que seja, mas vamos supor que não deu certo foi uma contratação, não deu certo é... Sempre eu tiro alguma, sempre alguma coisa boa. Como que foi essa contratação? Como é que eu estava quando eu estava fazendo esta contratação? O que é que envolvia, eu... Onde que eu... Uma falha, mais na entrevista o porque que eu não peguei tal coisa assim, então eu vejo sempre como um amadurecimento e... O deficiente é muito difícil, sair, a não ser quando tem um probleminha. Mas a gente também precisa direcionar para o outro lado, aonde é que eu tenho que estar melhorando. Eu gosto de trabalhar muito com a APAE, eu só tenho um da SORRI, que é um deficiente auditivo, mas a maioria é da APAE. São da APAE, mas eu nunca tive problema.

Suzana – Uma pergunta aqui. São Homens ou mulheres?

Júlia – Eu tenho duas mulheres e o restante são homens.

Suzana – Parece que no mercado pro deficiente masculino é mais fácil para que os deficientes femininos.

Júlia – É.

Carlos – O que vocês... Qual é a... O que você pensa desta questão? Porque será?

Suzana – Agora que me vem não sei? É... Até quando eu liguei na SORRI, eles perguntam tem que ser masculino? E como na *Sigma* na produção são homens eu não poderia por uma, duas, três meninas lá.

Júlia – É no meu caso, a produção da NUTRICESTA, homem. Então tem que ser homem mesmo, não posso colocar uma menina, não pode passar pela cabeça, porque é... São complicados lá. Mas nas lojas eu tenho duas meninas, mais eu peço também ambos os sexos, o que você tiver, você me manda. Mas ela sempre acaba me mandando meninos. Eu penso que é... É...Para o homem é mais difícil o mercado de trabalho, então é... Sempre que tem a oportunidade ela encaminha. Para mulher já é mais fácil se caso ela, uma recepcionista, um... É... Uma coisa...

Carlos – Para o homem é mais difícil de uma maneira geral, você esta dizendo, ou para as pessoas com deficiência? Você falou que para o homem é mais difícil o mercado.

Júlia – É... É acho que... De um modo geral também, mas eu acho que o caso que a gente está falando do deficiente é... Mais difícil você é... Colocá-lo para trabalhar, porque tem todo um aspecto aí é... Homem, então você já vai assim mulher não é bandida só homem que é bandido. Então já é mais complicado você estar colocando no mercado de trabalho. Eu penso assim é... Que de repente a...

Beatriz – Eu acho também que vai de acordo com a visão das famílias dos deficientes, porque parece que a mulher já fica super protegidas em casa. Quando tem candidatos da SORRI, eu pergunto quanto tempo você esta na SORRI, faz tanto tempo, e eu de uma forma assim eu pergunto, porque é que ele foi para A SORRI, como foi a orientação, todos falam: para arrumar emprego. Sem exceção todos eles acabam indo para a SORRI levados pelas famílias para conseguir emprego. Então por serem homens vão ter que se virar, e assim por serem mulheres então...

Júlia – Você está mais na questão de proteção a mulher, e o homem por ser um arrimo da família, tem que ajudar.

Beatriz – Por ser homem tem que trabalhar tem que ajudar, um dia pode ser pai de família. E a mulher não.

Carlos – Então, esta questão de homem, mulher ela ganha os contornos mais é... Fortes das pessoas com deficiência, que de uma certa forma as mulheres estão superando um pouco essa ideia, na deficiência ela tem os controles mais fortes. O que vocês acham, dessa diferença que a mulher é mais protegida?

(um curto debate, dois ou três participantes falam ao mesmo tempo)

Beatriz – É que eu estou percebendo isso lá, entendeu? Os meninos que vem, a família orientou para buscar emprego. Então o objetivo da família não é que ele melhore em aspectos emocionais, a ideia é colocar no mercado de trabalho.

Júlia – O que não pode é ficar em casa, o homem não pode é ficar em casa ele tem quem que trabalhar, tem que ficar com a mente ocupada.

Augusto – Estranho porque a mulher não precisa estar trabalhando.

Júlia – A sim! Não mais é...

Suzana – Na cultura é essa a lógica. Tanto é que eu acho um absurdo... Eu acho que a questão da mulher estar saindo mais, saindo para trabalhar é num nível de escolaridade um pouco maior, porque eu vejo o marido ganhando quinhentos, seiscentos: Ah, não quero que a minha esposa trabalhe, não precisa eu consigo sustentar. Mas se ela não trabalhasse não seria uma ajuda boa. Eles acham que não, que está bom, não precisa. É a ideia machista.

Augusto – É, lá em casa era assim, meu pai não admitia que a minha mãe trabalhasse fora em hipótese alguma. É engraçado não admitia a possibilidade.

Carlos – Não. Porque eu tinha entendido na hora que você falou da deficiência, o que parece que como é mais difícil o mercado para as pessoas com deficiência as portas de uma certa forma garantiriam. Fala assim, então é... Tem que contratar a pessoa com deficiência, então é... As pessoas com deficiência entrariam por uma concorrência, imaginei nesse sentido que as pessoas, os homens é... Teriam mais chance por causa das cotas da concorrência e ia ser diferenciada, não é nesse sentido que você quis dizer.

Júlia – Não, não.

Augusto – Mas essa cota também eu acho que é um engodo. Não é? Você fez o levantamento do seu quadro, como que é que está...O que você falou? Acho que não muda essa história das cotas. Você fez um levantamento lá no seu quadro? Quantos eram deficientes que vocês tem, que eram deficientes? Quando veio a história da cota, eu comentei isso no encontro passado. Eu virei para dentro do quadro. Eu estou acima da cota, não precisei contratar um, estou acima, mesmo dispensando em folha, dispensando pelo meio do caminho, e foram contratando outros e não pedi deficiente, ele chegou, a hora que ele foi fazer o exame médico dimensional estava lá.

Júlia – Interessante parece que a "S", ela falou a mesma coisa não foi? Eles não estavam lá?

Suzana – Já estava lá, mas porque já tinham vindo da SORRI, eram para trabalho simples que surgiu, manual. Entrei em contato com a SORRI, a gente já tinha pegado uma experiência com um cara.

Carlos – Antes do ministério do trabalho começar a cobrar?

Suzana – Fez o estágio, deu certo e nós contratamos.

Augusto – Por falar em cobrar, é um negócio importante aqui. A Júlia fez um comentário agora a pouco eu lembrei de te falar e esqueci, agora lembrei de novo. Esse trabalho que você esta fazendo (dirigindo-se ao Carlos) acho que é um trabalho que é interessante você estar levando para o Ministério do Trabalho. Porque os órgãos fiscalizadores não têm essa consciência do mercado e não estão preparados para fiscalizar, olhando por este lado, o aspecto social, o aspecto é... Mercadológico. Estão olhando exclusivamente para a lei, para cota. É isso que o que eu estou vendo. A maior parte dos meus amigos que tiveram problemas, me disseram, desde a primeira vez, eu fui lá na primeira vez, óh está aqui, está tudo dentro. Mas os meus amigos que trabalham na área, que passaram pela mesma coisa do tipo... é cota, é número, não estão preparados.

Carlos – A sugestão que você está dando, investigar a visão do legislador, por exemplo, ou daquele que fiscaliza, fiscalizador?

Augusto – É o fiscalizador principalmente. O legislador até que tem uma intenção, uma ideia boa que eu não acho que ele está errada. Se bem que acho que é demais, eu acho que a maior parte já esta inserida no mercado, só não era identificado, agora quem está lá na ponta fazendo a fiscalização precisa estar preparado.

Júlia – É por outro lado você sabe... Você tocou num ponto a... Como é o nome da, da...? Rafaela, não é Rafaela...

Augusto – Daniela

Carlos – Daniela

Júlia – Daniiela. Eu sentia nela um certo descaso, não sei do Ministério do Trabalho ou da Danielaporque, todas às vezes que eu a procurava, para contratar pessoas ...porque? Diz que ela tem um banco de dados é... Eu nunca encontrava. E todas as vezes que eu entrava em contato, deixava recado, deixava bilhetinho, eu fui até lá para procurar realmente. Não conseguia. Agora eu fiquei sabendo que ela não está mais lá, no Ministério do Trabalho. E a doutora Maria Rita (subdelegada do trabalho de Bauru) é a mesma coisa, a ultima vez que... Dezembro, que eu tinha o prazo para entregar ainda dia 22 de dezembro, entregar o relatório. Eu estava na praia de férias, aí pedi para minha secretária entrar em contato, e conversar com ela, pedi um prazo até depois do natal, porque eu chegando eu já levava pra ela. Ela falou: eu não sei do que se trata, eu não estou sabendo do que se trata. Aí, nisso a minha secretária me ligou dizendo, ela nem sabe do que se trata, aí eu falei, mas como não sabe do que se trata, fizemos uma reunião. Então deixa, deixa que eu ligo daqui. Ai liguei para ela: ah tá, agora eu estou sabendo do que se trata, a tá dos deficientes. Assim uma coisa... Gente é uma coisa assim, que ela está cobrando, porque se fosse ver, eu poderia até lagar. Não a gente está preocupado, fica em cima. Então é... Eu concordo com você que eles tinham também que começar a ver não por número, porque a gente, como lida com deficiente, a gente lida com ser humano. A gente não lida, a mais um, vamos contratar mais... Não aquela pessoinha ali, toda especial, que também tem um baita de um potencial, ali para estar desenvolvendo. Acho que a gente tem que dar um voto para eles. Não sei se entraram na carona, a Daniela veio, com o programa que eu acho muito legal da parte dela e ai entraram na carona, vamos fiscalizar. Mais um item para a gente fiscalizar nas empresas, não sei, de repente é até isso, pode ser. Porque enquanto a gente trata de uma certa forma, vai lidar com eles. Do que se trata mesmo... um certo descaso.

Carlos – Vou acatar as sugestões, quem sabe no desdobramento aqui, ou então ouvir as próprias pessoas com deficiências também. É, seria uma coisa, porque na verdade eu acho que comecei do que eu acho que é... Nós achamos, na minha pesquisa que é importante, porque o que pensa é quem contrata, então eu acho que já está surgindo e eu queria encaminhar para o fechamento de hoje uma questão que eu acho que vem sendo pontuada desde o primeiro dia que é a questão da lei. Questão da legislação. Então eu acho que a gente fechando o nosso encontro de hoje, eu acho que uma das questões é... O que se faz, e o que poderia ser feito em relação ao que nós sentimos em relação à legislação, ou seja, há um contato direto de vocês, das empresas com a necessidades de uma determinada lei e de uma certa forma a gente não a sabe muito bem como está sendo desenvolvido isso, qual é a seriedade. É isso que você está dizendo, que é um engodo é... Porque será que acontece de maneira intensa em determinados momentos, em outros momentos a gente não sabe muito bem, então isso causa uma certa insegurança se deve fazer ou não, então acaba sendo um principio que eu aplico ou não.

Beatriz – è o caso do colega que não veio hoje? Que esta faltando pode estar sendo fiscalizado. Que critérios? O que é denuncia?

Augusto – Eu nunca recebi fiscalização (***)

Carlos – Mas você foi notificada?

Beatriz – (***) não. Notificada assim...

Carlos – Para ir lá e falar com a...

Augusto – A sim. Mas depois que foi entregue, porque sempre teve deficientes... Depois que a gente começou entregar relatórios, é... Não veio ninguém fiscalizar pra vê se realmente aquela pessoa estava lá trabalhando.

Beatriz – Não. Isso nunca fizeram...

Augusto – A tá...

Beatriz – Eles nos notificam pra gente mostrar papéis pra eles números...

Júlia – A tá. Achei que tinha que ir lá...

Augusto – Agora ir lá no canteiro de obra, no escritório, ver se o deficiente físico estava lá, ver quem que é o seu fulano de tal...

Beatriz – Mesmo porque (***) eu acho que entra a parte da discriminação, eu acho. Porque se ele for até lá e falar: "a deixa eu ver quem que é o fulano, o fulano você é..." Eu acho que pode criar uma situação constrangedora.

Augusto – Então, mas aí acontece o seguinte, aí que tem um pouco de incoerência. Já aconteceu de eu ter duas fiscalizações no mesmo dia, uma de manhã e uma à tarde. Uma pedindo para ver os documentos com relações aos deficientes, a outra (***) sobre questão trabalhista. A da questão trabalhista podia ter visto a outra e podia ter conferido em bloco as pessoas lá trabalhando. Se fosse um trabalho sério, mas não foi o que ocorreu, duas fiscalizações no mesmo dia, uma de manhã as nove, nove e pouquinho da manhã e a outra as duas e meia da tarde.

Suzana – Então, gostoso! Acabou com o seu dia.

Augusto – Ah meu dia! Cada fiscalização desta me consome quatro dias. Porque como é canteiro de obra o negócio (***) período de seis meses, só de (***)

Carlos – Bom pessoal é... Eu queria é... Encaminhar essa questão, porque eu acho que a gente pode pensar nela e... Fazer um fechamento do nosso dia de hoje, eu queria que cada um falasse um pouquinho em termos menos é... Falasse o que estava sentindo mesmo em relação a esse espaço a... O que sentiu de segunda feira para cá, qual é a (***) neste espaço? Eu gostaria que vocês falassem um pouquinho para gente fechar o grupo de hoje.

Suzana – Eu achei hoje mais proveitoso, porque (***) todas as colocações feitas, eu achei que foi mais positivos do que as outras...

Carlos – Você achou que foi mais positivo em que sentido?

Suzana – Das próprias colocações feitas, do que levantaram (***) que foram questionados...

Júlia – Das próprias experiências.

Débora – Acho que é... Uma coisa assim (***) para pensar sobre esses problemas, então (***) presta um pouco mais de atenção, embora a gente não tenha o problema com nossos filhos, mas uma coisa (***) como é que eles estão (***) então é uma coisa que pra mim foi bom para poder parar e dar uma olhada (***) espero (***) para melhorar.

Júlia – (***) foi muito produtiva é... Os relatos, ai a gente para e fala "eu não estou sozinha", tem pessoas que tem os mesmos problemas, então foi muito, muito gostoso. Faz uma hora, uma hora e pouquinho que nós estamos aqui (***) produtiva.

Carlos – É isso? É isso? Então está bom. É isso...

Terceiro encontro – Grupo de empregadores
Tema – Deficiência e mercado de trabalho
Data: 29/03/2004

Carlos – Hoje é o nosso terceiro encontro e vamos dar sequência às nossas discussões. Tem algumas pessoas ausentes, vamos aguardar, assim que chegar (***). Então, o último encontro em relação ao primeiro a gente conseguiu um pouco mais de fluência na expressão das ideias, O que vocês pensam disso, em relação à expressão das ideias?

Débora – Olha, uma coisa é o seguinte: o que eu penso, eu até gostaria de ter mais coisas assim, experiências para apresentar, mas a nossa realidade lá, parece que a gente não tem a mesma quantidade de funcionários que eles tem, quem é a pessoa do mercado que estavam falando, o programa da cesta, a gente não tem a mesma realidade, parece que lá estão tão calmos, parece que estão ajustados, a gente não tem assim experiências negativas para apresentar, nem muita coisa para contar, o pessoal que está lá que tem alguma deficiência, estão tão misturado com o resto do pessoal que se não destaca, então eu fico pensando: Puxa, quem sabe por aí tem muito mais experiências ou até mais problemas com o pessoa que a gente lá? Parece que lá está tranquilo, mas uma coisa também que eu pensei, é assim, mesmo empresa pública, empresa particular, tem primeiro o problema que é: você admitir uma pessoa que tem deficiência, aí ele começa a trabalhar e tudo. Mas como será que é para você promover ele para funções diferentes? Será que tem como contemplar essas necessidades, da pessoa, porque a gente mesmo entra pra uma função, uma hora a gente quer fazer alguma coisa diferente, ou ganhar mais ou aprender mais coisas, aí eu fiquei pensando: Será que pra essas pessoas tem como aprender? Porque é uma necessidade para todo mundo, acho que ele deve ter também.

Beatriz – São poucos os que, bom... dos que eu tenho lá comigo, são poucos os que demonstram essa necessidade, os demais é como se eles tivessem noção que tem que dar certo, de limitação, e eles estão tranquilo ali, contentes, nem pensam em mudar de função.

Débora – Eles estão já acostumados a pensar assim, ficar sempre nessa função mesma, isso é o melhor que posso conseguir por ser deficiente, será?

Carlos – O que vocês acham disso, já apareceu, a Beatriz tem falado nisso, o que vocês pensam dessa constatação?

Beatriz – Só voltando um pouco. Eu tenho só dois que de vez em quando eles perguntam, quando vai ter brecha para cobrador, não sei o quê, não tem condições...

Carlos – E eles te perguntam se têm condições?

Beatriz – Eles não têm condições. No caso desses dois, eles não têm condições, e os demais são tranquilos, nem pensam em promoção, nem pensam em mudar de setor, nada. Sabe é como se realmente eles fossem conduzidos lá, tipo: é deficiente, está tendo uma oportunidade, o que você pode fazer é isto. O pessoal que eu tenho, eles já veem assim com uma coisa certa, pré-disposição em fazer aquele trabalho mecânico mesmo, aquela rotina, e eles gostam disso, se adaptam a isto e eles trabalham direito.

Carlos – Beatriz, eu acho que a gente poderia falar um pouquinho sobre o que é não ter condições, acho que é umas das coisas interessantes da gente conversar um pouquinho sobre isto, eles não têm condições?

Beatriz – Eles não têm condições. Esses dois, pela deficiência cognitiva que eles tem. Não gosto de dizer a palavra retardo mental, porque não é bem isso sabe, é uma coisa, não chega a ser retardo mental, mas eles têm uma deficiência. Então, para você conversar com eles você percebe que não tem condições de ser um cobrador.

Débora – Será que isso seria na hora de fazer uma conta, devolver um troco?

Beatriz – E lidar com o usuário, no verbal, no raciocínio e a própria situação de valores mesmo, não tem condições...e quando eles começam a questionar muito, aí eu pego e faço um teste-cálculo, vamos fazer um teste-cálculo, vamos ver. Eles tiram zero virgula alguma coisa...

Suzana – Teste o quê?

Beatriz – Cálculo.

Carlos – O que é teste cálculo? É soma?

Beatriz – Não, são, por exemplo: Você inicia sua jornada de trabalho a catraca está marcando tal e no final do dia a catraca está marcando tal, quantos passageiros passam na sua catraca? É um cálculo simples, é o dia-a-dia deles, então tem que ter este tipo de raciocínio, porque eles têm que fazer um relatório e enviar.

Carlos – E em relação a , por exemplo: Esses dois que perguntam, não há condições pra ocupar a função que eles estão achando que podem, e os dez? Como você analisa essa estabilização dentro do local? Como você, por que os outros, você falou que teriam condições...teriam condições aparentes?

Beatriz – Eles têm interesse, eles querem crescer, eles querem produzirem, mas não têm condições mesmo.

Carlos – Esses dois? E os outros dez?

Beatriz – No caso desses dois ou eles vão sair da empresa ou vão continuar no cargo que eles estão, porque não tem como eles serem promovidos. Agora dos demais, é o que eu falei, eles gostam daquela rotina, eles gostam do dia-a-dia a mesma coisa, aquele trabalho rotineiro do dia-a-dia, eles gostam, eles se adaptam, então eles nem pensam em fazer outra coisa.

Carlos – Como é esse trabalho? Para gente entender porque...

Beatriz – Lavar ônibus! Por dentro, por fora, bancos, rodas, pneus, esta é a função, são lavadores de ônibus, então é uma rotina.

Carlos – É uma rotina, e que horas eles fazem isso?

Beatriz – Eles entram às 19:30hs e saem às 04:30hs.

Carlos – 4:30hs da manhã?

Beatriz – É, e tem o intervalo para o café.

Suzana – Eles trabalham a noite então?

Carlos – Como a gente pode pensar, como é que nós como um grupo, podemos pensar essa situação?

(pequeno silêncio no grupo)

Débora – A questão é encontrar pessoas preparadas para assumir a função. De repente o preparo deles pode ser que não ultrapasse aquilo que, de repente eles são treinados para fazer o serviço assim rotineiro, e de repente, quem sabe se eles tivessem algum preparo, algum tipo de escola, alguma coisa que antes deles entrarem no mercado, pudessem preparar eles para algum serviço que não seja só rotineiro, porque o empregador, às vezes, não tem como ficar treinando também se você já percebeu que não dá para assumir aquela função.

Beatriz – É, esses eram específicos da SORRI, vieram da SORRI, todos os meus trabalhadores com deficiência vieram da SORRI.

Suzana – Eu vejo também assim, pela situação do mercado, só de estar empregado já é o máximo. Ainda mais, eu tinha tanta dificuldade na escola, aquilo que eu acompanhei meu colega de escola, hoje eu estou empregada e ele não está, então pra mim isso já é o máximo, entendeu, para família isso também é bom...

Beatriz – Até mesmo porque no meu setor nem todos são deficientes, está inserido numa função normal, de qualquer pessoa para executar. Então é isso que eu falei, eles se integram, se adaptam, eles fazem o trabalho deles direitinho, eles não dão problema.

Carlos – E se eles começarem a procurar, por exemplo, como os outros para mudar lá dentro, ter outra alternativa lá dentro. Como você acha que vai ser isso...

Beatriz – Para eles?

Carlos – De uma maneira geral para gente pensar? E se eles começarem a imaginarem que podem se desenvolver...?

Beatriz – É o tal negócio, este teste de cálculo é... Independente de eles serem funcionários, ou vindos de processo seletivo externo, nessa função de cobrador eu faço teste de cálculo. Então quando eles fazem este teste de cálculo, eles mesmos veem que ainda não estão preparados.

Carlos – Aí eles acabam...

Beatriz – Aí eles se acabam...

Carlos – Interessante a gente pensar nessa perspectiva. O que vocês pensam disso que ela acabou de dizer? Ou seja, eles se acabam...

(Chega a participante Júlia)

Carlos – Pode entrar. Oi tudo bem! Entrou no lugar errado lá?

Júlia – Entrei. Não eu não cheguei a entrar, eu vi pessoas diferentes e pensei acho que não é aqui (referindo-se a mudança de local da reunião)

Carlos – Então o que nós pensamos sobre isso, o que a Beatriz falou?

Suzana – Porque é assim, para empresa é assim, ou eles vão ser faxineiros ou vão sair da empresa. Porque não há possibilidade deles pensarem em outra função, não há possibilidade deles terem esse deslocamento... E também assim, não só para eles, tem muitos funcionários que vão demorar muito tempo pra passar para uma função maior porque a demanda não dá... No meu caso seria para operador. São serviços gerais e passa para operador de máquinas. Então para surgir uma vaga na operação de máquinas, precisa sair um operador, aí a gente vai pelo mais antigo, então até chegar na vez deles...

Carlos – Seria níveis, status dentro da empresa?

Suzana – Isso.

Beatriz – Infelizmente essa questão é pelo grau de escolaridade. Por exemplo, os outros lavadores que não são deficientes eles nem tentam ser cobradores, porque eles falam que não tem estudo. Realmente eles não conseguem fazer este teste de cálculo. E a pessoa que tiver interesse pode voltar a estudar e se preparar para o exame.

Carlos – A primeira questão vai por aí, o que você falou. Vamos pensar nessa possibilidade de trabalho como algo além dessa situação assim atual, ou seja, superou uma situação anterior de exclusão e tal, então acho que é mais por aí que você começou.

Beatriz – Interessante é a partir de que momento eles começaram a querer a ter essa promoção: quando se casaram e tiveram filhos.

Débora – A necessidade aumentou.

Carlos – E há, Beatriz, uma diferença no que a pessoa quer, ela pode não falar e o que a empresa espera, o que a empresa pode dentro da sua filosofia, é isso?

Beatriz – Como é?

Carlos – Há uma diferença entre o que a pessoa quer. Por exemplo, você acabou de dizer que quando ocorre uma mudança tipo, vai casar, casou, ter filhos, aí começa pensar em mudar alguma coisa. Então há uma diferença entre isso e aquilo que a empresa espera.

Beatriz – É o que eu falei. O deficiente mental, essa deficiência cognitiva não há como ser cobradores, então para a empresa ou eles vão ser lavadores ou eles vão sair, porque não há como o progresso.

Carlos – O que vocês pensam disso? Na verdade estou querendo...

Beatriz – Porque quando você conversa com ele, em alguma dele a dificuldade de comunicação, tem uma certa dificuldade de comunicação, o raciocínio deles também tem uma certa dificuldade, então de uma forma geral não tem como ele prestar o atendimento ao usuário.

Carlos – E essa é a visão da empresa ou é a sua visão pessoal?

Beatriz – Minha!

Carlos – Sua visão pessoal?

Beatriz – Porque a gente realmente vê que ele não tem condições.

Carlos – O que vocês têm a dizer sobre isto?

Suzana – Eu acho que até foi falado ...Inserir no mercado de trabalho é fácil, o duro é essa questão da promoção, do crescimento profissional, o problema. Porque se é uma deficiência física, a promoção é mais tranquila, é mais fácil, entre aspas. Porque, por exemplo, eu tenho um deficiente físico que utiliza muletas e ele trabalha sentado na esteira. Para eu promover para operador, teria que trabalhar de pé, com a muleta não dá.

Júlia – Eu pensei mais no escritório entendeu? Se uma deficiente físico entra lá como recepcionista, pode passar para auxiliar administrativo, dentro da rotina administrativa é mais fácil a promoção. Não é um problema que atrapalha o raciocínio dela...

Beatriz – É, agora quando o problema é deficiência cognitiva, já é mais complicado.

Carlos – E como vocês sentem isso? Porque uma das coisas que aparece que é bastante importante para nós, ou seja, existe todo um discurso, existe o nosso a dia a dia, de dificuldade...

Beatriz – Sinceramente. Assim, se há uma preocupação, acho que é uma preocupação pessoal de quem lida com o esse deficiente, porque a empresa não está se preocupando com isso, se o deficiente vai ser promovido ou não...

Carlos – O que vocês pensam dessa...?

Suzana – Não dão muita atenção...

Débora – Acho que cai numa questão que a gente já conversou do problema da produtividade, precisa de alguém que produz, então, enquanto o deficiente está num lugar, e ele está fazendo uma coisa rotineira, mas ele está dando conta, tudo bem não precisa mudar ele para outro lugar, aí vai ter que ver se ele vai dar conta...

Vagner – cai no mesmo problema!

Débora – Ele vai competir com outras pessoas que não tem deficiência que também estão se preparando para uma promoção.

Carlos – Então não é uma coisa tranquila dentro da empresa?

Suzana – Acho que é uma coisa não pensada...

Carlos – Não pensada?

Suzana – Não se dá atenção.

Beatriz – Acho que para a empresa é tranquilo!

Carlos – É! Cumprir a cota...

Beatriz – Por exemplo, são deficientes, são lavadores e fim de papo, para eles é tranquilo.

Suzana – Não está satisfeito...

Beatriz – Está aqui o pagamento, estão produzindo, está tudo ok, está tudo certo. Qual o problema com aquilo?

Carlos – E para vocês como empregadores como vocês vivenciam isso?

Beatriz – Para os que estão ali na função desempenhando tranquilamente, gosta, a gente vê que estão satisfeitos, que está tudo certo, está tudo certo! Agora no caso desses dois, a gente percebe a frustração deles, como você vai trabalhar essas pessoas, o que você vai fazer com isso. Promoção eles não vão ganhar nunca!

Carlos – Como a gente pensa, resolve essa questão entre nosso grupo, é uma proposta pra gente pensar...

Débora – Poderia oferecer uma alternativa. Por exemplo, no caso deles, é que lá a promoção é restrita mesmo, o (***) vai para outro. Talvez se fosse uma situação diferente, se houvesse, já que a pessoa mostra interesse, se houvesse alguma outra função que ganhasse um pouquinho mais que aquela que ele está, não fosse exatamente aquela que ele quer.

Beatriz – Porque o que a gente tem lá? A gente tem os lavadores, nós temos os mecânicos, os cobradores, os motoristas, são funções muito específicas. E ainda por cima, a parte mecânica, eles não trabalham com auxiliares, com aprendiz, mecânicos.

Débora – Mecânicos não pode ter risco nenhum?

Beatriz – Só que eles, só especializados.

Suzana – A única coisa seria assim, dar importância ao que ele faz, valorizar o que ele faz.- Olha você é só um lavador, você é um bom lavador! Tem gente que nasceu para fazer faxina, você fala assim: - Você vai tirar esse rapaz da faxina, ele faz tão bem, vou treinar outro, aí é judiação, porque ele é o melhor faxineiro que você tem. Então seria o caso, de conscientizarmos disso, não vai poder ser cobrador, mais ele pode ser o melhor lavador.

Carlos – O que vocês acham?

Júlia – Eu concordo sim... Eu trabalho muito na linha da conversa com meus funcionários, e quando está apresentando algum problema, é de chamá-lo e explicar o que está acontecendo, porque ele não vai ser promovido agora. Então opto por esta linha de estar conversando. Porque não ser o melhor? Já que você não pode... Porque eles têm consciência, a gente que fica com dedos em falar sobre a deficiência pra eles.

Suzana – Mas veja bem, esse caso é específico, ele queria ser promovido para ganhar mais, ele casou, teve uma filha e o negócio dele era ganhar mais.

Júlia – E tem alguma outra opção, por exemplo, após do horário dele, não tem como cobrir um outro trabalho, fazer por fora...

Beatriz – Não dá tempo. Eles trabalham quase a noite toda. Então eles (falas cruzadas entre várias pessoas) já que ele é adulto, jogar a responsabilidade, tudo bem, te dou a oportunidade, mais você vai ter que se preparar, você tem que (falas cruzadas) entendeu?

(um curto silêncio)

Beatriz – Foi o que eu fiz, entendeu? Eu fiz o teste como qualquer outro que faria, já sabendo que ele não ia entrar nunca, não deu outra, um tirou zero vírgula alguma coisa, o outro zero vírgula nove, uma coisa assim... Brigou com a Rosa, brigou com a Nora, uma coisa assim.

Carlos – Então há uma ideia de que, por exemplo, ele, por exemplo, você não limita a possibilidade dele ser, considera isto como uma possibilidade?

Beatriz – Não uma possibilidade, pois eu já sabia que eles não iam conseguir. Não é uma questão de discriminação, pois a gente conhece, a gente sabe que infelizmente, eles não têm condições. Não é só aquela coisa, não vou te dar nenhuma oportunidade, então não dá. Você quer fazer o teste, então vamos fazer o teste. Faz o teste e tira zero vírgula não sei das quantas...

Júlia – Por questões físicas deles, não mental, porque ele está... o que é físico o dele?

Beatriz – Não. O problema é cognitivo, é mental, é de comunicação, de raciocínio. Você chama conversa, olha não deu...

Carlos – Interessante a colocação da Suzana, ou seja, qual é a função, qual é a meta de estar trabalhando? De repente, a gente está olhando só por um lado, só pelo plano de carreira, na verdade não é porque ele é deficiente, há uma limitação muito grande, não sei como é as outras, como é as outras realidades.

Beatriz – Por isso é o que eu falei, se é uma recepcionista só física, e é recepcionista, tudo bem, ela vai ter possibilidade de promoção, quando a deficiência não é física, aí é complicado.

Carlos – Não sei como é a possibilidade nas outras realidades aqui presentes. A *Sigma* também?

Suzana – Então até é uma coisa que eu já tinha pensado, o pessoal entra e é serviços gerais, só que o pessoal que entrou de 99 para cá, então pra passar para operador, ainda tem gente mais antiga na frente deles, quando chegar a vez deles, a gente vai fazer o teste, e lá não tem assim, é acompanhar um operador e vê se pega como opera a máquina. Tem a questão, por exemplo, deste que tem a deficiência física, mas ainda não chegou o momento da gente parar e pensar, mas também não é uma coisa pela empresa, assim que daria oportunidade para outro.

Carlos – É uma questão de avaliar as condições que as pessoas apresenta naquele momento.

Suzana – E também nenhum deles ainda questionou, vai ter promoção, não vai ter promoção, vou crescer não vou crescer, e também não questionar sobre isto sobre o que eles pensam.

Carlos – E em relação...?

Suzana – Porque já pensou se você começa a fazer esse trabalho de querer ser promovido então de repente promoção nem passa pela cabeça deles, e a partir do momento que você faz esse trabalho já acende uma luz de promoção.

Débora – E aí você não pode contemplar isso...

Carlos – E de repente o que aconteceria se você gera uma expectativa nas pessoas, o que poderia acontecer?

Suzana – Desmotivação!

Carlos – Desmotivado. E a pessoa sem deficiência, como funciona a expectativa dentro da empresa? Como funciona a pessoa sem deficiência?

Suzana – Parece que eles questionam mais...

Carlos – É? De que maneira eles questionam?

Suzana – Te cobram. Ah, eu estou aqui há 3 anos e sou serviços gerais?

Beatriz – Já não temos essa dificuldade, porque nossa promoção não é por tempo de serviços. Por exemplo, se o cobrador quer passar para manobrista, ele tem uma série de exames, de testes, se ele passar no teste vai para manobra, senão não. Aí tanto faz o cara ter 10 anos de casa ou 1 ano. Ele tem que ser aprovado nos exames de prova.

Carlos – E é um status maior o de motorista?

Beatriz – E a mesma coisa da manobra, todo cobrador quer ser motorista, mas tem a manobra no meio do caminho, manobristas, depois passam para motorista. Então são etapas, são processos, são testes.

Carlos – O pré-requisito pra ser motorista, qual é?

Beatriz – Tem que ter habilitação específica.

Carlos – Habilitação para dirigir ônibus.

Beatriz – Tem que ter curso de transporte coletivo para passageiros, e tem que passar pelo teste prático tem que passar pelo teste teórico, uma série de etapas.

Carlos – Como é que isso no *Gama*? Como que é isso lá?

Júlia – Pelo tempo de empresa. Participar do recrutamento interno pelo tempo de empresa. A partir de seis meses, ela já pode participar. E eu coloco os requisitos, ou seja, 2º grau completo, algum curso específico da função e tem que estar dentro. Ela só pode se inscrever para aquela vaga, se realmente ela tiver dentro daquele perfil que estou pedindo, e também tem testes: se for para motorista, categoria, carta, tem que ter alguma experiência e fazer teste psicológico que eu aplico e o teste prático, e se for para outra vaga, por exemplo, agora eu estou com vaga de (***), então, hoje foi o último dia da inscrição, eu dou um prazo para eles se inscreverem e a prova é 4ªfeira. Então, todo funcionário, quem tem perfil e inteirou os requisitos pode participar.

Carlos – Ocorre uma coisa interna?

Júlia – Interna. Então ali, vamos supor, há no *Gama*, a vaga é no *Gama*, eu tenho 2 deficientes, se eles tiverem todos os requisitos eles podem participar, porque daí você vai participar do processo seletivo, mas eu realmente não tenho nenhuma cobrança deles com relação a promoção, nunca tive, eles não cobram de nada.

Suzana – Mas aí, por exemplo, eles fazem inscrição, já muda salário, já muda cargo?

Júlia – Depois de 60 dias. Tem o período de adaptação, e se caso ele não se adaptar, tanto ele com o cargo, ou o cargo com ele, de repente não é aquilo que ele esperava, ele volta para a função dele sem problema nenhum, Por isso que eu não mudo o salário de imediato.

Carlos – E dentro da empresa, tem alguns cargos que são almejados, são sonhos dos funcionários, como o caso, motorista parece que é uma coisa respeitada...

Beatriz – Você sabe o que eles falam? Cobrador não é profissão, motorista é profissão.

Carlos – Porque será eles falam, você conseguiu tirar algum sentido disso?

Beatriz – Mercado mais amplo, acho. Na cabeça deles, o que é cobrador, não é profissão, serviços gerais, não é profissão, faxineiros não é profissão, eles querem profissão.

Carlos – Conduzir talvez o ônibus?

Beatriz – É! Ganha mais no salário, então na verdade eles querem passar.

Júlia – Olha, no *Gam*a, qualquer função é almejada, o pessoal participa.

Carlos – Por exemplo, o empacotador seria o começo?

Júlia – O empacotador, a vaga que eles querem é no caixa. O maior número de funcionários é no pacote, então é uma loucura, a molecadinha só pode mudar de função com 18 anos. Então não vê a hora de ter 18 anos para mudar, para ir para o caixa. Mas se surgir vaga de repositor eles participam, eles estão lá. Se surgir vaga, então eu fiz esse tipo de pré-seleção, com prazo de inscrição, não limita, entendeu, sempre tem um quezinho aquela pessoa, participa da seleção, é lógico, vai ter entrevista depois, então ela precisa passar nos testes, então é o único jeito, o único modo que eu vi pra que o coração não fale mais alto, para que a gente seja justa com todo mundo. É lógico que tem a entrevista individual, comigo, depois com a encarregada, a gente troca ideias, o que aquela pessoa (***) o processo lá. Agora os deficientes C, eles quase não participam, ou melhor, não participam de promoção, eles não querem, dificilmente perguntam alguma coisa. Por exemplo, no *Gama* eu tenho dois, a Keila e o Saulo, são ótimos, uma graça! O Saula, os clientes o adoram, é super simpático, conversa.

Carlos – O que eles fazem?

Júlia – São empacotadores! Então o Saulo vai conversar com você, é "meu querido, como você está, está tudo bem", ele é super simpático. Ele é uma pessoa, apesar da deficiência dele ser mental, ele daria certinho para trabalhar como repositor. É uma pessoa que sabe lêr, ele é interessado, ele conhece o produto, ele já está na empresa há mais de 2 anos, então como repositor eu acredito que ele daria certo, porque ele conhece, e é uma pessoa fácil de adaptação, mas ele não se inscreveu, ele não quer participar, ele não pede para aumentar, a gente respeita.

Suzana – Mas para surgir vaga, para pessoas terem oportunidade precisa ter uma rotatividade, alguém sai.

Júlia – Essa do CPD o funcionário que trocou. Dificilmente no CPD no administrativo é difícil alguém sair, então quando alguém sai...

Carlos – Ou criar, não se cria postos novos?

Júlia – Muito pouco, dificilmente. Então se uma empresa que não tem rotatividade, a oportunidade pra crescer é mais difícil ainda.

(Silêncio)

Júlia – Ali a rotatividade do *Gama* no caixa é maior, então bate recordes, por "n" motivos, primeiro porque é dinheiro, é salário, a carga horária é pouca, por isso o salário é menor, então são 6 horas de trabalho só, e o volume de clientes é muito grande e as pessoas acabam saindo mesmo porque não aguentam, não aguentam o trabalho e o índice maior, aliás proporcional ao número de funcionários, tem 400 funcionários naquela loja, eu tenho 13 pessoas afastadas com LER que é (***) são caixas. O pessoal acaba querendo sair, chega uma hora que eles não aguentam mais. Então é onde surge mais vagas, consequentemente, sai do caixa, abre o recrutamento interno, o pessoal se inscreve ou sai...

Suzana- Porque para os funcionários é bom, para empresa também.

Carlos – Como funciona este sistema de busca de uma carreira?

Débora – Então, no órgão público normalmente já é determinado por decreto, que nem, tanto no *Delta* e a Prefeitura tem um decreto de promoção, por exemplo, a cada 2 anos você muda de letra, você ganha mais 5% no seu salário, então, é a promoção que todo mundo tem. Cada 2 ou 3 anos você vai mudando, mais isso depende também se a pessoa está desempenhando bem uma avaliação que é feita anualmente, se ela tiver falta, tiver alguns problemas ela não vai ter, já perde isto aí, mas para mudar de cargo é mais difícil porque se você entra na carreira de auxiliar de encanador, você só vai passar para encanador II ou encanador I quando surgir uma vaga, aí faz o concurso de acesso que a gente chama, por exemplo, aposentou encanador I, todos aqueles que são auxiliar de encanador, vão concorrer àquela vaga, aí a gente vai avaliar o tempo de serviço da pessoa, se ela teve punição ou não, como é a vida dela aqui dentro e normalmente tem uma prova também, uma provinha assim para diferenciar um pouco, ou prático ou...Então é mais difícil a promoção no órgão público também, vai da sorte, se a empresa tiver uma boa rotatividade assim (riso), aí dá para você fazer o acesso e entrar. Se não, você pode ficar muito tempo naquela função. A não ser que saia o concurso público e você já tem aquela carreira ali dentro, por exemplo, você é auxiliar de encanador, ah! Surgiu um concurso de auxiliar administração, você vai concorrer, só que de igualdade com todos o resto da população, você não tem vantagem de já ser servidor público.

Carlos – E em relação ao que estamos vendo de realidade, você acha que o critério é mais justo, acha que é dar mais uma certa objetividade para esse desenvolvimento ou onde vocês estão também é objetivo o critério, pelo menos a gente estava falando que procura, o que vocês acham?

Débora – Então para ser objetivo, o duro é assim, tem gente que procura se informar como são promoções, se existe, como que é, tem gente que às vezes não, então, fica lá reclamando e ele nunca foi saber, porque o duro, igual vai entrar muita gente nesses concursos, só uma coisa a gente vai Ter que chegar e falar: Escuta você está entrando para auxiliar de encanador, é auxiliar de encanador. Não pense que daqui a pouco, você vai poder ir para o escritório. Porque tem muita gente que às vezes entra e se confunde, porque na empresa privada, deve ser mais fácil, para cargo público não, é concurso é mais certinho, é fiscalização, então...

Carlos – Quer dizer ele entra, ele é alertado para que a carreira dele tenha uma direção.

Débora – Agora outro tipo de promoção que o pessoal vê também, você pode ter de repente um cargo de encarregado ou de chefe, mas isso aí é difícil, porque uma seção que tem 20 pessoas, tem um chefe, um encarregado. Aquele chefe é promovido, o outro pode subir no lugar, outras pessoas podem subir, mas também vai da sorte, não é uma coisa que pode garantir para a pessoa.

Beatriz – Lá é o mesmo esquema, os cobradores entram já pensando em ser motorista.

Débora – Tem muita gente que entra na parte da limpeza já, espera, vamos devagar, principalmente quem ter maior nível de educação, 2º grau para cima.

Beatriz – Não, porque lá se seu for exigir escolaridade para motorista eu não contrato (pequeno silêncio) A maioria é 4ªsérie, 5ªsérie, lá é difícil ter motorista com 2ºgrau completo.

Débora – Lá com a gente mesmo o pessoal que faz serviço de limpeza, se ela tem 2ºgrau, ela já entra com ambição de passar para outro conforme a escolaridade.

Carlos – Ela entra com esta intenção, mas não é isso que vai ocorrer?

Débora – Não, aí a gente tem que falar para ela, carreira é assim.

Carlos – E na *Ômega* como é que funciona?

Vagner – A *Ômega* é bem diferente, porque você promove a pessoa, para você mesmo, e eu dependo do cliente. Então normalmente o cliente não aceita as pessoas assim, de jeito nenhum, então você não pode colocar uma pessoa dessa como copeiro, porque o cliente não aceita. Porque vai ter contato com as... eles acham que não...O senhor é diferente, você promove a pessoa, negócio, está ali dentro, é diferente...

Carlos – "Vagner", no caso do senhor é difícil de lidar com a pressão dali, provoca algum tipo de dificuldade no dia-a-dia do senhor?

Vagner – Provoca. Por causa disso que eu dependo do cliente, principalmente nessa área do deficiente, é muito difícil, eu não falei para você que estava com uma dúzia esses tempos atrás, dos doze tinha dois, um rapaz e um menino, deu trabalho pra danar. (***) na 2ªfeira – vizinho onde ela estava? Com o pai dela em Pederneiras...Então como é que a firma vai para frente tendo um funcionário como este? Não tem como... Se a família faz, aprende tudo certinho por três meses, aí a firma tem razão, pode eliminar?

Carlos – E o senhor como funcionário, qual é a cobrança que cai em cima do senhor? Como funcionário da empresa que tem que lidar com essa situação.

Vagner – Ah é Bastante viu! Ter que cuidar daquela pessoa, ou é dos colegas de trabalho...

Carlos – E qual providência que é feita no caso dos problemas que o senhor enfrenta?

Vagner – Discriminação. Os clientes não aceitam colocar uma pessoa lá dentro. Se essa pessoa começa a faltar, o companheiro fala, mas ele ganha igual a mim, como ele pode faltar, pode sair mais cedo, pode sair mais tarde, você procura lidar com aquela pessoa para não agir com o coração, como ela disse, não tem mais como, o seu superior fala, ou vocês dão um jeito, como vai ficar assim, não tem como. Por isso que eu digo pra vocês é mais diferente.

Júlia – Pra nós é mais fácil!

Beatriz – É mais fácil.

Júlia – Eu não sei até que ponto. Porque por exemplo se é uma pessoa que falta, o cliente não quer, não porque é deficiente, porque falta. Se uma pessoa que faz o serviço direitinho...

Suzana – O cliente não quer! Não é questão de faltar.

Vagner – Porque na minha área tem portaria, tem secretária, telefonista e serviços gerais e tem o orientador público também, então uma pessoa dessa sozinha você não pode colocar num lugar deste.

Suzana – Dependendo da deficiência pode!

Vagner – O cliente não aceita!

Beatriz – Mas o cliente não aceita!

Suzana – Mas, por exemplo, é difícil de você generalizar. Desculpe estar entrando, o cliente não aceita, porque muitas vezes os clientes somos nós, num prédio, num shopping, numa empresa, então, por exemplo, o que tem um deficiente fazer limpeza no shopping? Ou no condomínio do prédio, mora no prédio, se a pessoa que fizesse a limpeza na parte externa fosse deficiente, depende do trabalho estar sendo bem feito ou não.

Vagner – Como o quadro do shopping é um quadro grande, a Tilibra também é um quadro grande, a portaria nem tanto, é 4, é turno de 36, é 4 porteiros, não tem (***), para limpeza tem mais de uma pessoa, aí dá pra você colocar a pessoa, mas por exemplo, num banco, escritório, para copa, para limpeza, (***) os clientes não aceitam de jeito nenhum.

Júlia – No caso de deficiência mental e se for física, dá para por como porteiro...

Vagner – Ah sim, você pode por, mas onde tem uma pessoa sozinha é muito difícil, eles não aceitam de jeito nenhum, banco não consegue por, nós não conseguimos colocar (***)

Carlos – Senhor Vagner está dizendo que é difícil e nós estamos pensando que não, que não é difícil?

Beatriz – Mas eu estou pensando, o que ele está pensando. O banco quer um funcionário, ele tem deficiente, o banco fala eu não quero.

Vagner – Vou perder o cliente? Não vou perder o cliente, então tem que colocar outra pessoa lá dentro, isto que é difícil.

Carlos – E quando dá um problema, por exemplo, tem um funcionário só, ele apresenta altos problemas, ele dá problema, como resolve esse problema? Como é que o senhor faz para resolver?

Vagner – Deficiente ou não deficiente?

Carlos – Deficiente, vamos tomar por uma maneira geral.

Vagner – A gente procura conversar com ele. Primeiramente a gente dá advertência verbal, certo? Deixa um tempo de férias, se acontece outra vez, a gente dá por escrito, dá três por escrito, dá suspensão, aí manda embora por justa causa.

Suzana – E para mandar por justa causa?

Beatriz – Seguindo esse procedimento manda. Nós também, primeiro verbal, depois por escrito, depois suspensão e justa causa.

Suzana – Então isso vai muito tempo. Vai bastante tempo.

Beatriz –Depende.

Vagner – Não é fácil não!

Beatriz – Se ele leva 3 advertências no mês, na próxima já é suspensão.

Carlos Por ser deficiente, ou pelo processo de justa causa é difícil.

Beatriz – Pelo processo de justa causa é difícil.

Carlos – Então, eu acho interessante, porque nessas condições, será que tem, porque na verdade dá pra perceber assim, que sempre que a Débora fala sempre há diferença no discurso, quase uma separação no processo, na verdade nós estamos aqui pra pensar como empregador, como dificuldade, será que há diferença no trabalho e na dificuldade enfrentada por ele, no trabalho e na dificuldade enfrentada por vocês?

Júlia – Eu vejo assim, na contratação há diferença, porque eu que contrato e a empresa não se importa se é deficiente ou não, eu preciso ter um funcionário dentro da empresa trabalhando, então quem vai estar decidindo isto sou eu, para determinadas funções, eu tenho uma vaga de repositor, mas eu não posso colocar de imediato o deficiente nesta vaga de repositor, porque de repente ele começa no pacote, ele vai conhecendo o produto e tal, numa outra vaga no Nutricesta, sempre tem vagas lá, já pode entrar direto, é mais produção. Então nessa parte por ser uma empresa que não é, no caso a sua é estável, não é?

Carlos – Se eu sou o cliente eu falo, olha, tem um cara no pacote, vou lá sempre e falo não vou comprar mais, acho que é mais...

Suzana – O que os clientes de vocês dizem ou comentam quando vê um deficiente no pacote?

Júlia – Faz tempo que não tem comentários, a gente trabalha, a gente trabalha com carta expressa, faz tempo que não tem comentários, mas há um tempo atrás houve uns comentários, mas comentários bons, de que realmente a empresa estava ajudando com a parte social. A parte social, isso é importante, inclusive eles adoram. São muitos carismáticos mesmo, até parece que eles querem se superar, o atendimento deles, eles querem ser diferentes dos meninos. A Keila mesmo, a Keila é do *Gama,* a Keila é uma pessoa muito carismática, é muito dedicada no trabalho dela, para falar a verdade não parece ser deficiente e ela conversa com todo mundo, pega a vassoura e já sai varrendo, cata aqui, vai ali e faz pacote, o pessoal gosta, tanto que a gente até esquece que ela e o Saula são deficientes. Na verdade a gente fica até com medo de falar que eles são deficientes, na verdade parece que os outros meninos é que são deficientes, porque não podem fazer isso que dói às costas, não pode fazer aquilo porque... e ele não tem medo de nada, nesse sentido o cliente gosta.

Suzana – É o que eu penso, porque eu não tenho contato direto com o cliente, mais eu atendo representante, tem auditoria e eles comentam, nossa que bom! Vê como uma coisa positiva. Acho que a dificuldade deles está naquela questão de você contratar um deficiente preparado para o mercado de trabalho e de você contratar um deficiente que não está preparado. Então se eles tivessem experiência de contratar pessoas que viessem de uma instituição, não sei, a dificuldade diminuiria, porque aí você não falta a mesma coisa para eles e para mim contratar, porque vai ser uma questão do cliente autorizar ou não, mas você conseguiria provar através de se criar uma visão positiva, o deficiente faz um trabalho melhor do que aquele que não é. Aí, porque ele vai falar não?

Carlos – Então parece que a dificuldade não está na deficiência, mas está em cumprir com as tarefas daquela função ou não.

Vagner – Esta dificuldade não é do deficiente, é do cliente. Porque veja bem, se você colocar uma pessoa lá dentro, o gerente, vamos supor, que eles costumam pegar lá as pessoas o funcionário nosso, fazer compra, vai na padaria, vai, faz tudo, uma correspondência. Então o cliente acha que essa pessoa é difícil de ter contato, entendeu, explicar para esta pessoa o que vai fazer lá. Agora quando tem duas pessoas, então através de uma já aceita outra.

Carlos – É porque o grupo está falando, Senhor Vagner, que parece que as pessoas, clientes gostam que tenham uma pessoa com deficiência ali no meio numa série de outras.

Vagner – É mas os clientes deles, eles não precisam dos deficientes, por exemplo, no caso dela e para empacotador, empacotou acabou, certo. Você está falando, for mais bem preparado, for mais bem avaliado, mas não é, é a questão do trabalho da pessoa.

Susana - Eu acho que está tendo uma confusão na definição do cliente.

Júlia – É o tipo do cliente.

Beatriz – É. Eu sou cliente do Banco Real. Agora quem é o cliente dele, não sou eu, é o Banco Real.

Suzana – Mas, por exemplo, eu sou cliente de uma agência tipo deles, eu moro num condomínio.

Débora – A empresa, por exemplo, o banco, se tiver dois funcionários, um não tem deficiência, o outro tem, esse que não tem deficiência vai cuidar e instruir o outro, mas o banco, ele não quer.

Vagner – Gerente e administrativo não aceita.

Débora – Ele não quer tomar conta do funcionário deficiente.

Carlos – E se ele for uma pessoa que faz direitinho o serviço dele sendo deficiente?

Vagner – Não, é por isso que eu estou dizendo, não aceita, não pode. Se você chegar e dizer tem um deficiente que quer trabalhar com você, eles falam olha, vamos encerrar o contrato? Não aceita mesmo.

(silêncio)

Júlia – Eu acho que está quebrando alguns paradigmas, porque quando você fala em deficiente, a pessoa já imagina assim, ou um deficiente mental mesmo de último grau, aquele assim que não faz nada, depende de todo mundo ou físico que precisa se arrastar, então eu acho, vamos imaginar assim, quando fala de deficiente, de repente assusta!

Vagner – A gente procura explicar para pessoa...

Júlia – Eu até entendo, mas é que eu sou...

Vagner – Eu tenho lá no shopping, 4 ou 5 deficientes, então, lá eu posso contar com o administrativo, tem uma pessoa assim, assim só tem esse problema. Que a gente puxa a pessoa para entrevista, prova que a pessoa está começando, a gente procura sempre aquele que já estão subindo assim de setor, nunca põe uma pessoa que nunca trabalhou naquele serviço de conferente naquele banco. Eu tenho uma pessoa já com prática, faz isso, faz aquilo, tudo certinho, vou ao administrativo e falo olha...

Suzana – E como que é a Tilibra é cliente de vocês?

Vagner – Porque tinha muitas pessoas lá dentro.

Suzana – A Tilibra passa por esse processo de admitir deficientes.

Carlos – Talvez a questão seja aí, uma pessoa sozinha ou mais, ou a própria ideia que as pessoas tem da deficiência mesmo. Talvez seja uma questão que a Júlia estava colocando, porque na verdade, por exemplo, pode ser que tenha, vamos supor o Ministério do Trabalho obriga vocês a terem uma cota, não obriga?

Vagner – Obriga.

Carlos – Então, numa certa situação, o porteiro com deficiência física, ele pode render para o gerente de banco uma série de elogios do tipo que a gente faria, se a gente tivesse uma (***) e aí pode ser que futuramente um outro momento fosse ter outra pessoa com deficiência, talvez a postura pudesse ser diferente, não sei, a gente precisa pensar nessas questões, eu acho que é aí que está um ponto importante para nós. Por um lado, o trabalho precisa ser feito, eu acho que vocês colocaram de uma certa maneira, por outro, o que está por trás dessa questão de colocar alguém ali de qualquer maneira, de colocar alguém ali que tenha capacidade de fazer aquilo. Parece que um dos pontos que a gente tem que conversar, essa talvez seja a oportunidade que nós temos de refletir. Não sei o que vocês acham, se esse é um espaço interessante para gente pensar no que fazer, porque ele está falando alguma coisa que é do dia-a-dia dele. Ele está realçando a dificuldade do trabalho.

Débora – Será que em algum banco, lá exista algum tipo de prevenção? Porque banco costuma ter problemas das pessoas ter LER, o que é mais comum ter isso, o desgaste é maior, o atendimento ao público, muitas vezes o banco enxuga o quadro e o bancário que está ali. É LER e outros problemas também. Será que eles, alguma coisa assim, de repente, esses bancos, já tem gente afastada, já tem gente com algum problema causado pelo próprio ambiente, será que eles têm algum tipo de prevenção por alguém que tenha qualquer deficiência, será que eles já acham que vai ser a mesma coisa? Não sei, o banco muitas pessoas reclamam...

Carlos – O que vocês pensam?

Beatriz – Eu acho que banco o que manda é a aparência. (silêncio) Você não vê uma pessoa trabalhando de qualquer jeito...

Débora – nem pessoa feia...Todo mundo está bem vestido.

Beatriz – Então é aparência e o deficiente entra o quê? Aparência.

Carlos – E qual o sentido pra nós, o que isto representa para nós? Banco o que é, e porque a aparência?

Beatriz – Porque banco está tudo certo, não tem erros, está tudo certo.

Débora – Não tem nada imperfeito.

Beatriz – Não tem nada imperfeito. O seu dinheiro aqui é cuidado com toda a perfeição do mundo.

Carlos – Então quer dizer que a deficiência...

Vagner – É um caso muito grave, veja bem aconteceu um fato de sumir alguma coisa, ah a responsabilidade é em cima de quem? Sempre em cima do pessoal da limpeza. Isso é fatal, nos bancos, é fatal. Sempre aquele que primeiro vai ser classificado é aquela pessoa ali, até que prove ao contrário que aquela pessoa não mexeu ali, foi outra pessoa que pegou. Então é isso aí, eles acham que a pessoa é deficiente é pior ainda, não tem nada contra, mas eles não aceitam, não sei se é ordem do gerente dele lá, sei que eles não, mas essa é a realidade muito caso por aí, de sumir coisa, a pessoa nem viu, coitada da faxineira, nem passou naquele local. Foi a faxineira, foi a faxineira! Repreende a faxineira, a firma, no meu caso, eu estou numa empresa, a faxineira em outra, eu tenho que levantar os dados para depois, se provar que foi ela tudo bem, troco, ponho outra no lugar e volta a coisa no lugar e tomo providência. E se não foi ela, e defende aquela pessoa, sei lá, acho que é da faxina, acho que tem qualquer coisa, sei lá. Estão prevenindo para não ter aquela pessoa ali dentro. No shopping eu tenho 2 ou 3 lá que são melhores que as outras, mas não me dá trabalho, mantêm horário, mantêm o dia certinho, faz o serviço certinho, acompanha tudo, não responde ao encarregado, olha parece que nem existe aquelas três meninas lá.

Suzana – Qual é a deficiência dela?

Vagner – (Aponta para a boca) No falar, só isto também, normal, faz tudo normal.

Suzana – Porque imagina o seguinte, se você coloca uma pessoa no banco, você não fala com deficiente, tem várias pessoas que percebe.

Carlos – Pelo que ele falou tem o empacotador, que pelo contrário, que conversa bastante...

Suzana – Eu tenho um lá na empresa também que, entendeu, que o dono da empresa não sabe....

Carlos – Parece que a ideia do deficiente, ela trás pelo que o profissional está colocando pela prática dele, a deficiência trás em si uma questão depreciativa em relação à pessoa. Agora por outro lado, vocês não acham uma coisa contraditória, as pessoas falam, por exemplo, vamos pensar nós, se agente vai no *Gama* e vê uma pessoa com deficiência física no caixa, por exemplo. Qual é o nosso sentimento em relação a isto? Parece uma coisa contraditória, não é?

Beatriz – Mas é por isso que eu digo, a maior parte dos deficientes já tem um tipo de cargo, os mais operacionais, mais humildes, mais baixos, dificilmente você vê um deficiente num cargo superior. Então se você entra em um ônibus e vê uma pessoa que tem deficiência nas pernas como nos braços: Nossa que legal? Mais se você vai num banco, se vai ver o gerente com deficiência...

Suzana – Aquela palestra que nós tivemos na OABeatrizcom o procurador, corregedor, que é deficiente, é cego.

Carlos – O procurador é cego?

Beatriz – Mas ele é procurador, é o quê, concurso. Então ele passou num concurso, é diferente.

Suzana – Mas ele é cego. Eu acho que as pessoas...Eu pelo menos acho muito legal.

Carlos – Porque você acha legal?

Suzana – Porque assim prova o contrário que todo mundo diz, que é incapaz, que não pode, pode.

Carlos – E tem outra questão que está por trás que é a ideia do que é a deficiência. Porque na verdade a ideia já me paralisa, Senhor Vagner, paralisa, se eu não tenho a oportunidade de mostrar quem é a pessoa para ver, conversar um pouco com ela. Então quando Senhor Vagner fala já tem um estímulo, já tem alguma coisa contra a faxineira e ser for uma pessoa deficiente parece que a coisa piora. Então dá a impressão que existe uma ideia que antecede relação com a pessoa com deficiência. Uma curiosidade: O Senhor faz uma orientação quando vai ter faxineira com relação, quando vai entrar no banco?

Vagner – Ah Sim! Prepara a pessoa. É o que estou dizendo para você, a gente não coloca uma pessoa, faz um serviço hoje, ajusta ela e coloca lá, não a gente pega uma que já está no ambiente local, passa aquela pessoa para lá e coloca uma orientada junta no quadro de funcionários. Então está saindo quatro funcionários nosso, das nossas mulheres que vão fazer a limpeza, mas é orientada, entrevista, tudo certinho.

Carlos – Explica o que pode acontecer com a situação.

Vagner – Ah Sim!

Beatriz – Só voltando um pouco, o que eu falei da aparência, em muitos locais o que conta é a aparência. Eu trabalhei numa empresa no Paraná, eu precisava admitir uma telefonista, e eu tinha uma pessoa negra que era excepcional. E foi assim, ela era negra. Então essa questão da aparência realmente pega em determinadas empresas quando diz respeito ao deficiente.

Carlos – Interessante a telefonista, porque telefonista geralmente é uma pessoa que não fica exposta ao contato.

Beatriz – Mas ela sobe. Entra como telefonista, pode passar para recepcionista, vai subindo, entendeu, não é telefonista estagnada. Então uma pessoa com deficiência, de jeito nenhum.

Carlos – É uma coisa que está nos princípios de moral, o que é que define uma pessoa competente, não competente, passa por alguns critérios pré-estabelecidos.

Beatriz – Não é questão de competência é questão de aparência. Competente, é competentíssimo.

Carlos – Então quer dizer, tem algum elemento aí que não deixa a pessoa nem se quer comprovar sua competência e você trabalhava nessa empresa, você tinha que fazer de acordo com os princípios da empresa. O que vocês pensam dessa...

Beatriz – (***) não, profissão sim.

Carlos – O que vocês como empregadores, pensam disso? Uma pessoa define a contratação...

Débora – Acho que você aceita uma coisa desta, consegue trabalhar até determinado ponto, chega uma hora que os valores não batem e você tem que procurar um outro emprego.

Beatriz – Nessa mesma empresa, eu vou dar um outro exemplo, eu acho assim, apareceu uma moça que era simplesmente excepcional para trabalhar como recepcionista, e eu quase fui demitida quando ela foi contratada, porque ela era casada...

(Comentários de alguns participantes: Que Absurdo! Jesus! Etc)

Beatriz – Onde já se viu contratar uma pessoa casada para recepcionista e eu ingênua, não sabia, quase todo mundo do escritório era casada (risos)

Carlos – Qual a implicação de ser casada?

Beatriz – Eu tive de ir lá e justificar para o diretor, assim, tive de convencê-lo a dar uma oportunidade para a moça, porque ela era casada e ela ia ficar grávida e ele não queria que ficasse grávida.

Carlos – Porque na minha opinião uma moça casada e grávida precisaria muito mais do emprego...

Beatriz – Então foi aquela conversa (risos de uma outra participante) e ele aceitou, justifiquei e foi isso, e ele aceitou!

Júlia – As solteiras não ficam grávidas?

Beatriz – Pouco tempo depois, olha não demorou um ano, ela é secretária executiva dele.

(Silêncio)

Beatriz – Por isso que eu falo, a questão não é a competência, é a aparência, é a apresentação, é a própria discriminação da empresa, não tem muito haver com a competência, então eles falam, eu não quero uma faxineira deficiente, ele está falando em competência? Não! Ali não é questão de competência, por mais que ele fale, ela é excelente, é isso e aquilo...O que entra lá é a aparência, banco é o quê, é aparência.

Carlos – O que vocês acham que passam na cabeça dos empregadores? Porque aqui parece que nós estamos tendo algumas posições, mas o que eles, as pessoas que contratam, pensam em relação a isto. A Débora falou que não dá para aguentar muito tempo esta situação, é sinal que algo de desconforto em relação a determinados princípios da empresa.

Beatriz – É porque é exatamente isso, certas coisas não mudam, ou você se adapta ou você sai.

Débora – E eles falam aquela história, é uma filha de gente entrar no seu lugar, então, quando eles deixam de lado algumas pessoas que não são bonitas, são competentes, eles estão achando que tem um contingente muito grande para entrar no seu lugar, dá pra escolher, tem um monte de gente desempregada, você pode achar uma miss para trabalhar como recepcionista. Tem isso, hoje em dia você escolhe facilmente alguém para trabalhar.

Carlos – É uma lógica não é? É essa lógica? o que nós fazemos com ela?

Beatriz – Só voltando. Realmente algumas empresas, elas vão trabalhar com deficiente, porquê? Porque são obrigadas! Porque são exigidas. Então tem aquela cota, pronto acabou...

Carlos – Se não tivesse a cota?

Beatriz – De preferência aquele deficiente lá na produção, ninguém está vendo.

Carlos – Isto não nós trás nenhum problema...

Beatriz – Por exemplo, uma aeromoça, eu nunca vi uma aeromoça com deficiência.

Débora – Não costuma nem ser gordinha. Parece um modelo. Bonita.

Beatriz – Agora você vai querer colocar uma deficiente, competentíssima, educada, atenciosa, não sei o quê, mais não tem os dedos das mãos...

Carlos – Tudo bem, essa é a lógica, o que a gente pensa dessa lógica? Como a gente se movimenta nesta lógica?

Beatriz – É desumana! (silêncio) Então tem uma dupla discriminação (silêncio) Você nem está discriminado a competência, você está discriminando a questão da estética.

Carlos – E não chega na competência, o Senhor Vagner está colocando, já tem alguma coisa, não chega na competência, não chega em avaliar.

Beatriz – Eu acho também que muitos deles quando consegue um emprego, que está lá, que nem o lavador, com o dinheiro, todo dia a mesma coisa, ele está felicíssimo, porque ele sabe (***) ele está trabalhando, ele conseguiu entrar, quantas portas foi fechada simplesmente por ele ser deficiente.

Débora – E ele não quer perder aquilo de jeito nenhum (silêncio) O que a gente poderia fazer, é difícil, porque, você está numa posição, eu tenho um emprego também, o que dá pra fazer aos poucos é tentar convencer, conscientizar.

Carlos – Você pode ser mandada embora?

Vagner – É com certeza.

Carlos – Você pode ser mandada embora se...

Débora – Você não vai poder fazer nada.

Vagner – Eu falei na reunião aquele dia (***) moda antiga (***) agora se fosse por mim...

Beatriz – Você tem que sobreviver no mercado, então você vai procurar atender seu cliente, se ele fala não quero deficiente, você vai ficar insistindo?

Vagner – Não! Não tem como.

Suzana – E a maior parte dos seus clientes, são bancos?

Vagner – A maior parte é banco!

Carlos – E aí o Ministério fala para colocar uma cota.

Beatriz – Aí ele coloca no shopping, coloca em lugar que aceita...

Débora – Mas o banco também deveria ter uma cota. Independente dele, o banco também deveria ter funcionários deles?

Carlos – É, se tem mais de cem funcionários.

Débora – eles deixam escondidinhos.

Vagner – Secretária, Telefonista no banco, nem somos nós que escolhemos, o próprio gerente indica para você, contrata aquela menina, contrata aquela senhora. Se bem que senhora também é muito pouco, aquela menina. Manda lá no escritório, já sai a papelada dela e pronto. Só que a gente fala no operacional, se acontecer alguma coisa você é responsável. Já deixa tudo por escrito, tudo certinho, entendeu, porque ele está pagando aquela pessoa. Se tiver problema, o problema é dele, em muito lugar são eles que apontam a pessoa. Por não sei quem que é colega dele, é difícil agradar tudo mundo.

Beatriz – E agora lá no meu caso também o cobrador, você contrata um cobrador que tem deficiência nas pernas, ele vai subir para ser o que lá? Não vai acontecer isso. Então a promoção para ele não há...

(silêncio)

Débora – Não tem como adaptar um ônibus pra ele?

Beatriz – Para ele dirigi um ônibus?

Débora – Não. Para ele existe carro para ele andar, para deficiente, mas para isto para a empresa é custo.

Júlia – Aí não vai poder ter escolha. O custo alto da adaptação do deficiente em contratar uma pessoa que não tem deficiência.

Suzana – Para eles é muito fácil contratar um motorista normal.

Carlos – A Suzana falou alguma coisa em termos de ressignificar o trabalhar, era isso que você tinha falado Suzana. Por exemplo, não necessariamente o que a possibilidade dentro de uma empresa, por exemplo, como a *Sigma*, não tem uma rotatividade tão grande, talvez o Gama por uma questão de afastamento que gera, mas olhar de uma maneira diferente para o trabalho. Quem de nós vive sem a nossa empregada doméstica, vamos dizer, e ás vezes a gente coloca esse emprego como extremamente desvalorizado. Então o que vocês acham desse comentário, de que a gente, não sabe como funcionaria mas ressignificar o próprio trabalho, já que a gente está vendo que a pessoa que trabalha ganha outra forma de ver o mundo. Uma coisa é você ficar excluído completamente, uma coisa é você ter amigos, resolver problemas, picar o cartão, receber salário, casar. Então parece que é uma das coisas que surge para nós que estamos nesse papel importante dentro da realidade bauruense, vocês são representantes de um grupo de empresas com mais de 100 funcionários.

(Silêncio)

Débora – Às vezes você precisa ressiginificar não só o trabalho do deficiente, do modo geral, às pessoas seguem mais, o porque delas estão trabalhando, qual o objetivo daquela instituição. Não é uma coisa só para o deficiente, porque para pessoa ganhar muito bem numa função ela não vê o porque, ela se sente valorizada, atinge a todos, não adianta só valorizar também o deficiente, o colega dele que não é deficiente também vai precisar de elogio, também de alguma coisa assim.

Carlos – É isso?

Júlia – É. No meu caso eu não tenho nenhuma procura, então, mais eles são elogiados, até mesmo, com selo do INMETRO, como eu falei da última vez, quando saiu selo do INMETRO, o pessoal da NUTRICESTA, nós reunimos todos, nós parabenizamos, os deficientes também estavam lá, eles ficaram super felizes, pelo fato de estarem participando daquele fato importante para a empresa. Então, nesse caso, existe a forma do reforço para eles, como não tem a procura de promoção, quero promoção, então a gente não tem aquela coisa de ficar batendo em cima da função dele, mas caso houver interesse de algum dele eu acredito que tenha que ter perfil para estar reforçando sempre...

Beatriz – Sabe que eu lembrei agora, não tem nada haver, uma novela que passou, onde tinha deficiente...

Carlos – Qual era a deficiência, síndrome mesmo?

Suzana – Eu lembro de um que era Down.

Carlos – Síndrome de Down!

Júlia – Novela das seis. Trabalhava um carinha...

Beatriz – Era um que trabalhava numa empresa, trabalhava no xerox da empresa, e era deficiente com Síndrome de Down.

Júlia – Eu assisti outra novela que o deficiente era, ele trabalhou em 2 novelas.

Beatriz – É o mesmo, é o mesmo! Então no começo ficou assim, como foi positivo isso pra população, para pessoas realmente enxergarem o deficiente que ele tem possibilidade, de representar o trabalho, aquele trabalho é um acordo, quer dizer quando se pensa num deficiente ator?

Carlos – Ele era um funcionário na novela e na vida real, a gente tinha a imagem do ator, isso trás um impacto positivo, vocês acham?

Beatriz – Acho quanto mais eles aparecerem, mais tira esse estigma...

Júlia – Diz uma coisa, a gente estava comentando, do cliente, o seu cliente não quer, é, sabe que tive uma vaga de porteiro na NUTRICESTA lá no Distrito, e eu queria por um deficiente. E eu pedi para SORRI encaminhar pra mim, ela encaminhou alguns, mas não era o perfil que eu estava querendo, não tinha experiência, era um caso mais complicado. E eu pedi para o CIEE, pra ver se tinha alguém para estar encaminhando, ou estudante.

Carlos – CIEE é o quê?

Júlia – CIEE é uma escola dos estagiários, integração. Eu tenho uma estagiária e ela é do CIEE e ela não tinha deficiente. Você não tem ninguém para colocar como porteiro? Passei o perfil para ela, mais eu queria um deficiente. Pode ser um deficiente físico porque não vai sair dali, da portaria, então não vai ter problema...Também tem a hora da procura, quando você procura as agências não estão preparadas para te dar o suporte, apesar dela não ser uma agência específica, eu nem fui em outras agências, mas, eu queria alguém deficiente, um porteiro, um rapaz de uns 22 anos poderia ser tipo estudante, que esteja precisando trabalhar, nem estágio na área é, mas está precisando trabalhar, então não tem, nenhum deficiente, mas as agências não estão preparadas para suprir as necessidades da gente. Eu não trabalho com agência terceirizada, mais caso precisasse teria dificuldade.

Carlos – Por exemplo, o processo seletivo direto como é que funciona, como acha que funcionaria? Você da forma que você contrataria outros funcionários sem deficiência, você acha que, abrir, por exemplo, para receber currículos?

Júlia – Para eles, para os deficientes?

Carlos – É. No caso você tem uma vaga lá, para deficiente físico, abri para receber currículos direto, como que você acha que funcionaria?

Júlia – Você não pode pedir currículos de deficientes, isto é discriminação.

Carlos – Não pode abrir?

Júlia – Não, mas eu recebo, mesmo assim eu recebo.

Carlos – Cria-se assim uma outra questão...

Suzana – Você está dizendo que limitar...

Carlos – Não pode.

Júlia – Ter um dia específico para isso, não, não pode. Mas eu recebo. Toda 2ªfeira de manhã é o dia de recebimento, sempre vem um deficiente auditivo, físico.

Carlos – De repente este banco de dados você não poderia chamar sem estipular, entre outros, porque se cria outro problema, ou seja, você tem uma necessidade e é legítimo isso de algumas características assim como a Beatriztem e a pessoa tem que estar ali, senão você cria uma situação de colocar a pessoa sem condições mínimas para desempenhar funções as pessoas vão falar porque é deficiente, mas não é porque é deficiente, porque não tinha condições pra aquela situação, porque eu percebo que as instituições elas tem dificuldades para determinadas exigências pela própria história da pessoa com deficiência, não é por aí? De um tempo pra cá que eles estão indo à escola.

Beatriz – Qual a imagem que a pessoa tem de Síndrome de Down, que é o bobo, que é o incapaz, que não tem raciocínio, e o Síndrome de Down não é isso.

Carlos – Imagem construída. Então de repente fiquei pensando que poderia ser uma entrevista direta, quem sabe alguém que não passou nem pela SORRI, nem pela APAE, nem pelo CIEE para que pudesse ser a pessoa que você precisava. Eu falo porque, no Camélias tem um, no Camélias não, no Flamboyants, tem um rapaz lá que tem uma deficiência física num dos braços, parece que é um dos melhores porteiros que tem ali. Não é para você (dirigindo-se a Júlia) ir lá pegar esse porteiro (risos).

Júlia – É um moreninho? Eu morei lá no Flamboyants, ele era porteiro do meu portão. Ele gosta do que ele faz ali. Então Carlosrealmente a gente acaba se esbarrando... Do que eu estou precisando? Eu preciso de uma pessoa, vamos supor, para porteiro. Tem que ser uma pessoa mais dinâmica, de boa comunicação. Entra e sai pessoas, é preciso uma pessoa que tenha pulso firme para falar, porque ali tem muito chapa e não pode ser uma pessoa muito meiguinha, tem que ser uma pessoa mais firme...

Carlos – Está tudo dentro da procura, a gente quando fala, tem que passar por cima dessas características, não existe uma pessoa com deficiência com essas características?

Júlia – Então assim quando a SORRI encaminhou algumas pessoas, eu entrevistei e coloquei todas as dificuldades que eu encontro lá no NUTRICESTA. Hoje, no caso da época, alguns infelizmente não davam para mim, não dá, pela linha de deficiência, de repente eles vão colocar empecilhos e tal, alguns já, eles mesmos diziam, não para mim não dá, outros até encaravam, mais eu percebia que não dava para função, não dava. Que a gente ia entrar em contato em outra oportunidade, mais é isso.

Carlos – Ok! Podemos encerrar por hoje? (...) Alguém tem alguma coisa para falar?

Débora – O que precisa é a conscientização de um modo geral, que chegue à gerente de banco, a ideia de que você contratar um deficiente, isto é uma coisa assim, é uma pena...

Carlos – Ok! Então semana que vem é o último dia da gente estar aqui, a gente vai fazer o último encontro, então aguardo vocês na próxima semana de novo.

Quarto encontro – Grupo de empregadores
Tema – Deficiência e mercado de trabalho
Data: 05/04/2004

Carlos – Bom. Antes de qualquer coisa eu queria agradecer todos vocês por estar presente, acredito que... Este espaço ele vai ser muito importante para as reflexões que a gente vai fazer e... Espero não perder contato com vocês e mesmo porque eu tenho que... Eu não vou.... Então eu só tenho que agradecer vocês por estarem me ajudando neste processo, não é um processo fácil, é um processo difícil: discutir esta temática e a gente sabe da quantidade de coisas que vocês têm para se preocupar, além desta questão. Então hoje é ultimo dia desse espaço que a gente criou pra discutir o mercado de trabalho da deficiência. Então é... O primeiro ponto que eu gostaria de jogar para nossa discussão é... Como foi participar nesse grupo a partir desta proposta, centrada no próprio grupo? Nós tínhamos um objetivo que era discutir o mercado de trabalho e a deficiência, partindo de uma proposta que não era convencional, não tinha uma direção, não tinha uma ideia, tinha sim um grupo pessoas que vivem esta realidade, pessoas que se dispuseram a falar da própria realidade, construir as ideias. Então o primeiro ponto é... Como é que vocês sentiram isso, esse espaço? Como é que vocês aproveitaram isto?

Débora – Eu acho de uma forma geral, assim muito prazeroso, mas só que, uma coisa assim que eu estava perguntando também: É assim, parece que o grupo já tem uma visão assim: mais consciente mais preparada, aceitável do deficiente, para ver o que é possível fazer por ele, levando em conta o interesse da empresa e também o bem estar da pessoa. Então, é um grupo assim que dá a impressão que é privilegiado, que está vendo além. A gente estava pensando, seria bom se houvesse mais pessoas, com as pessoas que realmente acha que não tem como contratar deficientes, não querem contratar, entendeu. Então talvez por outros motivos mais fortes... Ou por preconceito não sei. Eu gostaria de saber, porque tem pessoas que não concordam mesmo e nem se interessam, então. E porque será? È uma coisa que eu acho que poderia ser discutido, porque o nosso grupo é muito consciente do que deve ser feito sobre a deficiência...(silêncio) eu estou pensando nos outros por aí...

Júlia – O nosso grupo é maduro, sabe das responsabilidades, sabe que é importante. E vai em frente. Como eu disse na outra vez na semana passada é... No caso a gente trabalha com uma equipe autônoma, e eu não tenho encarregado mas eu acredito se eu tivesse, eu também trabalharia ma mesma linha minha e a empresa não tem preconceito, então coloca... É... Pode colocar...

Não sei se vocês viram a reportagem das pessoas acima de cinquenta anos que saiu ontem no jornal é... As duas pessoas que tem no jornal são funcionários meus, e... Eu fico falando, dos idosos. Idosos assim, entre aspas, mais acima de cinquenta anos e da... Que a empresa também abre espaços para os deficientes. Isso é muito importante e temos que conscientizar as outras pessoas, as outras empresas, não só pelo fato da cota que tem no Ministério do Trabalho, mas pela importância de estar socialmente fazendo a nossa parte. É importante...

Daniel – Privilegiado, que realmente de acordo com as necessidades de discernimento das pessoas com deficiência e também das nossas, vocês mas do que nós. Vocês têm objetivos mercadológicos a atender, de produtividade, de obter lucro enfim, e dentro da possibilidade trabalham para favorecer em uma... Como é que chama, menos favoritismo de alguns excluídos que o mercado de trabalho com relação a deficiência. Não são todos que tem essa visão de atender as suas necessidades e também visualizar as necessidades dos outros pra poder proporcionar uma qualidade de vida melhor...

Suzana – Bom. Acho que fica claro também que nessa questão deficiente é uma coisa também do seguimento em que a empresa está, a gente viu que a prestação de serviço tem mais dificuldade, para eles é mais difícil do que pra outros setores. É... a quem já vai, entre aspas, é bom porque levanta algumas questões para gente ir pensando, melhorando o que pode ser feito, o que não pode. Agora fica o que tem a dificuldade pode fazer pra diminuir essa dificuldade.

Beatriz – Isso, da cota também, eles estipulam a cota mas não veem o tipo de função que a gente pode colocar essa pessoa, por exemplo, no caso do motorista, eu não posso ter motorista deficiente. Grande parte de nossos funcionários são motoristas, cobradores deficientes tudo bem, mais motorista. Então ele fala assim tem tantos funcionários então a cota e tal, mas... tá e daí? Então eu acho que esse negócio de cota aí.... A visão, a necessidade de tal ter um funcionário, a gente não sabe isso, a gente procura colocá-los, não porque a lei está mandando, mas por uma questão de... É... De porque não ter um deficiente, então não é porque eles mandam. A gente coloca porque a gente quer colocar. Esse negócio de cota é complicado. E ficou bem claro também esta questão de cota e questão de número, então a gente não queria que fosse, deveria ser a pessoas, e ficou bem claro também que essa cota é questão de número...

Júlia – Exatamente, (***), não tem nada...é só papel...se estão adaptados se não estão...

Beatriz – Eles só querem saber se tem um número...

(Silêncio)

Carlos – E esse espaço essa maneira de trabalhar favoreceu a discussão do assunto, essa forma como foi proposto pro grupo. O que vocês pensam disso?

Débora – Acho que o pessoal foi colaborando à medida que tinham alguma coisa pra expor.

Carlos – Não causa uma certa tensão à medida em que no grupo nós temos que... Causa tensão individualmente em nós?

Débora – Acho que, não sei se chega a ser tensão, mas de repente, conforme as pessoas vão falando as coisas, eu vou pensando, procurando outra experiência alguma coisa, às vezes eu não acho (Riso). Aquela coisa, da vontade de contribuir, mas eu não tenho tanta experiência como o resto do pessoal tem, mais direto com as pessoas. A nossa área lá é concurso, dificilmente tem, quando tem, se tiver vaga você contrata, se ele, então a gente só tem contato lá dentro, a gente não tem tanta experiência...

Daniel – Olha, a gente chega a ter um caso, o Arlindo, o último, um caso mais complicado, que teve que adaptar. Uma série de coisas, móveis, é diferente de tudo que a gente tenha vivido. Assim, a gente deve, conversando a gente, falo assim no cotidiano, uma rotina com relação a esse grupo mais intensa, a gente fica naquela, assim, vou dar palestra a gente procura lhe dar com o Máximo de naturalidade possível, mas as vezes não... Mas é interessante porque eu acho que não... Voltando ao assunto agora não é exatamente uma menção, mas a intenção que todo mundo tinha, também contribuiu para que a tensão não acontece, a gente já veio desarmado, com o propósito de aprender alguma noção de, experiência para ensinar, isso acho que... Deixa o ambiente mais propicio a troca de informação a gente já vai se acalmando...

Beatriz – E nada foi obrigado, foi livre, nós somos livre para estar aqui, dentro das possibilidades. Então se fosse algo obrigatório, teria tensão se fosse alguma coisa competitiva, e não havia competitividade, e finalmente a competitividade gera tensão.

Carlos – E quando as coisas elas aparecem é... Em relação aquilo que a gente gostaria (ideal) e aquilo que de fato a gente pode. Porque muitas vezes a realidade se apresenta desta forma, gostaria de fazer desta forma e a realidade me obriga a impor uma outra relação, que...

Beatriz – Se isso é tenso?

Carlos – Por exemplo, é... Em relação às cotas, existe uma realidade que tem que ser comprida e existe uma realidade que pode ser cumprida. Isso como é que vocês veem? Compreenderam?

Júlia – Sim. É... Aí não aqui no grupo então, não a tensão aqui?

Carlos – Na verdade vai aparecer na nossa fala ou vai aparecer na nossas dificuldades de enfrentar essa situação...

Júlia – É eu... Vou ver se eu entendi! É... Eu não fico tensa... Eu só fico tensa quando a gente tem que entregar o relatório para o Ministério do Trabalho e... Porque aí você... Eu acho que gente está sempre trabalhando em cima, para que, atinja a cota. Mas a questão de cota é aquilo que elas falaram é... Número, é... Aquela obrigação de você colocar pelo fato de ter que mostrar números, é complicado. Então você fica assim tenso é... Eu vejo complicado porque... E ai... E ai você conta como se tivesse contando gado, você conta... Ah deu a cota então vamos colocar lá tal... Os laudos, os pareceres. Então eu acho que ai existe uma tensão sim.

Carlos – Mas no espaço do grupo não?

Júlia – A não.

Carlos – Até fica liberado.

Júlia – Não tem como a sensação é de... Como se tivesse contando gado mesmo. É... É...

Daniel – O que não deixa de ser...Deixa eu contar...

Beatriz – Você não chegou a se perguntar. Porque a *Beta 1* é... respondeu a sua carta e a *Beta 2* não?

Carlos – Não... Não me pergunto, porque é... Num universo muito grande...

Beatriz – Porque são duas empresas no mesmo local que eu estou responsável pelas duas. Porque a *Beta 1* naquela época não tinha cota. Então ó uma tensão, a gente não sabia o que era, como seria o trabalho e tal. Para responder para onde vai ser obtida essa informação, a *Beta 2* não está com a cota, então não responde a Beta 1...

Carlos – É pelo o que o grupo está falando, há um amadurecimento dos representantes das empresas. E... Isso talvez, não vou afirmar é... De dar uma certa liberdade paras as pessoa falarem sem se preocupar com o uso na pesquisa é praticamente é, esta pelo o que vocês estão falando, falando abertamente, tranquilamente aquilo que pensam sobre a temática. É isso? E o que a Débora falou é que isso devia, ou é curiosidade dela que isso fosse pensado, refletido por mais pessoas?

Débora – É o grupo aqui já se preocupa com a situação do deficiente, já contrata não pensa só em cumprir cota, agora que nós... Quantas empresas por aí, talvez não tenha a exigência da lei, da cota, não se preocupam com isso nem para pra pensar é... Um trabalho assim tinha que... Eu sei que é difícil, mas se pudesse ser estendido para mais grupos, porque tem lugares que as pessoa nem param para pensar nisso, ou elas foram obrigadas pela lei, ou elas nem...

Suzana – O que é o caso que a pessoa com deficiência não vai produzir como uma pessoa não deficiente...

Carlos – Talvez essa ausência de tensão seja em função da resposta a... A participação livre na pesquisa. O que vocês pensam?

Débora – É, eu acho, uma tensão, que o pessoal já passou por estas situações...

Suzana – As empresas ou responderam os questionários, ou responderam que não teriam tempo. Porque quando você falou até que outras empresas não responderam, aí eu pensei neste outro lado, então responderam porque provavelmente não tenha cota, por isso não responderam...

Beatriz – Por isso não responderam?

Suzana – É porque assim, aquele primeiro contato que veio pela correspondência não ficou exatamente claro que era uma pesquisa. Era uma pesquisa, mas e dai você iria lá na empresa, não iria? Iria verificar não iria? Medo de se expor...que bom, que facilita, eu vejo que, apesar de eles falarem apenas em números, essa questão da negociação de um prazo, de tantas pessoas, isso que é legal, para que as pessoas possam nos adequar.

(Silêncio)

Carlos – Em relação a esse processo que foi feito de entrar em contatos com as empresas é... Como é que vocês vivenciaram isso e como é que vocês avaliaram, desde o momento em que a carta chegou até o momento agora que nós estamos aqui. Da pra visualiza o processo?

Suzana – A eu já falei. Quando eu recebi aquela carta eu pensei será que ele vai vir aqui? Eu não pensei que eu fosse sair, pensei que você fosse vir, fazer um trabalho lá dentro.

Carlos – E não dá para perceber o que iria ser feito depois?

Júlia – Pensei que seria uma pesquisa mesmo, quando você encaminhou. Você mandou para todas as lojas?

Carlos – mandei para as quatro.

Júlia – É... Eu respondi realmente achando que era uma pesquisa, a titulo de pesquisa para seu curso e não pensei em nada mais para frente achei que era mesmo...

Beatriz – Eu pensei que haveria um algo que é para um doutorado.

Júlia – É...

Beatriz – Eu pensei tem algo além deste questionário. Não é só isso...

Carlos – E talvez uma empresa que não tivesse tranquilidade pra desenvolver como pesquisa, talvez não responderam que não, Esta é a hipótese que a gente pode considerar?

Débora – Não sei se a pessoa não tem nenhum interesse ou de repente não está cumprindo alguma cota ou falta de interesse mesmo, já que ela não quer se envolver com isso, com medo de alguma fiscalização.

Carlos – É porque no começo eu tinha falado para vocês que eu tava separando a questão fiscalizadora da questão exploratória. Então uma das questões é assim. Discutir com as empresas... Então você estava perguntando quem... Talvez essas empresas não tenham interesses. Então qual é o critério? Porque para você fazer uma pesquisa tem que ter uma motivação. Qual a motivação das empresas estarem aqui? São empresas que têm mais de cem funcionários, que de uma certa forma, tem que pensar assunto, nem que for para achar uma saída, tem que pensar no assunto.

Débora – Nem que for para achar uma saída legal.

Carlos – Então são oitenta e oito empresas... Cartas enviadas, oitenta e oito empresas? Esse número é flutuante, de um tempo para o outro ele vai mudando mas... Seis empresas responderam e a expectativa era de um retorno baixo em relação, não esperava retornar cem por cento, oitenta por cento, mas é... O grande contingente das empresas não respondeu por que se tivessem, por exemplo, trinta, quarenta, cinquenta empresas eu ia fazer com todas. Só que tinha que fazer grupos separados, porque essa forma de trabalhar não permite, por exemplo, colocar cinquenta pessoas no mesmo grupo, mas no Maximo doze justamente para produzir esse é... Questões a partir do próprio grupo e não modelo que vem alguém do Ministério, vem eu aqui da academia.... Então as pessoas... O grande motivador da pesquisa é a necessidade de discutir isso dentro da empresa.

Júlia – Como é que você escolheu as empresas?

Carlos – Ministério do Trabalho. O Ministério do Trabalho notificou as empresas, a prefeitura...

Daniel – Este seu primeiro levantamento eles forneceram antecedentes lá já foi estabelecido quem tinha que cumprir cota ou não?

Carlos – Não. É... Não abriram esses dados. Eu acredito que não deve ter uma organização sistemática para estas informações. Tem algumas é... Alguns indicativos numéricos que nem vocês colocaram, ou seja, uma empresa que tem tantos funcionários elas deveriam ter tantos... Quanto que ela me apresenta? Ela tem uma... Foi assim que funcionou com vocês de uma maneira... Saiu uma reportagem no jornal que dizia que tinha duzentas e tantas vagas para pessoa com deficiência baseada nesta investigação. Nesta notificação do Ministério do Trabalho então... E o meu objetivo na verdade era menos quantitativo e mais qualitativo. Eu faço uma investigação lá quantitativa, vocês respondem quantos a empresa tem, mas é... Aquilo lá eu uso como uma referencia, por exemplo, para descobrir que no município há um grande número de pessoas com deficiência trabalhando. Uma referencia quantitativa ponto de partida só. Então participar deste grupo foi tranquilo? Foi bastante bom o... Ambivalente, não tinha opiniões... Muito divergentes. Mais havia pontos de dificuldades como a Suzana acabou de falar que algumas empresas tem dificuldades especificas, que tinham dificuldades especificas (***). Bom o segundo ponto eu acho que a gente poderia investigar esse último ponto. O que a participação desse grupo, nesse grupo causou em vocês como empregadores? Como esse tema que a gente colocou, deficiência no mercado de trabalho pode ser (***) Como é que esse tema deficiência no mercado de trabalho pode ser trabalhado a partir desta experiência de grupo?

Beatriz – Como é que nos vamos trabalhar na empresa? A partir da experiência deste grupo?

Carlos – Pode ser em empresa, no município. Como é que você desdobra essa participação do grupo? Esse participar desse grupo como é que fica a partir de hoje, o que vocês pensam?

Suzana – Eu acho assim é... Que deveria também ser feito um trabalho é... Com as famílias que tem deficiências, desde de criança de preparar para um dia essa pessoa ingressar porque não tem esse preparo, essa conscientização porque realmente eles pensam o seguinte: não vai trabalhar, vai ficar dentro de casa. Então necessita ter esse preparo para poder ter uma vaga na empresa. Então trabalhar com essas famílias acho que seria interessante, e seria ter um mercado maior de pessoas para contratar...

Carlos – Quem deviria trabalhar?

Suzana – Assim entidades ou mesmo... Não sei! Fazer um movimento nesse sentido. É uma coisa assim muito longe, você dizer que uma empresa vai se preocupar nesse nível... Interessante mas não apresentaria essa preocupação hoje.

Daniel – Interessante, também nesse ponto, você estava falando nesse comentário que é contra o simples considerar o número nas cotas. Aí tem que ser criado um processo de educação para que não haja só o cumprimento de cotas e também nisso, como consequência vem a família, vem o próprio processo de educação. Que desse para esse deficiente ser preparado para o mercado de trabalho. Acho que é nessa ordem que cabe de repente um projeto deste tamanho. Esse aspecto bem amplo, que pega todo mundo: deficiente, as famílias, as empresas que tem que cumprir cotas...

Débora – Isso aí tem o problema de inclusão na escola. Que agora também há lei que obrigam as escolas a colocarem os deficientes na mesma sala dos alunos normais. Não tem isso também? As empresas também têm que se preocupar com o mercado de trabalho. Agora tem a inclusão escolar também, isso já ajuda. Se ela está convivendo com outros alunos, com outras pessoas que falam de profissão, que falam de trabalhar, você vai ver essa realidade também. (Silêncio) O que a gente pode fazer numa empresa a partir disso? Nós lá não a gente não vê (***) que os outros tem, mas uma coisa que a gente pode fazer é prestar atenção na situação que (***).

Daniel – A gente está chegando de um concurso gigante, agora a gente vai ter que trazer muita gente para o nosso quadro...

Débora – Pode ter gente que pode ter algum probleminha, mas não tem acontecido. Mas eu penso nisso. Pensar em que falar, às vezes eu pergunto como é que a gente faz, que deve ter algum tipo de barreira, aparentemente não. Não tem nenhuma coisa assim visível.

Suzana – Essa semana eu vivenciei um acontecimento, bem legal, confirmando aquilo que eu vejo, e já tinha colocado aqui. A gente não vê a pessoa como deficiente, é um funcionário normal como outro qualquer. Então a gente aumentou na área é... Da goma (chicletes) e a empresa não permitiu contratar alguém pra ajudar a pessoa que faz a pré mistura, o aroma nos chicletes. E aí veio o encarregado e falou: olha ela não tesava dando conta, eu peguei o fulano e, coloquei para ajudar ela. E eu fiquei pensando: Que bom. Porque o fulano é uma pessoa que veio da SORRI, mas acho que as pessoas não lembram mais se tem ou se não tem deficiência. É um crescimento, porque ele vai ter uma oportunidade de mudar de cargo, ter uma promoção, e assim naturalmente ninguém precisa ficar óh manda o fulano, para vê se ele se adapta ou não, porém é automático, então quer dizer...

Carlos – É uma experiência positiva. É um relato...

Suzana – Não precisou o psicólogo ir lá e falar para dar oportunidade para pessoa com deficiência. Não...

(Longo silêncio)

Carlos – E esse silêncio o que significa?

(Risos)

Débora – É que as mudanças são difíceis...

Carlos – É difícil a mudança?

Débora –A... Eu acho que, a impressão que eu tenho é que já está fazendo dentro do que pode fazer, não dá para você contratar mais um monte de gente. De repente não tem vaga nem para quem, não tem nenhum probleminha, então...

(Silêncio)

Débora – Porque eu já ouvi o esforço que o pessoal faz para tentar adaptar, desenvolver alguma coisa...

Carlos – É... Mas... A gente pode pensar que o que deve ser feito é dentro da realidade do trabalho. A gente pode fazer outras coisas ou não, mas está sendo feito. Quando eu peço para pensar no que o grupo causou, é nesse sentido mesmo, às vezes constatar que está se fazendo ou se pode fazer mais. Foi o que o Daniel falou, colocou uma proposta, projeto maior, talvez o Daniel fez uma síntese do que a Suzana colocou... E quem desenvolveria um projeto desde tamanho. Um projeto talvez mais amplo que não ficasse só na legislação ou na quantidade tivesse um outro objetivo. Quem desenvolveria? Seria isso mesmo?

(Silêncio)

Daniel – Sabe que eu tinha pensado numa coisa, por exemplo, a gente sabe que a realidade das empresas públicas no Brasil não é aquelas coisas, a realidade do país em desenvolvimento...Por exemplo, já que a grande maioria das empresas não tem (***) contratada, elas devem se unir na coletividade ou mesmo com o poder público para aplicar alguma coisa nesse sentido, por exemplo, as empresas vão canalizar, esforços para gente ter que dar um apoio maior para a SORRI que é uma entidade, desenvolve um projeto, já tem uma... A uma (***) aumentam o número de atendidos, número... Depende disso aí. Acaba envolvendo mais (***) maior, para própria entidade, para ganhar ajuda e para, de repente, que outras pessoas percebam que existem pessoas que estão aí sendo treinadas e que tem potencial. Acho que também funciona o processo de educar para que ele perceba o potencial de um deficiente. Isso não é a salvação da lavoura, tirando o deficiente de casa para... Só eles vão trabalhar, mas tem isso também, É preciso um aumento no número de gente treinadas para trabalhar. As pessoas com esse projeto desse tamanho que atinja esse público e também a sociedade, vai ter uma ressonância na sociedade, vão perceber ué? Se estiver gente envolvida com isso eles tem potencial...

Suzana – Tem alguém com eles, alguém também que tem deficiente na família. ***. E eu tenho uma ideia também assim. As agências de recrutamento e seleções, assim como fazem cursos pra ensinar como fazer um currículo, se comportar numa entrevista, fazer um trabalho desse, com pessoas também deficientes. E aí com isso teriam um banco de dados de pessoas com deficiência (***).

Carlos – Faria parte da... Da rotina de trabalho... Porque as empresas devem solicitar, não nesse momento, se reportam a APAE parece e a SORRI, do mais é... Talvez se reportar a uma agência com essas as características...

Suzana – Até é um pouco o que a Graziela tentou montar no Ministério mais não funcionou, não sei porque mas, eu também não consegui um contato com ela...

Júlia – Tem que pensar no que a doutora Maria Rita indica. Logo no comecinho, que eu fui conversar tal, e... Ela disse: Não, fala com a Graziela que a Graziela tem banco de dados enorme para te dar. Mas quem disse que eu consegui falar?

Suzana – Mas você tinha no banco de dados, a pessoa não tava preparada...

Júlia – A não! Não tava, era só no papel também...

Carlos – Então os órgãos que existem eles... É... Pelos menos os legítimos aí ,que o Ministério do Trabalho esta indicando, eles não estão sendo eficientes.

Júlia – Eu pelo menos, pra mim não foi muito útil, eu tive que correr atrás...

Carlos – E qual seria o papel nosso a partir desse... Em relação a essas instâncias. Que responsabilidades como a Débora falou que, às vezes a gente já está fazendo, de estar aqui, de estar discutindo, mas é...

(Silêncio)

Carlos – Talvez junto a estas instâncias já instituídas não se precise criar outras, mas junto destas talvez tenhamos um papel, enquanto empresa, enquanto grupo. Uma parcela das empresas que estão dispostas. Qual seria o nível de projeto?

Júlia – Você sabe Carlosque eu já tinha até pensado, em estar deixando um dia reservado, uma manhã para... Pra estar selecionando o pessoal que tem alguma deficiência. Mas o problema é o... Ser taxado como é... Discriminação. Então eu acho que também tem uma certa... A gente tem que fazer as coisas com muita cautela. Porque é... Para não ser taxado... A empresa ser taxada como discriminação. A empresa tal está discriminando. Ou então deixou um dia reservado para o deficiente. Por mais que você queira ajudar, Sempre tem aqueles que falam mal.

(Silêncio)

Júlia – Então eu acredito que tem muito mais para ser feito, muito mais. Eu acredito que tudo que a gente oferece para os não deficientes, a gente pode estar oferecendo para os deficientes, mas existe às vezes um quesinho ali, da parte discriminatória. Entende? Eu penso assim que às vezes você fala: puxa será, não estou invadindo, será que eu não estou... Vou prejudicar ninguém, não vou prejudicar a empresa...

Débora – Muita coisa, se houvesse um banco de dados organizado por um órgão público. O órgão público poderia fazer uma divulgação. De cadastramento, de pessoas com deficiência, pessoa (***) melhor, agora, por um lado, não teria acesso, sei lá mandar por correspondência pra pessoa...

Carlos – Talvez uma parceria com a iniciativa privada, porque não está funcionando de uma certa forma. Quem é responsável por esse órgão instituído? Talvez uma parceria com as pessoas especializadas...

Beatriz – Eu acho.

Débora – É porque estando auxiliado pelo lado público ele já tem o aval, já fica evidente que não há discriminação...

Daniel – É mais natural se você é uma empresa.

Júlia – É mais complicado!Tem que fazer alguma coisa, abrir algum espaço, tem que fazer alguma coisa meio camuflada. Porque eu não posso colocar o nome da empresa em jogo. É uma faca de dois gumes, eu quero atender, mas ao mesmo eu fico?

Júlia – Óh meu Deus"

Daniel – Atado!

Júlia – É. Dá para fazer muita coisa. Só que eu acho que poderia é... Algum órgão público estar ajudando, disponibilizando... O Ministério do Trabalho tem condições de fazer isso, porque é... Tem o pessoal... Os reabilitando também. Tem... Não sei agora se os deficientes tem algum vinculo com o Ministério do Trabalho...

Suzana – Eu acho que não. Porque o Ministério só cedeu a sala.

Júlia – Só cedeu não é?!

Carlos – Tentativa de ajudar. Talvez uma alternativa para...

Suzana – A Graziela você sabe quem é?

Carlos – Sei! É uma que só tem uma deficiência ela tem distrofia, ela tem uma deficiência, ela tem um tipo de distrofia.

Suzana – É uma psicóloga?

Carlos – E a expectativa em relação a...Que a gente cria fazendo esse grupo. Como é que vocês estão lidando com esse ultimo dia?

Júlia – Pensei que ia ter festa?

(Risos)

Júlia – Pensei: Eu não posso faltar! Vai ter bolo, vai ter...

Carlos – Achou que ia ter festa? Então é uma frustração.

Júlia – Eu vou dar um depoimento assim, particular. É uma loucura o trabalho nosso. E cada um tem os seus motivos para que não viesse a reunião, mas é uma coisa assim... Não marco nada porque eu tenho compromisso na segunda feira. Então é um... Assim é muito importante.

(Silêncio)

Júlia – Eu achei muito importante essa reunião porque, em primeiro lugar, você está discutindo um assunto polemico. É... Novo... Novo assim... Que a gente está agora, que está... As empresas estão adquirindo e tal. E por outro lado, pela troca de experiência, o contato. Como é que aquela empresa está fazendo? O que eles estão fazendo? Como que é a visão deles? Então é... Eu estava falando para vocês, que hoje eu tenho reunião. É que realmente não tinha outra data pra marcar a reunião, então foi marcada, mais ainda...

(Silêncio)

Júlia – Hoje de manhã eu falei: não tem como mesmo marcar essa reunião para amanhã. Porque eu não posso faltar, eu tenho um compromisso. É... E aí a secretária da diretoria falou qual compromisso é esse? Eu participo do grupo, é... De empresas, que a gente ta lidando, com a questão da deficiência nas empresas e tal. Nossa que importante. E eu falei o Jair está sabendo, porque sabe, tem noção, eu falei nossa que legal, então assim, você percebe, quando ficam sabendo, nossa todo mundo gosta, da ideia de estar se fazendo um grupo, e eu achei muito importante, estar reservando o período da tarde, praticamente, para sair da empresa e cuidar de um assunto importante, porque hoje tem que estar muito ligado.

Carlos – E a expectativa foi satisfeita?

Júlia – E muito. Mais do que eu imaginava, eu achei até que seria assim, alguma coisa, de repente um pouco monótona, eu imaginava diferente, eu imaginava que fosse, você, ia conversando com cada um, a princípio ia conversar com cada um, mas...mais do que a expectativa, superou.

Carlos – E vocês?

Suzana – Eu esperava que mais empresas participassem sim, porque a gente tem, um monte de empresas, e assim, a minha expectativa, que não é a sua expectativa, que era de trocar ideias, de conhecer outras pessoas, então, esse objetivo eu atingi, quando eu for pensar no *Gama*, eu já vou fazer a imagem dela (***), e com relação ao deficiente assim é...

(Silêncio)

Suzana – ... Eu acho que fica meio adormecido um pouco se agente não fala muito sobre isso, vai adormecendo dentro da gente, da empresa, então quando a gente participa de uma pesquisa, quatro semanas seguidas você vem discutindo esse assunto, então isso mexe, e isso facilita as ideias, colocar mais atenção nas pessoas que estão ali ...

Débora – Eu também imaginava que fosse ter muito mais pessoas, pelo tamanho da cidade, então eu falei, puxa, isso é um assunto que deveria ser colocado por tanta gente, de repente, acho pouco, para 88 empresas, mas eu acho que o resultado foi bom, é como ela falou, de repente você não acha as soluções mágicas, porque as propostas estão estruturadas, mas só de você poder, durante um tempo seguido, você começa prestar atenção, porque no começo eu achava que lá estava tudo bem, talvez esteja tudo bem, mas agora eu fico pensando, será que está tudo bem mesmo?

(Silêncio)

Débora – Porque as coisas foram discutidas, de repente tem um trabalho que sente muito mais na hora de se expor, olha os deficientes estão sendo discriminados, então uma coisa que trouxe, foi prestar atenção, não vão aparecer soluções mágicas.

Carlos – Às vezes a gente acredita que a solução mágicas, venha como uma forma mágica...

Débora – É...

Carlos – A gente acha que alguém vai nos contar alguma coisa...

Débora – Experiências assim...

Carlos – Que vai falar, ou a gente tem a expectativa muito grande em relação ao conhecimento, a informação que vem do outro.

(Silêncio)

Carlos – Uma das coisas boas do grupo foi isso, o conhecimento foi construído aqui mesmo, as referencias são de vocês, na verdade eu fiquei mais tentando organizar e facilitar a comunicação, que era a proposta inicial.

Daniel – Depois da conclusão do seu doutorado, você vai chamar a gente de novo para contar tudo isso para a gente.

Carlos – Então, essa é uma expectativa também de vocês?

Beatriz – Claro.

Débora – O que eu pensei agora é se o resultado dessa pesquisa, se ele pode influenciar de alguma forma os órgãos públicos responsável por isso? Porque não adianta eles cobrarem das empresas que cumpram a cota, contratam todo o mundo, mas eles...

Carlos – E o que vocês pensam a esse respeito? Sobre a pesquisa, sobre o trabalho de pesquisa?

Débora – Que as pessoas prestam mais atenção, pelo menos as autoridades, se você mostra um documento desse tipo, olha não é uma coisa qualquer, não é uma opinião qualquer, acho que tem um peso.

Daniel – Não é só a nossa opinião, é pesquisa.

Júlia – Eu acho que isso tem que ir para Brasília (riso)

Carlos – E vocês veem a importância de vocês estarem sendo a referência. Porque a publicação é um fato público, o que a gente vai fazer politicamente com isso, depende muito, porque pode empoeirar lá na estante...

Débora – (***)

Carlos – Dos nossos projetos, da nossa utilização dentro de cada espaço..

Beatriz – Porque na verdade é o que acontece na maioria dos, das teses, dos projetos? E não é verdade? Então acaba ficando empoeirado, não tem um impacto, mudar alguma coisa, necessidade da cidade, fica mais na teoria, é uma exigência para você ter um certificado, que nem você, você tem um projeto, você vai lá e tal, acabou, você defendeu seu projeto e acabou, pronto.

Carlos – E de repente essa dinâmica de grupo pode ser uma referência para uma utilização política dos resultados, não uma utilização acadêmica.

Débora – De repente um grupo organizado que cuida das coisas do deficiente, eles vão ter que procurar, argumentos desse tipo, acadêmicos, para pedir uma melhoria, uma coisa, eles não pode só abaixo assinado, ou coisa assim, eles tem que ter estudo mesmo, de repente fica empoeirado na biblioteca, mas de repente tem algum órgão que queira fazer alguma coisa...

Daniel – O próprio acadêmico vai buscar...

Suzana – Parece que tem bastante pesquisa com relação ao deficiente?

Carlos – Um número considerável de pesquisas...

Daniel – A questão dos deficientes nas universidades...

Carlos – Mas é pouca a produção, nessa área, principalmente do mercado de trabalho, a gente tem aí, na área da educação tem mais, mais produção, porque, agora, acho que é um processo, o mercado de trabalho ele, está sendo uma realidade também, educação está sendo, então eu acho que...

Júlia – Carlos eu preciso ir, eu só queria, então você acha que, nós aqui, foi útil a participação para o seu projeto?

Carlos – Foi, sem dúvida. Na verdade eu acho que é, um fechamento, não é uma devolutiva para passar para vocês, eu acho que antes de você ir a gente... Você pode ficar mais um pouquinho?

Júlia – Posso.

Carlos – Então... vai ter todo um trabalho aí, de análise, mas de uma certa forma eu achei que o grupo, como o Daniel falou, um dia você volta, que eu acho que como o processo foi em grupo, a gente teria que fazer uma devolutiva em grupo, depois até individualmente a gente pode, conforme for, a gente pode manter um contato, caso vocês tiverem tempo e interesse.

Então eu vou fazer uma devolutiva para vocês, dos pontos que nós observamos é... Em níveis gerais, do funcionamento do grupo, então são sete pontos, que eu vou passando para vocês e depois eu passo de maneira geral, depois a gente pode conversar e vocês podem se manifestar e é o fechamento do nosso grupo.

O primeiro ponto:

O primeiro ponto que a gente observou é o grupo explorou a temática de maneira exterior a realidade pessoal, a opinião pessoal, mas que refletia a realidade vivida no âmbito profissional, a gente trabalhou aqui com a visão no âmbito profissional e ela parecia uma visão exterior ao pensamento, embora aparecesse de maneira geral, era o âmbito profissional que aparecia.

O segundo ponto:

O segundo ponto que a gente percebeu, o grupo apontou que existe um objetivo a ser desenvolvido em cada realidade, em cada empresa, uma legislação a ser cumprida e dificuldades a serem enfrentadas na contratação de pessoas com deficiências.

Existe um objetivo, da empresa, que é diferente para cada um de vocês, existe uma obrigação percebida pelas pessoas, e aí vocês pontuaram, nem sempre e a forma mais correta de pensar a deficiência, e uma dificuldade individual de cada um em lidar com a deficiência, para a contratação de pessoas com deficiências.

Terceiro ponto:

As dificuldades apontadas dizem respeito primeiro, a preconceitos em relação ao potencial das pessoas com deficiência, isto é um ponto subjetivo, que pode fazer com que você, não contrate antes mesmo de ver a pessoa, então o preconceito atua, baixa a qualificação das pessoas com deficiência, isso é um ponto objetivo, as pessoas precisam contratar e as pessoas não tem a qualificação necessária.

Quarto ponto:

A dificuldade na realidade das empresas de maneira geral, alto índice de desemprego. E quarto pontos das dificuldades, um alto custo para inserção de pessoas com deficiência na realidade da empresa, adaptação do espaço físico ou o apoio nos momentos de adaptação ao trabalho, então apareceu isso de maneira geral.

Então o quarto ponto, a dificuldade da empresa é vivenciada pelo empregador, que é representado por vocês, é ele quem internaliza as contradições de inclusão de pessoas com deficiência no mercado de trabalho, então, apareceu no grupo aqui, de uma certa forma, o empregador ele internaliza as contradições vivenciadas pela empresa, então quais são as contradições? Nós apontamos quatro, avaliando o que apareceu no grupo:

1) Em relação à imposição legal, se por um lado, é uma contradição, a dificuldade de alcançar a cota, em relação ao que se pede, e por outro lado, a obrigatoriedade de cumprir essa cota, se enquadrar nessa questão legal.

2) Colegas sem deficiência há uma contradição entre aceitação, as pessoas aceitam, acham legal, há um sentimento de caridade e rejeição, quando há a dificuldade, quando as pessoas com deficiência não conseguem desempenhar suas funções.

3) Outro ponto de contradição é a produtividade. A contradição entre o lucro, necessário para a empresa, e o prejuízo que porventura possa ser causado.

4) E por último, desse tópico, o compromisso social gera uma certa contradição também, entre a caridade, a consciência tranquila, fazer aquilo que é o marketing empresarial, social, por outro lado à consciência da igualdade da oportunidade, dos direitos da pessoa, então essa é uma contradição que a gente vivencia e que vocês, como empregadores de uma certa forma, internalizam e tem que vivenciar isso na função de vocês.

Quinto ponto:

A inserção da pessoa com deficiência no mercado de trabalho força, e isso apareceu hoje também, e provoca tanto as empresas quanto a sociedade a pensar nesse assunto.

Sexto ponto:

A legislação deveria ser mais bem elaborada, deveria ser mais discutida, isso aparece de forma bastante explicita.

E o último ponto, que já é uma análise, não é simplesmente um resultado, e eu gostaria que vocês ficassem livres, a partir disso, a um sentimento de desamparo enfrentado pelos participantes do grupo em relação à sobrecarga atribuída a função, e uma falta de espaço de troca para enfrentar os desafios da questão da deficiência e do mercado de trabalho.

Então esse foi o último ponto, e é um ponto de reflexão mesmo, quase um resultado que nós inferimos como um todo. Então esses foram os pontos em forma de devolutiva.

Isso vai ser trabalhado, isso vai ser confrontado com a transcrição das falas com as observações do Osvaldo, de maneira geral esses pontos aparecem.

Carlos – Agradeço a presença de todos, lá na reunião, e não sei o que vocês gostariam de falar neste fechamento, podem ficar a vontade para a gente encerrar nosso grupo de hoje.

Débora – Seria interessante a gente se comunicar de vez em quando. De repente, é aquela situação, se você tem um problema você não tem a quem procurar, uma experiência ou mesmo procurar um funcionário com deficiência para contratar, não sei?

Carlos – O grupo teria alguma sugestão?

Suzana – Troca de e-mail...

Débora – De repente a gente sabe alguma coisa interessante. Porque é difícil a pessoa se reunirem.

Suzana – Eu queria também deixar disponível se alguém quiser ir lá conhecer a *Sigma*, conhecer como as coisas funcionam, ir lá, a gente marca um dia e, marca um horário, é uma produção bonita de se ver...

Carlos – Como se faz bala...

(risos)

Daniel – Pelo menos é cheiroso lá (risos)

Júlia – Eu gostaria de deixar a disposição também, se vocês quiserem, conhecer a Nutricesta, que também é a nossa parte de produção de cesta básica, é só dar uma ligadinha e a gente marca um horário, marca lá mesmo, ou marca no escritório ou na loja, na loja é mais fácil de vocês encontrarem, mas a Nutricesta porque é produção também, produção de cesta básica para vocês entenderem como é que faz, como é que monta a cesta, é legal, é interessante, se vocês quiserem, qualquer dia, é só ligar a gente marca um horário. Você também Carlos, se você quiser...

Carlos – Eu quero sim.

(No final o grupo manteve um diálogo bastante informal, trocando cumprimentos e informações, ficaram no local por volta de dez minutos)

ANEXOS

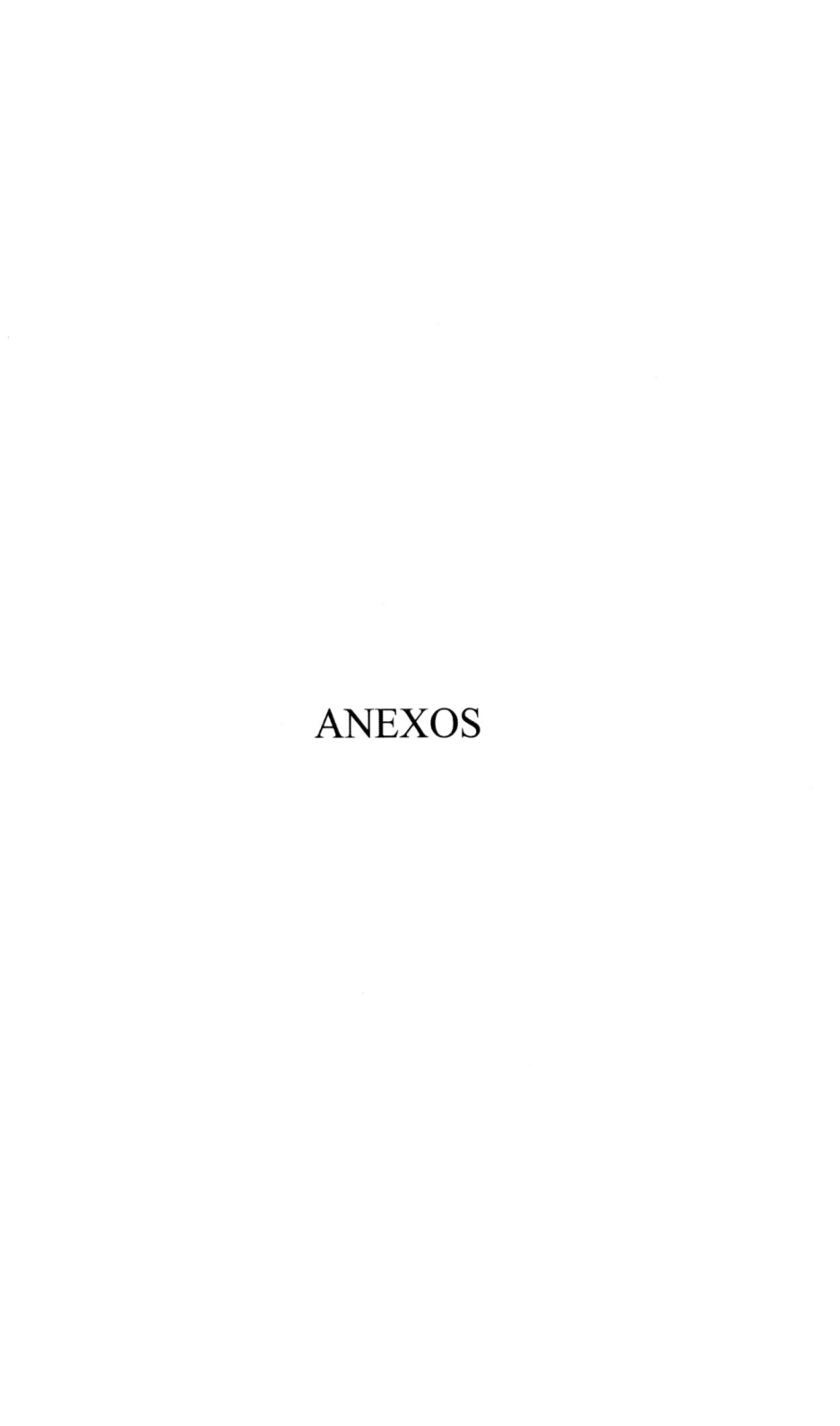

ANEXO 1

QUESTIONÁRIO DE CARACTERIZAÇÃO DAS EMPRESAS COM MAIS DE CEM FUNCIONÁRIOS NO MUNICÍPIO DE BAURU/SP

Estamos realizando uma pesquisa que tem por objetivo estudar as questões referentes à inserção da pessoa com deficiência no mercado de trabalho segundo o ponto de vista dos empregadores.

Pretendemos com este questionário realizar uma caracterização sumária das empresas do município de Bauru.

As informações fornecidas serão sigilosas e servirão apenas para dados quantitativos.

Após ser preenchido pelo responsável da empresa, deverá ser enviado via correio conforme envelope selado e endereçado que acompanha esta correspondência.

Agradeço desde já a colaboração.

1. Identificação:

- Natureza da empresa:
  - ( ) Ensino
  - ( ) Indústria / ramo_____
  - ( ) Hospital
  - ( ) Construtora
  - ( ) Banco
  - ( ) Transporte
  - ( ) Supermercado
  - ( ) Imprensa
  - ( ) Vigilância
  - ( ) Outros:_____

- Número atual de funcionários
  - ( ) De 100 a 150
  - ( ) De 150 a 200
  - ( ) De 200 a 250
  - ( ) De 250 a 300
  - ( ) De 300 a 350
  - ( ) De 350 a 400
  - ( ) De 400 a 500
  - ( ) De 500 a 1000
  - ( ) De 1000 a 2000
  - ( ) Mais de 2000

2. Quando se faz necessário a contratação de um novo empregado:
( ) Existe um setor responsável dentro da empresa.   Qual? _____
( ) A empresa recorre a uma agência especializada.   Que tipo? _____
( ) O processo fica sob a responsabilidade de uma pessoa.   Quem? _____

3. Existe no quadro atual de empregados alguma pessoa com deficiência?
( ) Sim   ( ) Não

4. Caso a resposta anterior for positiva:
- Quantos funcionários? _____
- Que tipo de deficiência? _____

( ) Deficiência mental   - Número de empregados: _____
( ) Deficiência física   - Número de empregados: _____
( ) Deficiência visual   - Número de empregados: _____
( ) Deficiência auditiva   - Número de empregados: _____
( ) Deficiência múltipla   - Número de empregados: _____

5. Caso o pesquisador necessite aprofundar algumas informações, existe interesse da empresa em participar desta pesquisa, no sentido de colaborar para a reflexão sobre a inserção da pessoa com deficiência no mercado de trabalho?

( ) Sim   ( ) Não

Caso a resposta seja positiva, com quem o pesquisador deve entrar em contato:
Nome: _____
Função: _____
Telefone de contato: _____

OBRIGADO PELA COLABORAÇÃO!

ANEXO 2

ROTEIRO DE VISITA AS ORGANIZAÇÕES

Identificação
Número da visita: _____
Data: ___/___/____.
Horário: Início _____/ Término_____.
Procedimento: Contato inicial

1. Objetivos
- Informar sobre a finalidade e o tema da pesquisa
- Conhecer e iniciar o contato com a empresa para:
    a) explicitar as atividades a serem desenvolvidas, que fazem parte do estudo
    b) definir quem seria o participante que se enquadra nos critérios definidos para 'empregador'

2. Relato descritivo da visita
_____
_____
_____
_____
_____

3. Avaliação
_____
_____
_____
_____

ANEXO 3
MAPEAMENTO DAS EMPRESAS QUE RETORNARAM AS CORRESPONDÊNCIAS*

	Classificação das empresas	NF		T	DM	DF	DV	DA	DX
Ensino	Médio - privado	100	- 150	2		2			
	Médio/superior – privado	301	- 350	5		4		1	
	Superior - privado	501	- 1000	11		2	3		
	Superior - público/estadual	251	- 300	2		2		4	2
	Superior - público/estadual	100	- 150	0					
Indústria	Plásticos - privado	251	- 300	7		6		1	
	Alimentos - privado	301	- 350	19	10	5	1	3	
	Baterias automotivas	301	- 350	9		3		6	
	Gráfica - privado	1001	- 2000	49	1	28	6	14	
Hospital	Reabilitação - público	501	- 1000	54		19	1	34	
Construção	Civil - privada	151	- 200	8		2	1	5	
Transporte	Rodoviário - privada	151	- 200	8		3			5
	Cargas - privada	100	- 150	0					
	Urbano - privada	301	- 350	18		16	1		1
Supermercado	privada	501	- 1000	17	11	3	1	2	
Outros	Habitação - pública	100	- 150	0					
	Eletricidade - privada	1001	- 2000	201		22	7	171	1
	Prestação de serviço - privada	351	- 400	6		6			
	Autarquia municipal	501	- 1000	12		9	2	1	
	Prestação de serviço - privada	501	- 1000	9		7		2	
	Total			437	22	139	23	244	9

SOBRE O AUTOR

Rinaldo Correr é formado em Psicologia pela Universidade Estadual Paulista (UNESP/Bauru, SP). Iniciou sua carreira docente como professor na UNESP/Bauru, na área de Psicologia do Desenvolvimento. Na mesma época em que trabalhava como Psicólogo na Sociedade Para Reabilitação e Reintegração do Incapacitado – SORRI, ingressou no Programa de Mestrado em Educação na UNESP – Campus de Marilia/SP, no qual concluiu a Dissertação (2000) abordando uma estratégia para a construção de um espaço comunitário mais acolhedor. O estudo concluído resultou no livro *Deficiência e inclusão social: Construindo uma nova comunidade* (2003) pela Editora EDUSC. Iniciou seus trabalhos docentes na Universidade Sagrado Coração (USC) em 1998, onde atualmente é professor no Curso de Psicologia e Coordenador do Curso de Especialização *Latu Sensu* em Psicologia Jurídica. Foi coordenador da comissão gestora do Conselho Regional de Psicologia – subsede Bauru/SP (1998 – 2002) e membro da diretoria da Associação Brasileira de Ensino de Psicologia – ABEP (2002-2005). *Nesse período, participou na organização da obra Práticas psicológicas e reflexões dialogadas* (2005) publicada pela editora Casa do Psicólogo. Fez doutorado em Psicologia Social e do Trabalho, no Instituto de Psicologia da Universidade de São Paulo – IPUSP, no qual produziu a Tese de Doutorado (2007) indicada pelo Programa de Pós-graduação em Psicologia Social e do Trabalho do IPUSP para concorrer a prêmio CAPES de Teses no mesmo ano e inspirou a elaboração deste livro.

SOBRE O LIVRO
Tiragem: 1000
Formato: 15 x 21 cm
Mancha: 12,5 X 18,5 cm
Tipologia: Times New Roman 10/12/16/18
 Arial 6,5/10
Papel: Pólen Soft 80 g (miolo)
 Royal Supremo 250 g (capa)